원 포인트 **Lesson** 방식으로 쉽게 배_

3쿠션 Lesson 완전정복

스트로크의 핵심 기술과
핵심 System 수록

공의 배치에 따른
포인트 실전 Lesson

유효식 편저

일신서적출판사

"**3쿠션 Lesson 완전정복**"을 통해 동호인님들과 다시 만나 뵙게 된 것을 진심으로 기쁘게 생각합니다.

그 동안 저의 당구 저서인 "**3쿠션 Billiards 마스터** 와 "**4구 Billiards 레슨**"을 사랑해 주신대 대하여 다시 한번 깊은 감사를 드립니다.

이번에 새롭게 출간한 "**3쿠션 Lesson 완전정복**"은 동호인님들께서 보다 쉽게 3쿠션을 이해하고 배우실 수 있도록 공의 형태에 따른 득점의 핵심을 원 포인트 Lesson방식으로 수록 하였습니다.

특히 동호인님들께서 가장 궁금해 하시는 스트로크 기술을 체계적으로 정리 수록하였으며,

스트로크의 핵심인 타점 포인트, 큐 선의 길이, 스트로크의 강약 등, 공의 형태에 따른 선구 요령과 득점을 위한 핵심 등을 알기 쉽게 설명하고자 노력하였습니다.

당구를 쉽게 치기 위해서는 System에서 강조하는 Line을 익히고, 공의 형태에 맞는 타법과 공식을 선택할 줄 아는 것이 아주 중요합니다.

당구란 어렵게 생각하면 한없이 어렵지만, System을 활용하면서 공의 형태에 맞는 스트로크를 구사 한다면 생각 보다 3쿠션을 쉽게 배울 수 있습니다.

당구를 어렵게만 생각하지 마시고 이 책에 나와 있는 내용들을 한가지씩 이해하면서 정독해 보시기를 바랍니다.

이제 금연 실시로 당구장의 분위기가 새롭게 바뀌어가고 있습니다.

또한 당구가 스포츠 방송의 인기 종목으로 활성화되면서 더욱 더 생활 Sports 종목으로 자리 잡아가는 분위기가 확산되고 있습니다.

동호인님께서는 그 중에 멋진 Billiarder 중의 한 사람이 되실 것을 확신합니다.

"**3쿠션 Lesson 완전정복**"을 통해 동호인님들께서 많은 성장이 있으시기를 응원 드리며, 책의 내용 중에 궁금하신 점이 있으면 언제든지 연락 주시기 바랍니다. 010. 7697. 9700

감사합니다 !

3쿠션 Lesson 완전정복

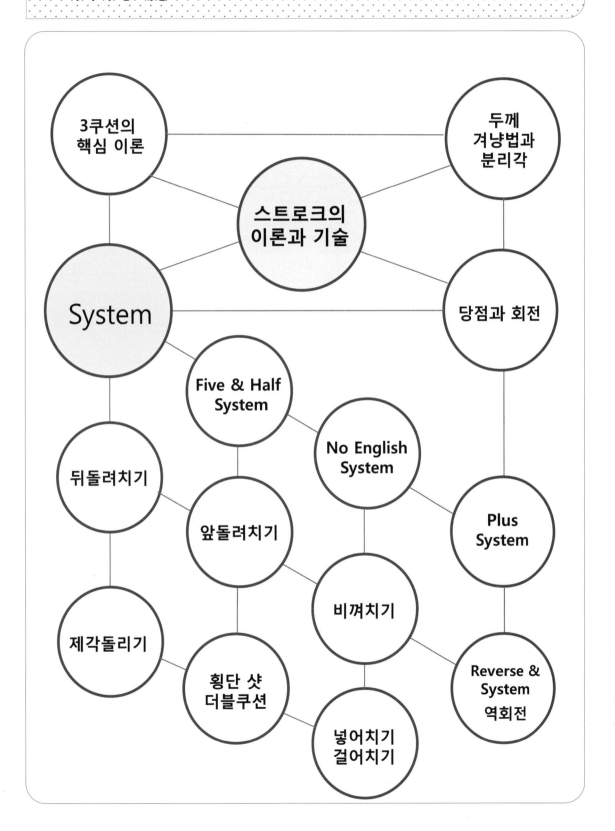

목차

목차

목차

목차

목차

목차

목차

목차

목차

수구 : 내가 치는 공을 뜻하며 수구와 큐 볼의 의미는 같다.

수구 수 : 수구 수라 함은 내가 칠 공의 출발점에 해당하는 프레임 포인트 수를 의미한다.

1적구 : 수구가 첫 번째 맞히는 공을 말한다 (오브젝트 볼 object ball)

2목적구 : 1적구를 맞고 두 번째 맞히는 공을 의미한다.

입사각 : 공이 레일을 향해 진행할 때 공의 진로와 레일이 이루는 각도.

반사각 : 쿠션에 맞고 튀어 나오는 공이 레일과 이루는 각도.

분리각 : 수구가 1적구와 부딪쳤을 때 수구와 1적구의 분리각 합은 대략 85° ~ 90° 이다.
따라서 분리각을 이용해 모아치기를 시도하며, Kiss 여부를 판단할 수 있다.

에러마진 error margin : 진로가 다소 어긋나도 득점할 수 있는 범위(오차 허용치)

레일 : 쿠션을 표현할 때 사용하는 용어로, 예를 들어 2.5레일 이라 하면 반대편
단쿠션을 향해 친 공이 돌아와 단쿠션을 맞고 장쿠션의 반 정도 지나 멈추는
스피드를 말한다. (장쿠션 한번의 거리를 1레일로 계산한다)

Ball First : 공 먼저 치는 것, Rail First는 공을 맞히기 전에 쿠션부터 먼저 치는 것을 말한다.

스트로크 : 큐로 당구 공을 치는 동작을 말하며, 우리말의 타구를 뜻한다.
스트로크의 종류를 세분화 하면 10 ~ 20 종류로 세분화할 수도 있으며,
고점자와 하점자의 가장 큰 차이는 스트로크 기술의 차이이다.

포인트 계산법 : System을 계산하기 위해 표시해 놓은 흰 점으로, 대부분 포인트 계산은 레일
포인트가 아닌 프레임 포인트를 말한다 (레일 포인트를 사용할 때는 레일 포인트
라 별도로 표시한다)

당점 : 회전을 주기 위한 수구의 정확한 지점을 말하며, 1Tip~4Tip 또는 시계바늘로
표현하기도 한다. 예를 들어 한시 반이라 하면 2Tip에 해당되며, 2시 ~ 3시
(10시 ~9시)는 3Tip에 해당된다.
8시 또는 4시에 하단 당점을 주면 4Tip으로 분류된다.

뱅크 샷 : 수구가 1적구를 맞히기 전에 레일(쿠션)을 먼저 맞히는 샷을 말한다.

뱅킹 : 선구를 결정하기 위해 맞은편 레일을 쳐서 헤드 레일에 가까운 사람이 선구를 한다.

순 비틀기 : 정회전을 준 상태에서 비껴치지 않고 회전은 다 살려주는 스트로크.

종 비틀기 : 상단 당점주고 수구의 전면보다 후면에서 가속을 붙이는 팔로우 샷.

횡 비틀기 : 큐를 옆으로 비틀어 회전력을 더해주는 샷.

공 쿠션 : 수구의 진행 경로를 레일 대신 Kiss shot을 활용하는 것.

예각과 둔각 : 수구와 1적구의 입사각도가 90°이상이면 둔각, 90°이하이면 예각으로 기준한다.

브리지 bridge : 큐를 고정하기 위해 취하는 손과 손가락의 형태.

그립 : 스트로크을 하기 위해 큐를 잡은 손의 형태.

훅 hook : 브리지에서 엄지와 검지를 이용해 큐의 상대를 고정시키기 위해 만드는 모양.

초크 chalk : 탄산칼슘 분말이나 석고를 압축해 큐 미스 방지와 큐팁의 마찰을 도와주도록 만든 것.

큐 팁 cue tip : 큐 끝에 부착한 가죽 조각으로 공과 접촉하는 부분.

소실점 : 일부 시스템의 운영에서 경기 면적 밖에서 정렬의 기준점을 찾아내는 것.

입사점 : 프레임이나 레일에 수구를 보내야 하는 지점.

상박 : 어깨부터 팔꿈치.

하박 : 팔꿈치부터 손까지. 대부분의 스트로크에서 임펙트 전까지는 하박만으로 쳐야한다.

상대 : 큐 팁이 있는 큐의 가벼운 쪽.

하대 : 큐 스틱의 무거운 쪽 부분.

선각 : 수지 소재를 사용해 큐 (상대)의 파손을 막기 위해 상대의 끝에 부착하는 부품

케롬 carom : 수구와 적구의 접촉으로 점수를 가산하는 종목.

스핀샷 (꼬미) : 공을 회전력으로만 치는 것

잽 샷 : 잽을 툭 던지듯이 스트로크하면서 부드럽게 큐를 살짝 잡아주는 샷.

팔로우 샷 : 1적구를 타격한 이후 수구의 전진력을 더해주기 위해 큐를 길게 뻗어주는 것을 말한다. 팔로우 1단, 팔로우 2단, 팔로우 3단 등으로 구분한다.

데드 볼 dead ball : 수구의 힘을 죽이거나 회전을 죽여 치는 공.

드로우 샷 draw shot : 하단 당점을 사용하여 1적구를 맞힌 수구를 후진 시키는 샷.

보정 이론 : 당구대의 특성, 또는 습도, 시간 경과 등에 따라 System의 수치를 조정해서 계산하는 것을 말한다.

임계 기울기 : 액체와 기체의 중간 기점인 0°를 임계점이라고 하듯이, 당구에서의 임계 기울기 지점은 약 기울기 6이 된다. 그 각도보다 긴 각에서 무회전으로 치면 회전 주는 것보다 더 길어지고, 짧은 각도에서는 회전을 줄 때보다 더 짧아진다.

Frozen : 공과 공 또는 공이 레일에 닿아 있는 상태를 말한다.

Down shot : 스트록 할 때 큐 끝이 겨냥점 보다 하향하는 스트로크를 말하며, 끌어치기를 극대화 시킬 때, 또는 길게 앞돌리기 할 때 수구의 진로를 길게 만들 수 있다.

Up shot : 임펙트 시 겨냥점 보다 큐 끝을 위로 올려 주는 타법으로, 공의 형태에 따라 다양하게 활용할 수 있으며, 최 상단 당점의 효과도 있다.

Five & Half System : 당구에서 가장 기본이 되면서 활용도가 높은 System이다.

빈쿠션치기의 경우 대부분 Five & Half System을 활용하는 것은 물론, Ball First인 경우에도 이 System의 수치를 활용하여 계산할 수 있다.

Plus System : 단쿠션 장쿠션 장쿠션으로 연결되는 System으로, Five & Half System과 함께 빈쿠션치기는 물론 앞돌려치기에서도 Plus System을 많이 응용한다.

Plus 2 System : Plus System과 같은 종류의 System이지만 수구가 2Point 이내에서 출발할 경우 코너를 치면 수구 위치에서 2Point 더 내려간다고 해서 Plus 2라는 명칭을 사용한다.

No English System : 회전을 주지 않고 치는 System을 의미하며 No English System에는 베르니 System, 7 System, 터키 System 등이 있다.

당구의 고점자가 되기 위해서는 No English System을 충분히 익혀야 하며 실제로 No English로 해결해야 할 공의 배치가 자주 있다.

허공 샷 : 수구의 전면에 임펙트를 가하지 않고 허공처럼 통과시키면서 수구의 뒷부분에서 부드럽게 찔러주는 느낌의 샷을 하면 수구의 동선을 길게 만들 수 있다.

등속 샷 : 백스윙 정점부터 임펙트 이후까지 일정한 속도로 큐를 내밀어 수구와 1적구의 마찰을 최대한 줄여 수구의 진로를 길게 만들거나 수구를 부드럽게 다루는 샷.

놓아치기 : 제각돌리기 얇은 각 등에서 1쿠션에서 2쿠션 까지는 회전을 살리고 2쿠션에서 3쿠션으로 진행할 때 회전이 소멸되도록 임펙트 이후 큐를 놓아 주는 타법.

타격 없는 샷 : 수구의 구름을 절대로 다루기 위해서는 큐 무게를 이용해 큐 선의 길이로 스트로크의 완급을 조절해야 하며, 임펙트 이후 그립을 잡지 않는 것이 가장 핵심이다.

Fore Shot : 작고 느린 백 스윙으로 스냅 없이 앞에서(전방) 타격 없이 밀어 치는 샷.

페더샷 : 깃털처럼 가볍다는 의미로 펜 샷처럼 아주 부드럽게 타격 없이 구사하는 샷.

감아치기 : 빠른 스피드로 회전력이 작용되지 못하게 하면서 반발력을 동시에 이용해 공의 진로를 짧게 만들 때 사용하는 샷

엎어치기 : 1적구를 때려서 분리시키면 자연 회전이 증가되지만, 타격을 가하지 않고 수구가
(굴려치기) 1적구에 올라타듯이 타격 없이 통과하면 수구는 회전을 잘 먹지 않는다.

스트로크 방법은 손목을 사용하지 않고 하박 전체로 같은 속도로 굴려 치는 느낌

관통 샷 : 큐가 수구의 당점을 뚫고 나가듯이 비틀림없이 큐를 일직선으로 곧게 뻗는 샷.

UMB : 세계 당구 연맹, Union Mondiale de Billard

3쿠션을 잘 치기 위해서는
당구의 기본 요소 중에서 가장 중요한
올바른 자세와 견고한 브리지,
정확한 그립법을 먼저 갖추어야 한다.

또한 브리지의 역할과 그립의 작용,
그 밖에도 기울기 이론과
스트로크를 구성하는 요소들에 대한
이론들을 숙지하고 있어야 한다.

또한 공의 두께와 직접 연관이 있는
스쿼트와 커브 현상
그리고 자신의 주안시를 파악하고 있어야 한다.

이러한 기초 이론들을 바탕으로
System에 입각한 꾸준한 훈련을 통해
스트로크를 완성해 나가는 것이다.

3쿠션의
기초이론과 자세

- 당구의 기본 요소

- 올바른 자세와 정렬

- 스트로크의 기본 조건

- 브리지의 종류와 특성

- 브리지의 중요성

- 그립법의 정확한 이해

- 그립과 스트로크

- 브리지와 그립의 핵심 정리

- 루즈 그립과 펌 그립 비교표

- 당구대와 큐의 구조

- 스쿼트 Squirt 현상

- 커브 Curve 현상

- 주안시와 공의 두께 관계

- Point별 기울기

- 임계 기울기란 ?

- 득점을 위한 사전 점검과 설계

당구는 배울 때부터 기본기를 충실히 해야 한다.

자세와 정렬 : 스텐스를 정확하게 자리 잡아야 다음 단계를 정확하게 연결할 수 있다.
1적구와 수구와 오른발을 일렬로 정렬한 다음 왼발을 45°로 어깨 넓이만큼 벌리면 된다. 큐를 잡은 오른손 그립이 오른발 등 위에 위치하도록 한다.
체중은 오른발에 약 55%, 왼발에 45% 정도 두는 것이 좋다.

브리지 : 스트로크의 완성은 견고한 브리지와 밀접한 관계가 있다.
수구가 2쿠션을 돌아갈 때까지 브리지를 절대 바닥에서 떼면 안 된다.

그립 : 큐 무게 중심에서 자신의 신장의 10% 정도 뒤 지점을 가볍게 감싸듯이 잡는다.

당점 : 상단. 중단. 하단 당점과 1Tip, 2Tip, 3Tip, 4Tip을 정확히 이해하고 구별한다.

스트로크 : 자세와 정렬, 브리지, 그립이 준비되면 당점을 일직선으로 찌른다.
어떠한 스트로크를 구사할 것인지 결정되기 전에는 엎드리지 않는다.

공 두께 : 공의 두께는 ½ 두께 겨냥법을 정확히 숙지하고 그 다음 ¼ ⅓ ⅔ 두께를 익힌다.
나머지는 조금 얇게 또는 조금 두껍게 조절하면 된다.

회전 : 3쿠션에서 회전의 역할은 생각보다 중요하다. 1Tip 증가에 반 포인트씩 길어지는 것을 감안하여 적절한 회전 선택을 해야 득점 확률을 높일 수 있다.

분리각 : 수구와 1적구의 분리각 합계는 약 90°이며, 분리각 이론을 알아야 모아치기를 잘 할 수 있고, Kiss를 뺄 수 있으며, 포지션 또한 유리하게 만들어갈 수 있다.

집중력 : 일생의 마지막 샷이라는 각오로 한 샷, 한 샷 최선을 다하는 습관을 들인다.

올바른 자세를 취하기 위한 부분적인 요점 정리

정확한 스트록을 위해 먼저 지켜야 하는 것은 편안하고 흔들림 없는 브리지이다.

4구 브리지 위치
15 ~ 20cm

3구 브리지 위치
20 ~25cm

자세를 낮춰 왼팔을 쭉 뻗어 브리지를 고정하고 하박과 상박은 90° ~ 95°를 유지한다.

강한 파워가 요구되는 공을 칠 때는 브리지를 약간 멀리하고 왼발을 약간 close 시켜 약간 옆 자세로 선다.
그립의 힘을 빼는 것은 기본이다.

45°

왼발을 45°로 어깨 넓이 만큼 벌리고 힘을 뺀 상태 에서 다시 한번 스텐스를 정렬 한다.

코
시선
머리

그립의 위치

좋은 스트로크란 ?
팔과 손으로 공을 치는 것이 아니라 큐 무게로 정확하게 당점을 일직선 으로 찌르는 것이며 임펙트 이후에도 브리지와 시선을 고정해야 한다.

분리각을 크게 만들어야 하는 (끌어치기 하는)공의 모양에서 가장 중요한 것은 브리지를 견고하게 잡는 것이다.

목적구와 수구와 얼굴(주안시)를 일직선 으로 맞추고 자연스럽게 45°로 스텐스를 벌린다. 1적구, 수구, 얼굴(주안시), 오른발 등을 도형처럼 일렬로 정렬한다.

수구와 시선(주안시)을 일렬로 맞춘다. 체중은 양 발에 분산하되 왼발에 45% 오른발에 55% 정도를 둔다.

상박과 하박이 90°에서 접히면서 타구 한다.

큐는 오른발 등 위에 위치한다.
주안시 차이에 따라 오른발 등, 오른발 뒤꿈치, 오른발 발가락으로 조절할 수 있다.

큐를 잡은 엄지와 검지 손가락의 둥근 모양 각도가 1적구를 향해 마주보며 계속 진행해야 큐의 일직선 운동이 정확해 진다.

그립을 잡을 때 엄지 손가락은 핀 상태를 항상 유지해야 임펙트 이후 큐를 잡는 나쁜 습관을 없앨 수 있다.

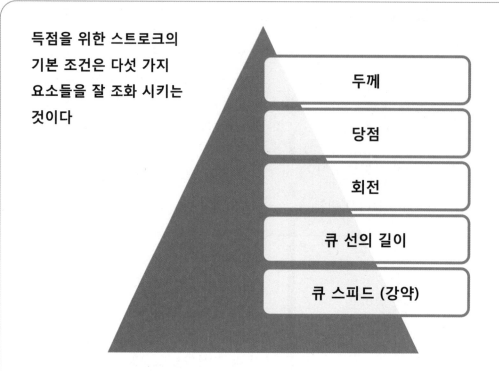

득점을 위한 스트로크의
기본 조건은 다섯 가지
요소들을 잘 조화 시키는
것이다

[득점률을 높이는 비결]

3쿠션에서 득점률을 높이는 요소들을 크게 분류하면 위 도형과 같다.

1. 두께 겨냥법을 활용한 정확한 두께.

2. 수구의 분리각을 고려한 당점의 상, 중, 하 선택.

3. 수구의 동선을 결정하는 회전(Tip)량의 선택.

4. 수구의 분리각을 크게 또는 작게 조절하는데 영향을 주는 큐 선의 길이.

5. 공의 배치에 따라 수구가 변화 없이 구르도록 하기 위한 적당한 큐 스피드 등이 있다.

따라서 극단적인 당점, 극단적인 회전량, 불필요한 만큼의 큐 선의 길이를 무리하게

사용하는 것은 바람직한 스트로크가 될 수 없다.

공의 형태에 따라 위 조건들이 조화를 이루게 되면 득점률은 자동적으로 높아진다.

또한 당점을 선택할 때는 1적구와 수구의 위치가 예각인지 둔각인지에 따라 이상적인

당점 위치를 선택해야 하며

두께 선택은 두께 겨냥법이 가장 쉬운 ½ 두께를 사용하면서 나머지는 회전량으로

조절하는 방법과, 수구의 변화가 가장 적은 ⅓ 두께를 사용해 절대로 구르는 구질을

숙달 시켜 나가는 것이 좋은 연습 방법이다.

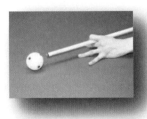

일반적으로 당구를 처음 배우면서 가장 많이 사용하는 브리지 형태이다. 세 손가락을 펼쳐 주면 수구가 가볍게 다루어 지는 특징이 있다. 따라서 1적구가 가볍고 빠르게 다녀야 할 때 사용하면 적합하며, 손가락을 펼쳐주면 1적구의 분리각이 커지므로 Kiss 뺄 때도 응용한다.

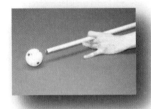

소지를 제외한 세 손가락에 힘을 주고 모으는 브리지는 강력한 대회전, 끌어치기, 밀어치기, 바운딩 등 파워 있는 스트로크를 할 때 사용한다. 네 손가락을 힘있게 모아 주면 오른손 그립에 힘을 빼는 데에도 많은 도움이 된다.

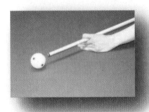

네 손가락을 모두 모아주는 브리지는 수구를 무겁게 다룰 때 사용한다. 예를 들어 1적구를 눌러 치거나, 수구를 1쿠션에 정확하게 보내면서 정교하게 수구를 다루어야 할 때 사용하면 좋은 그립이다. 제각돌리기 쇼트 앵글 등, 각으로 정확히 치는 형태에서 주로 사용한다.

브리지에서 후크는 디긋자(ㄱ)형태로 확실하게 만들어 주어야 한다. 엄지손가락으로 검지의 손톱을 가볍게 누른 상태에서 엄지를 중지의 두 번째 마디에 고정하면 된다. 브리지가 견고해야 공이 잘 끌리고 변화 없이 곧대로 굴러 다닌다.

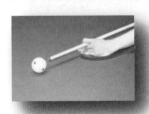

브리지 자세에서 손바닥을 바닥에 단단하게 붙이는 것은 견고한 브리지를 만드는데 가장 핵심이 된다. 손목이 꺾여 있는 형태는 좋은 형태가 아니며, 사지처럼 약간 활 모양으로 구부리는 것이 큐를 일직선으로 진행 시키는데 도움이 된다

임펙트가 끝났다고 스트로크가 끝난 것이 절대 아니다 수구가 2쿠션을 맞고 돌 때까지 바닥에서 브리지를 떼지 말아야 수구가 변화 없이 곧대로 구르게 된다. 단, 부드럽고 공을 길게 만들어야 할 때는 브리지의 압력을 전체적으로 약하게 해주어야 공의 구름을 길게 진행시킬 수 있다(평균 브리지 강도는 손가락 끝을 바닥에 고정하는 것)

당구의 기본 자세란 ? 스텐스, 그립, 브리지를 합친 것을 말한다.
이 세가지 요건이 잘 갖추어 졌을 때 기본 자세가 좋다고 할 수 있다.

최근에는 중지, 약지, 소지를 모두 모아주는 브리지 모양을 사용하는 프로 선수와 동호인
들이 늘어나고 있다. 손가락을 모아주는 브리지의 특성은 1적구를 부드럽게 다룰 수 있는
장점이 있지만 왼쪽 어깨에 힘이 들어가 있을 경우 모아주는 브리지를 하기가 어색하다.
그 이유는 왼쪽 어깨에 힘이 들어가 있으면 세 손가락을 펼쳐야 자세를 지탱하기가 쉽기
때문이다. 과거 4구 경력이 높은 동호인의 경우 대부분 앞으로 향하는 자세에 익숙해 있고
체중이 앞쪽에 실려 있어 왼손가락을 펼쳐서 자세의 균형을 잡는 경우를 흔히 볼 수 있다.

공의 형태가 90° 이상 끌어 쳐야 하는 경우 브리지 거리를 20cm 이하로 짧게 취하면서
브리지를 강하고 견고하게 잡으면 공을 아주 쉽게 끌어 치기 할 수 있다.
그 이유는 브리지 거리를 짧게 한 만큼 큐 걸이의 흔들림이 적어 큐 미스를 줄일 수 있으며,
브리지 거리가 짧은 만큼 큐를 깊게 찌를 수 있어 쉽게 끌어 치기 할 수 있는 것이다.

다른 예로 대회전을 돌릴 때 1적구와 브리지 거리가 너무 가까우면 Long Follow에 제약을
받게 되며, 네 손가락을 강하게 모아주는 브리지 형태를 취하면 힘있게 스트록을 할 수 있다.
반대로 1적구의 분리각을 크게 만들어야 Kiss를 피할 수 있는 경우에는 하단 당점을 주고
브리지의 네 손가락을 펼쳐주면 분리각을 어느 정도는 크게 만드는데 도움을 줄 수 있다.
반대로 세 손가락을 모아주는 그립의 형태는 1적구를 무겁게 천천히 다룰 때 사용하면 좋다.

또한 브리지를 할 때는 새끼손가락과 손 바닥 아래 부분이 당구대 바닥에 견고하게 밀착
되어 있어야 하며, 임펙트 이후에도 수구가 2쿠션을 돌 때까지 브리지를 바닥에서 떼면
안 된다. 또한, 큐를 고정하는 두 번째 손가락의 후크 모양이 ㄱ자 모양으로 견고해야 된다.

엄지와 검지, 중지 손가락이 견고하게 밀착되어 있으면 정확한 당점 겨냥에 흔들림을 방지
할 수 있으며, 오른손 그립의 힘이 저절로 빠지는 장점도 있다.

공을 부드럽고 길게 진행시켜야 할 때는 브리지의 압력을 약하게 만들고 등속 샷을 구사해야
하며, 끌어치기 각이 클 경우에는 브리지 압력을 높이고 끝까지 고정하는 것이 요령이다.

◆ 그립법의 정확한 이해

그립법은 당구의 3대 기본자세 요소 중에 가장 중요한 부분이며, 모든 당구의 타법과도 직접 연관된다.

따라서 그립법이 잘 되어 있어야 모든 공들을 쉽게 칠 수 있다.

그립을 잡을 때 가장 중요한 핵심은 큐와 엄지 검지 사이가 공간 없이 부드럽게 밀착되어 있어야 한다. 나머지 손가락은 백스윙 시 자연스럽게 펴주고 임펙트 시 다시 원 위치 시켜 주면 된다.

4구에서 3쿠션으로 전향한 동호인의 경우 큐가 엄지 검지 사이와 공간이 있는 경우가 많다. 이 경우 임펙트 시 큐를 놓치지 않기 위해 큐를 잡게 된다.

3쿠션 스트로크에서 큐를 잡아 주어야 하는 경우는 10% ~ 20% 정도에 불과하다.

그립법은 크게 나누면 루즈 그립과 펌 그립으로 분류된다.
그립의 특성에 대해서는 그립법 페이지에 자세히 수록되어 있으므로 생략하기로 하고 ~

[그립의 기본 원칙]

1. 큐를 잡을 때는 부드럽게 달걀을 쥐듯이 가볍게 잡아야 어깨에 힘이 빠진다.
2. 그립을 잡는 위치는 큐의 무게 중심에서 약 15cm ~ 20cm 정도 뒤를 잡는다.
   (또는 무게 중심에서 자기 신장의 10% 정도 뒤를 잡는다.)
3. 손목의 각도는 일직선 수직 상태로 펴져 있어야 한다.
4. 그립의 위치는 오른발 등 위에 위치한다.
5. 엄지손가락은 곧게 펴야 한다. 엄지손가락으로 큐를 잡고 있으면 임펙트 이후 큐를 잡아 버리는 나쁜 버릇이 생기게 되므로 엄지손가락이 바닥을 향해 편 상태를 항상 유지한다.
6. 큐를 잡은 엄지와 검지의 둥근 모양이 1적구를 마주 보며 직진하도록 한다.
   (빈 스트록 연습 시 반드시 이 부분을 기억하면서 큐의 일직선 운동을 체크한다)
7. 스트로크 시 하박의 각도가 90° 일 때 임펙트가 시작 되어야 하므로 백스윙 때 중지, 약지, 소지손가락이 풀리고 임펙트 시에 자연스럽게 원위치로 돌아와야 한다.

대부분의 스트로크 경우 임펙트 이후 그립을 잡지 말고 계속 열어 놓아야 공이 급격히 꺾이는 현상을 방지할 수 있으며, 역회전을 살려야 하는 리버스 종류의 공을 칠 때도 임펙트 이후 그립을 끝까지 잡지 말고 열어 놓아야 역회전 효과를 유지할 수 있다.
Reverse back out(더블 레일)을 칠 경우에도 큐의 무게로만 타구 하면서 끝까지 그립을 잡지 말아야 역회전을 살릴 수 있다. 그립을 잡으면 그 순간 역회전이 거의 사라진다.

좋은 스트로크란 큐가 비틀림 없이 일직선으로 당점을 뚫고 나가듯이 겨냥점을 정확히 찌르는 스트로크를 말한다. (스트로크란 한마디로 표현하면 "찌르다"이다)

사과를 송곳으로 단 한번에 정확히 일직선으로 찔러야 흠집(큐 미스)이 안 생긴다.

스트로크 훈련 방법 중의 하나는 임펙트 이후에 절대 눈동자(시선)를 움직이지 않는 것이다. 임펙트 이후에도 눈동자(시선)을 고정하면 얼굴, 어깨, 다리 모두 움직이지 않게 되어 뒷 자세가 흐트러지지 않아 좋은 샷을 기대할 수 있게 된다. 또한, 임펙트 이후 큐를 잡는 나쁜 습관을 없애기 위해서는 평소 엄지손가락으로 큐를 감싸지 말고 항상 편 상태를 유지해야 한다.

[나쁜 그립의 형태]

1. 큐가 엄지 검지(그립의 눈) 사이와 틈이 벌어져 있는 그립.
2. 큐를 잡았을 때 손 등이 활처럼 굽어 있는 그립.
3. 너무 멀리 잡아 임펙트가 90°에서 이루어지지 않는 그립 등이 있다.

[그립을 고치는 방법은]

1. 당구대 프레임 위에서 일직선으로 큐의 왕복 운동을 했을 때 큐가 좌우로 흔들린다면 손목의 각도를 조절하며 큐가 일직선으로 자연스럽게 왕복할 때까지 꾸준히 연습을 한다.
2. 그립을 잡았을 때 생기는 엄지와 검지의 둥근 부분을 그립의 눈이라고 하는데 그 눈을 정면으로 1적구를 마주 보면서 진행시키면 손목의 각도를 바로 잡는데 도움이 된다.
3. 페트병을 앞에 놓고 페트병 입구 안에 큐를 넣는 연습을 천천히 반복한다.
4. 전후방에서 그립의 움직임을 동영상으로 찍어 직접 확인하며 느껴본다.

그립을 가볍게 감싸 쥐어야 큐의 무게를 느낄 수 있으며 보다 정교하고 파워 있는 스트로크를 구사할 수 있게 된다.

또한, 그립은 잡는 방법에 따라 수구의 진로를 길게 만들 수도 있고, 짧게 만들 수도 있다.

예를 들어 수구의 진로를 짧게 진행시키려면 엄지와 검지 손가락 위주로 그립을 잡으면 공을 짧게 꺾을 때 도움이 되며,

반대로 약지와 소지 위주로 그립을 잡으면 수구의 진행을 길게 만들 수 있다. 그 이유는 엄지와 검지를 단단히 잡으면 큐가 밀려 나가지 않아 짧게 끊어 치는 효과가 있으며, 약지와 소지 위주로 그립을 쥐면 큐가 길게 밀려나가 공이 자연스럽게 길어지는 효과가 있다.

그립을 잡은 엄지와 검지의
○부분을 그립의 눈이라고도
하는데 스트로크 하는 동안
이 눈이 목표 지점을 향해
정확하게 90°를 유지시키며
큐를 밀어야 한다.

빈 스트로크 연습을 할 때 90°를
유지하며 큐를 뻗어주는 습관을
들이면 이상적인 그립(손목)의
각도를 만드는데도 도움이 되며,
흔들림 없이 일직선으로 스트로크
하는데도 도움이 된다.

그립을 잡는 큐의 지점은 4구와
3쿠션, 또는 공의 배치에 따라
약간씩 달라질 수 있지만,

기본적으로 큐 무게 중심에서
약 15cm, 또는 자기 신장의 10%
정도 뒷부분을 잡아야 스트로크 시
하박이 90°에서 80°로 접히는 순간
임펙트를 힘있게 가할 수 있게 된다.

그립의 눈

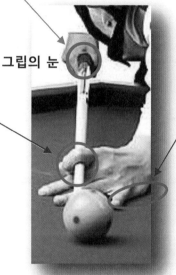

큐의 상대를 고정하는 후크
모양은 가급적 빈틈없이
만들어 주는 것이 좋다.

요령은 엄지 끝으로 검지의
손톱 부분을 눌러 주고
중지에 붙이면 후크 모양을
견고하게 만들 수 있다.

당구대 바닥에 견고하게
밀착된 브리지야말로
안정적인 스트로크를
보장 받을 수 있으며,
스트로크 이후 수구가 2쿠션
이상 돌 때까지 브리지를
당구대 바닥에서 절대로
떼지 말아야 한다.

스트로크가 좋지 않는 동호인의 공통점

1. 가장 큰 공통점은 브리지가 당구대에 완전하게 밀착되지 않는 형태를 취하고 있어
   견고한 큐 걸이 역할을 못해주고 있다. 또한 스트로크와 동시에 브리지를 당구대
   바닥에서 빨리 떼면서 상체를 일으키는 나쁜 습관을 공통적으로 가지고 있다.

2. 상대를 고정하는 후크 모양이 대부분 헐거워 큐의 작은 흔들림과 큐 미스가 종종 있다.

3. 위에서 말한 그립의 눈이 1적구를 향해 90°를 유지하며 큐의 전후 운동을 해야 하는데
   개념 설정이 안되어 있으므로 그립 손목의 각도가 대체적으로 불안하여 스트로크 시
   큐가 흔들리는 편이다.

4. 그립을 잡은 엄지손가락은 항상 일직선으로 편 상태로 유지하고 있어야 하는데 엄지
   손가락으로 큐를 말아 쥐고 있어 임펙트 이후 큐를 잡게 되는 나쁜 습관을 갖고 있다.
   임펙트 이후 그립을 잡아야 하는 경우는 지극히 국한되어 있으며, 가급적 큐 선의
   길이와 스피드로 구질을 만들도록 노력해야 한다.

◆ 루즈 그립과 펌 그립 비교표

그립을 크게 분류하면 루즈 그립과 펌 그립으로 분류된다.
루즈 그립은 그립을 전체적으로 부드럽게 잡는 중립적인 그립을 뜻하며,
펌 그립은 엄지와 검지를 중심으로 큐 전체를 부드럽게 감싸는 그립을 말한다.
어느 그립이 좋은 그립이라고 할 수는 없으며, 당구의 고수가 되기 위해서는 두 가지
그립의 특성을 모두 이해하고 활용할 수 있어야 한다.
아래 비교표를 보면서 평소 그립에 대한 재정립을 해볼 필요가 있다.

루즈 그립 Loose grip	비교	펌 그립 firm grip
엄지와 검지손가락 위주로 루즈하게 큐를 잡는다.	그립 잡는 법	큐를 손가락 전체로 빈틈 없이 부드럽게 감싼다.
그립과 하박이 자유롭게 움직임이며 스냅을 활용.	특징	그립과 하박을 하나로 고정 진자운동으로만 타격한다.
스트로크에 따라 변화한다	분리각	대체적으로 일정
많음	스쿼트와 커브의 오차	적음
불규칙	정확성	좋음
상황에 따라 이동	그립 위치	평균 또는 조금 짧게 잡음
대체적으로 불규칙하다	공의 구름 현상	2,3쿠션 이후 공의 구름 현상이 일정하다.
화려하고 기교적이다	스트록	정직하고 일정하다
던져치기, 끌어치기, 밀어치기, 스냅샷, 스피드샷, 빗겨치기 등에 활용	활용도	정확도가 요구되는 공을 다룰 때 적합하며 붙어있는 공의 곡구 방지 제각돌리기, 쇼트앵글 등

◆ 당구를 빨리 배우는 비결중의 하나는 프로선수들의 경기나 고점자들의 경기에서 그들이 취하고 있는 그립의 형태와 큐를 뻗는 큐 끝의 움직임을 유심히 관찰하는 것이 중요하다. 큐 선의 길이와 큐 끝의 움직임으로 수구의 진로를 길게 또는 짧게 만들 수 있다.

◆ 당구를 처음 배울 때는 루즈 그립을 먼저 배우는 것이 긴장감 없이 공을 다룰 수 있으며, 어느 정도 숙련되어지면 펌 그립을 함께 겸하는 것이 좋다. 왜냐하면 공의 배치에 따라 루즈 그립이 좋을 경우가 있고 펌 그립이 좋은 경우가 있기 때문이다.

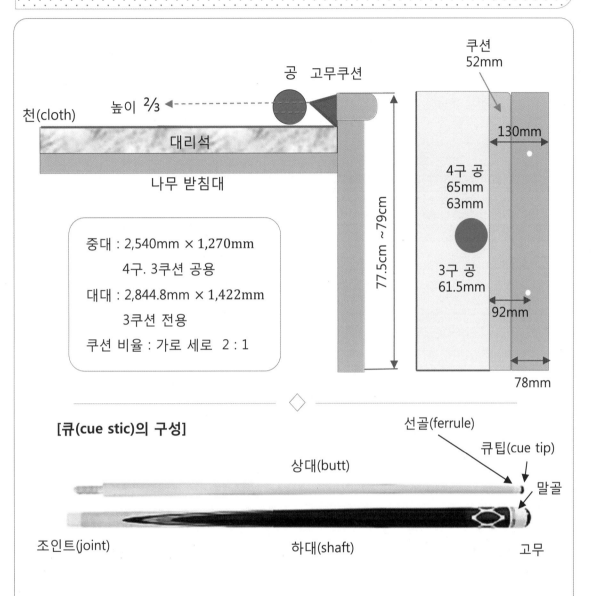

공 고무쿠션

천(cloth)

높이 ²⁄₃

대리석

나무 받침대

77.5cm ~79cm

쿠션
52mm

130mm

4구 공
65mm
63mm

3구 공
61.5mm

92mm

78mm

중대 : 2,540mm × 1,270mm

　　4구. 3쿠션 공용

대대 : 2,844.8mm × 1,422mm

　　3쿠션 전용

쿠션 비율 : 가로 세로 2 : 1

[큐(cue stic)의 구성]

선골(ferrule)

큐팁(cue tip)

상대(butt)

말골

조인트(joint)

하대(shaft)

고무

상대 : 하대에서 가해진 에너지를 공에 전달하면서 타구의 감각을 손으로 느낄 수 있도록
　　　역할을 한다.

하대 : 공에 에너지를 전달하는 가장 중요한 기능과 큐의 전체적인 균형을 유지하는 가장
　　　중요한 역할을 한다.

선골 : 상대의 파손을 방지하며, 큐팁을 쉽게 부착하도록 하는 역할을 한다.

큐팁 : 당구장에서 가장 많이 사용하는 큐팁은 대부분 엘크(순록)의 가죽을 많이 사용한다.

조인트 : 큐의 분리를 위해 상대와 하대를 나사 방식으로 연결하는 기능을 한다.

◆ 스쿼트 Squirt 현상

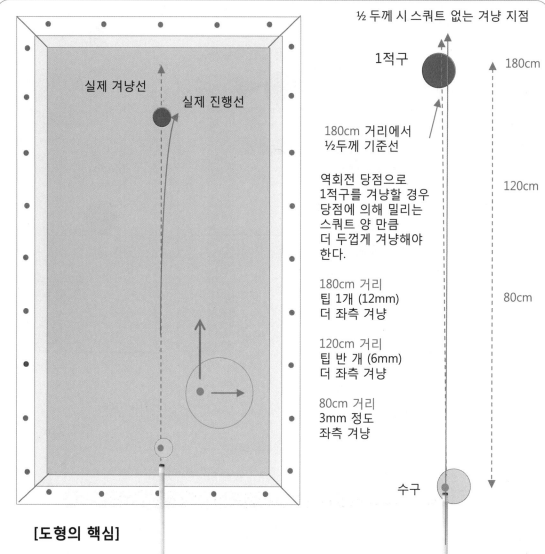

½ 두께 시 스쿼트 없는 겨냥 지점

1적구

180cm 거리에서
½두께 기준선

역회전 당점으로
1적구를 겨냥할 경우
당점에 의해 밀리는
스쿼트 양 만큼
더 두껍게 겨냥해야
한다.

180cm 거리
팁 1개 (12mm)
더 좌측 겨냥

120cm 거리
팁 반 개 (6mm)
더 좌측 겨냥

80cm 거리
3mm 정도
좌측 겨냥

180cm

120cm

80cm

실제 겨냥선

실제 진행선

수구

[도형의 핵심]

스쿼트 현상은 공이 큐의 연장 일직선으로 굴러가다 회전을 준 반대 방향으로 휘어지는 것을 말하는데, 이 현상은 회전을 많이 주고 강하게 치거나, 큐의 하대를 들 경우 더 많이 발생하며, 수구와 1적구의 비거리가 먼 경우 심하면 팁 한 개(12mm) 정도 발생한다.

평소 뒤돌려치기가 생각보다 얇게 맞는 경우가 많다면 강한 스트록에 의해 밀림 현상이 심하게 발생하기 때문이다. 심한 경우 6Point 거리에서 팁 1개 정도까지도 발생한다.
따라서 평소 거리 별로 자신의 스쿼트 현상을 체크해 보고 보정 기준을 알아두어야 한다.
이러한 문제점을 최소화 하기 위해서는 겨냥 시 많은 회전을 주는 습관을 바꿔야 한다.
예를 들어 1Tip 반 또는 2Tip 당점을 겨냥하고 스트로크 시 회전을 더 부여해 준다.

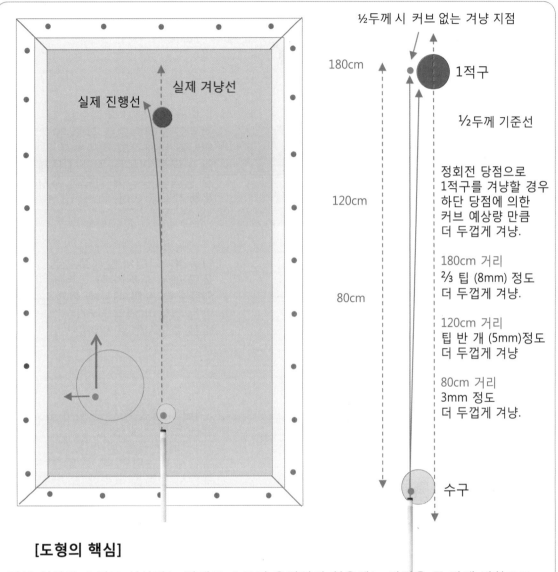

½두께 시 커브 없는 겨냥 지점

180cm — **1적구**

½두께 기준선

정회전 당점으로
1적구를 겨냥할 경우
하단 당점에 의한
커브 예상량 만큼
더 두껍게 겨냥.

180cm 거리
⅔ 팁 (8mm) 정도
더 두껍게 겨냥.

120cm

120cm 거리
팁 반 개 (5mm)정도
더 두껍게 겨냥

80cm

80cm 거리
3mm 정도
더 두껍게 겨냥.

수구

실제 겨냥선

실제 진행선

[도형의 핵심]

커브 현상은 스쿼트 현상과는 반대로 수구의 움직임이 처음에는 당점을 준 반대 방향으로
아주 미세하게 밀렸다가 차츰 회전방향으로 휘어지는 것을 말한다.

커브 현상이 생기는 이유는 회전을 많이 주고 살살 칠 경우 또는 수구의 회전력을 살린다는
느낌으로 큐의 뒤쪽을 살짝 들어주고 부드러우면서 가볍게 찍어 친다는 기분으로 치면
수구의 회전력이 당구대 바닥과 마찰하면서 더 많이 생긴다.
커브 현상을 억제하려면 당점을 1Tip 범위로 유지하는 것이 바람직하다.
먼거리 앞돌려치기에서 생각보다 얇게 맞는 현상이 있다면 커브 현상을 점검해 보아야 한다.

◆ 주안시와 공의 두께 관계

실제 공이 있는 위치 → ● ← 눈에 보이는 공의 위치

- **Master eye (주안시)란?**
  사람의 두 눈은 각기 다른 역할을 맡아서 한다.
  방향을 측정하는 눈을 주안시 또는 Master eye라고 하며, 또 다른 눈은 거리를 측정하는 역할을 한다.

노잉글리시에서 왼쪽으로 칠 경우와 오른쪽으로 칠 경우 입사각 반사각이 정확하지 않고 다른 이유는 주안시 문제로 당점을 중앙에 정확히 주지 못하기 때문이다.

오른 눈이 주안시인 경우 그림처럼 45°로 비스듬히 서서 목표물을 겨냥하게 되면 오른 눈은 자연적으로 정면보다 약간 뒤쪽에 위치하게 되며, 목표물이 실제 목표 지점보다 약간 오른쪽에 있는 것처럼 보이게 된다.

앞돌려치기에서 오른쪽으로 돌릴 때는 두께가 잘 맞는데 왼쪽으로 돌릴 때는 두껍게 맞는 경향이 있다면 이는 바로 주안시의 문제이다.

골프를 처음 배울 때 퍼팅을 오른쪽으로 자주 빼는 이유도 바로 주안시의 문제를 모르기 때문이다.

따라서 평소 연습을 통해 자신의 주안시 정도를 파악해 두어야 한다.

1적구의 오른쪽 면을 비껴 칠 때는 두께가 맞는데, 1적구의 왼쪽을 비껴 칠 때는 두껍게 맞는다면 이 것 또한 주안시 문제를 고려해 보아야 한다.

얼굴

프로선수 또는 고점자들의 자세와 얼굴 위치가 조금씩 다른 가장 큰 이유는 주안시를 큐 선과 일치 시키기 위한 것이라 할 수 있다.

45°

오른 눈이 주안시인 경우

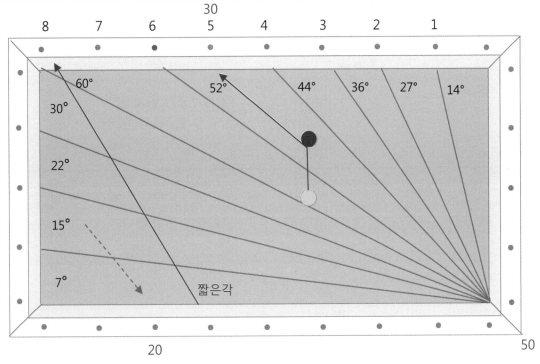

[도형의 핵심]

위 도형은 우측 하단 코너를 기준으로 각 Point별 기울기를 대략적으로 나타낸 것이다.

예를 들어 3쿠션 20에 있는 공을 맞히기 위해서는 수구 50에서 1쿠션 30을 쳐야 하는데 만일 1적구를 맞히고 돌린다면 어느 정도의 두께를 사용해야 되는지 분리각 도표와 위 도형의 기울기로 판단하면 된다.

100% 정확한 각도의 개념은 아니지만 위 Point별 Line에 대한 기울기를 기준 삼아 평소 자신의 두께를 익혀 나가면 당구 실력을 향상 시키는데 많은 도움이 될 것이다.

또한 이 도형을 통해 짧은 각에서 코너로 수구를 보내려면 35° 정도가 된다는 것을 알 수 있다. 그렇다면 30° ~ 40°로 수구를 보내려면 어느 정도의 두께를 사용해야 되는지를 알면 보다 쉽게 득점할 수 있다.

한 가지 분명한 것은 두께의 개념을 갖고 공을 치는 사람과 감각에만 의존하는 사람의 성장 속도는 시간이 지나면서 점점 더 차이가 나게 될 것이다.

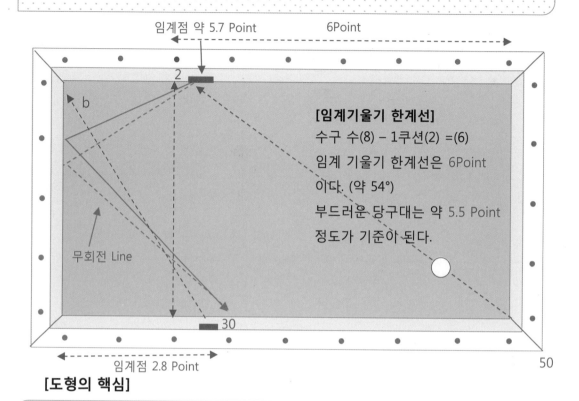

임계점 약 5.7 Point   6Point

2

b

[임계기울기 한계선]
수구 수(8) – 1쿠션(2) =(6)
임계 기울기 한계선은 6Point
이다. (약 54°)
부드러운 당구대는 약 5.5 Point
정도가 기준이 된다.

무회전 Line

30

50

임계점 2.8 Point

[도형의 핵심]

위 도형은 임계 기울기 법칙을 나타낸 도형이다.

임계점이란 액체가 고체로 변하는 시점 즉 액체도 아니고, 고체도 아닌 섭씨 0° 지점을
말하는데 ~

당구에서 임계점의 원리를 알고 있으면 보다 쉽게 경기에 적용할 수 있다.

예를 들어 우측 하단 코너에서 1쿠션 2를 치면 임계 기울기 6이 된다.

즉 당구에서의 임계점은 약 기울기 6 Point이다. (실제로는 5.7Point 부근 지점)

Five & Half System으로 따져보면 수구 수 50에서 3Tip 주고 1쿠션 20을 치면 3쿠션
30에 도착 하는데 ~

같은 수구 위치에서 같은 1쿠션을 무회전으로 쳐도 거의 비슷하게 3쿠션 30으로 도착
한다는 뜻이다. 바로 임계점 적용 각도이기 때문이다.

뒤돌려치기에서 수구의 진행을 길게 만들어야 할 경우 회전을 최대한 주는 것이 길게
칠 수 있는지 회전을 줄이는 것이 길게 칠 수 있는지 임계점으로 판단할 수 있다.

다시 말해 임계 기울기가 6이 넘는 각도에서 무회전으로 치면 공을 더 길게 칠 수 있고,
임계 기울기가 6이 안 되는 각도에서 무회전으로 치면 오히려 각이 더 짧아진다.

적색 화살표 b 처럼 짧은 쿠션에서 운영할 때는 약 2.8Point 지점을 임계점으로 한다.

◆ 득점을 위한 사전 점검과 설계

| 득점 가능한 경로는 모두 확인 | 가장 득점률 높은 Big Ball 선택 | Kiss 유무 확인과 실수 가능한 부분 점검 | Position Play 가능한지 확인 | 엎드린 다음에는 두께, 당점 스트로크 에만 집중 |

공을 치기 전에는 득점을 위한 사전 점검을 하고, 점검이 끝나면 스트로크를 위해 엎드리게 되는데, 일단 엎드린 후에는 공의 두께, 당점, 스트로크 이외는 절대 다른 생각하면 안 된다.

그러기 위해서는 엎드리기 전에 득점을 위한 설계와 사전 점검을 완벽하게 해야 한다.

중 하급자의 경우 경기를 운영하는 것을 보면 루틴 동작(득점을 위한 일정한 순서) 이 없는 것을 흔히 볼 수 있다.

예를 들어 득점을 위해서는 자세, Kiss의 유무, 스트로크의 강약, 타법 등을 구상하고, 엎드려야 하는데 상대가 실점하면 기다렸다는 듯이 타석에 들어가 대충 한번 보고 타석에 그냥 엎드려 타구하는 경우를 흔히 볼 수 있게 된다.

그런 분들에게 필자는 타석에 들어가기 전에 먼 벽 한번 쳐다 보고 천천히 타석에 들어 가라고 권한다. 그 것은 내가 게임을 서두르지 않겠다는 의지이며, 실제로 멀리 있는 벽 한번 쳐다 보고 타석에 들어가는 것이 게임을 차분히 풀어가는데 큰 도움이 되는 것도 사실이다.

당구에서 당점과 회전은 공의 방향성과 직결되는
아주 중요한 부분 중의 하나이다.

당점이란 수구의 겨냥점을 말하며,
겨냥 지점의 상 중 하를 표현할 때 주로 사용한다.

회전은 종 회전과 횡 회전으로 구분되며
종 회전은 직지선을 중심으로 한 상, 하단 위주의 회전을 뜻하며,
횡 회전은 공을 배치에 따라 1쿠션에서 2쿠션으로의
반사각을 조절하기 위해 수구의 좌와 우에 주는 회전을 뜻한다.

따라서 1시 30분 (10시 30분) 방향 2Tip을 주면
종 회전과 횡 회전이 잘 조화된 당점이라 할 수 있다.

회전은 3Tip 또는 4Tip으로 나누어 지며,
System에서는 12시에서 3시까지를 45분 단위로
1Tip ~ 4Tip으로 세분화하여 사용 한다.

공의 형태에 따라 정확하게 당점의 위치를
선택하고 알맞은 회전량을 선택한다면
그만큼 공을 쉽게 다룰 수 있으며
득점 확률도 높일 수 있게 된다.

당점과 회전

- 당점의 위치와 겨냥법
- 당점과 회전(Tip)의 개념
- 3Tip 당점과 4Tip 당점의 차이점
- 3Tip 당점의 회전량

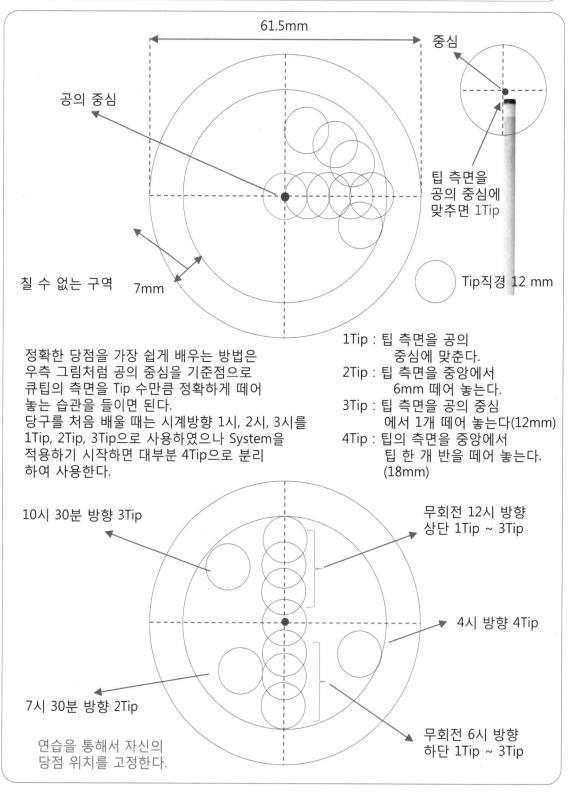

61.5mm

중심

공의 중심

팁 측면을
공의 중심에
맞추면 1Tip

칠 수 없는 구역   7mm

Tip직경 12 mm

정확한 당점을 가장 쉽게 배우는 방법은
우측 그림처럼 공의 중심을 기준점으로
큐팁의 측면을 Tip 수만큼 정확하게 떼어
놓는 습관을 들이면 된다.
당구를 처음 배울 때는 시계방향 1시, 2시, 3시를
1Tip, 2Tip, 3Tip으로 사용하였으나 System을
적용하기 시작하면 대부분 4Tip으로 분리
하여 사용한다.

1Tip : 팁 측면을 공의
　　　　중심에 맞춘다.
2Tip : 팁 측면을 중앙에서
　　　　6mm 떼어 놓는다.
3Tip : 팁 측면을 공의 중심
　　　　에서 1개 떼어 놓는다(12mm)
4Tip : 팁의 측면을 중앙에서
　　　　팁 한 개 반을 떼어 놓는다.
　　　　(18mm)

10시 30분 방향 3Tip

무회전 12시 방향
상단 1Tip ~ 3Tip

4시 방향 4Tip

7시 30분 방향 2Tip

무회전 6시 방향
하단 1Tip ~ 3Tip

연습을 통해서 자신의
당점 위치를 고정한다.

◆ 당점과 회전 (Tip)의 개념

[당점]

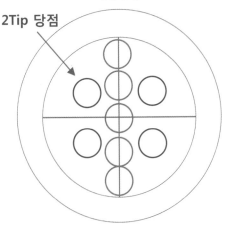

2Tip 당점

게임에서는 직진성과 회전성을
조화시킬 수 있는 2Tip 당점 ○을
주로 사용하는 것이 바람직하다.

[당점]

당점이란 큐팁으로 쳐야 할 수구의
겨냥점을 말하며,
상단 당점,
중 상단 당점
중단 당점,
중 하단 당점
하단 당점으로 크게 분류한다.
상단 당점은 직진성이 강하며,
하단 당점은 후진성을 높일 때
또는 수구의 분리각을 크게 만들 때
주로 사용하는 당점이다.
물론 좌 우측 회전을 주는 것도
일종의 당점이라고 볼 수 있다.

[회전 Tip]

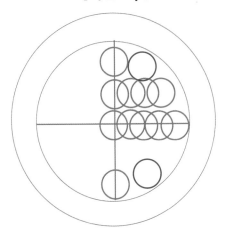

일반적으로 회전의 분류는
1시, 2시, 3시를 1Tip, 2Tip, 3Tip
으로 분류하기도 하지만,
System을 적용할 때는 보다
세밀하게 1Tip ~ 4Tip으로 분류한다.

[회전 Tip]

회전은 무회전에서 4Tip 까지 5단계로
분류되며 무회전을 중심으로 1Tip당
6mm씩 좌 우측으로 이동된다.
회전 Tip은 직진성 보다는 수구의 구질을
옆으로 보내는 역할이 크다.
하단 당점과 상단 당점의 경우 도형처럼
2Tip 이상 줄 수 없으며,
중 상단 당점과 중 하단 당점의 경우
3Tip 이상 회전을 줄 수 없다는
점을 이해하고 있어야 한다.

◆ 3Tip 당점과 4Tip 당점의 차이점

당점을 3Tip으로 분류할 경우에는 1시 ~ 3시를 가리키는 시침 지점을 기준으로 3등분 한 것이다.

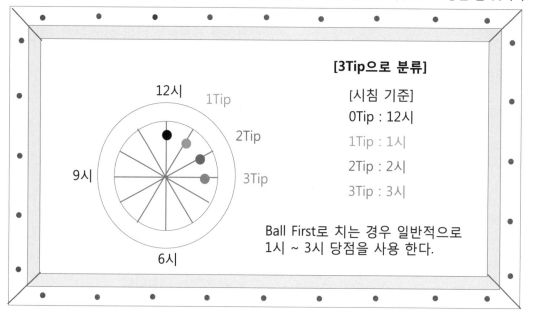

[3Tip으로 분류]

[시침 기준]
0Tip : 12시
1Tip : 1시
2Tip : 2시
3Tip : 3시

Ball First로 치는 경우 일반적으로
1시 ~ 3시 당점을 사용 한다.

회전 당점을 3Tip으로 분류할 때는 12시에서 3시까지 1Tip, 2Tip, 3Tip으로 분류하며,
맞은편을 일직선으로 쳤을 때, 1Tip 0.7Point, 2Tip은 1.4Point , 3Tip은 2Point 이동 된다.

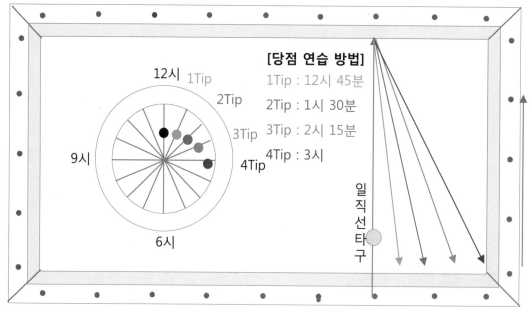

[당점 연습 방법]

1Tip : 12시 45분
2Tip : 1시 30분
3Tip : 2시 15분
4Tip : 3시

장쿠션을 향해 일직선으로 타구하면 1Tip 증가에 기울기 반 포인트 씩 이동하며,
단쿠션을 향해 일직선으로 타구하면 1Tip에 기울기 1포인트 씩 이동하도록 연습해야 한다.

◆ 3Tip 당점의 회전량

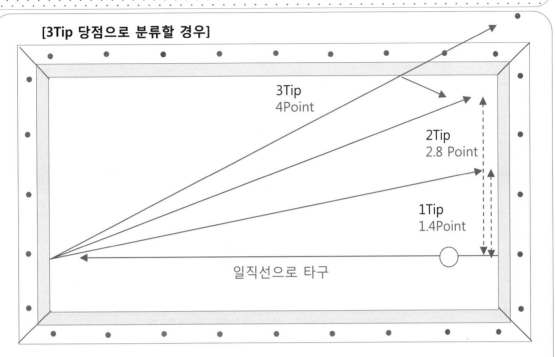

[3Tip 당점으로 분류할 경우]

3Tip
4Point

2Tip
2.8 Point

1Tip
1.4Point

일직선으로 타구

1시 ~ 3시를 기준으로 당점을 3등분 할 경우 1Tip을 주면 1.4Point 이동, 2Tip을 주면
2.8Point 이동, 3Tip을 주면 약 3.5Point ~ 4Point가 각각 이동된다.
도형을 통해 자신의 당점 위치를 확인하고 회전별 이동량을 체크한다.

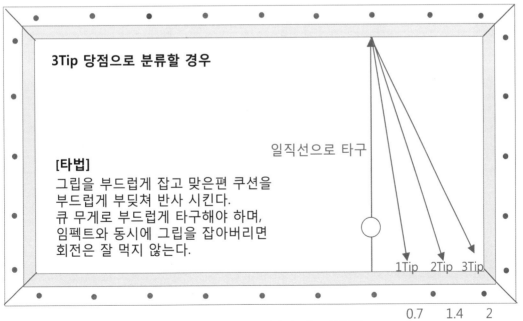

3Tip 당점으로 분류할 경우

일직선으로 타구

[타법]
그립을 부드럽게 잡고 맞은편 쿠션을
부드럽게 부딪쳐 반사 시킨다.
큐 무게로 부드럽게 타구해야 하며,
임펙트와 동시에 그립을 잡아버리면
회전은 잘 먹지 않는다.

1Tip 2Tip 3Tip

0.7   1.4   2
       Point

장쿠션에서 장쿠션 맞은편을 일직선으로 입사 시키면 위 도형처럼
회전량에 따라 수구가 반사된다. 1Tip을 주면 0.7Point, 2Tip을 주면 1.4Point
3Tip을 주면 약 2Point 가 이동된다.

3쿠션에서 스트로크가 어느 정도 궤도에 오르게 되면
결국 두께 싸움에서 승부가 결정이 된다.

당구를 오랜 세월 동안 쳤어도 두께에 대한 고민 없이
감각에만 의존하면서 쳐왔다면
수 십 년이 지난 지금에도 두께에 대한
발전은 크게 향상되지 않았을 것이다.

공의 두께는 철저하게 두께 겨냥법의
원칙에 따라 큐 선을 이용해 정확하게
맞추는 방법을 사용해야 한다.

처음에는 다소 불편한 것 같아도 조금만
노력하면 훨씬 정교한 두께를
공략할 수 있게 된다.

무회전으로 칠 경우 큐팁의 중심을 1적구의 끝에 맞추면
½ 두께가 되고, 큐팁의 좌 우측 끝을 1적구의 끝에
맞추면 대략 ⅝ 두께와 ⅜ 두께라는 것을 활용한다.

분리각 또한 두께에 따라 수구와 1적구가
각각 몇°로 분리되는지를 알게 되면 Kiss를
자연스럽게 피할 수 있으며
포지션 플레이도 구사할 수 있게 된다.

두께 겨냥법과
분리각

- 무회전 두께 겨냥법
- 정회전과 역회전 두께 겨냥법
- 두께 겨냥법의 핵심
- 공의 두께와 분리각 도표

두께 겨냥법은 ½ 두께 겨냥법부터 배우면 된다.

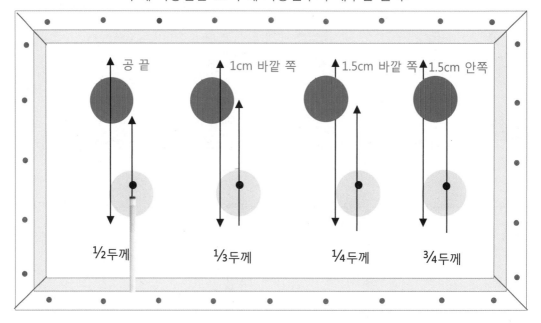

두께 겨냥법은 큐 중심을 위 도형처럼 1적구의 끝에 맞추면 정확히 ½두께로 맞는 것을 기준으로 ⅛두께를 옮길 때마다 약 7.5mm 씩 큐를 이동하면 된다.

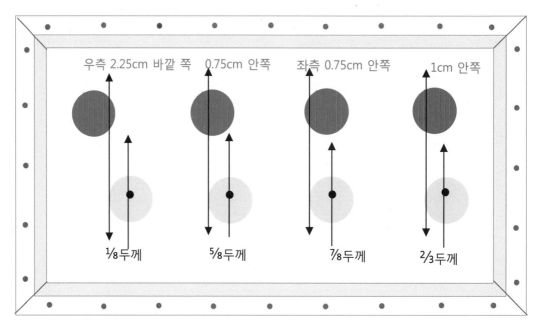

공을 잘 치기 위해서는 철저하게 두께겨냥법에 따라 1적구를 겨냥하는 습관을 들여야 하며, ½ 두께와 ⅓ 두께를 정확하게 다룰 수 있으면 나머지는 조금 두껍게, 조금 얇게 치면 된다.

정회전 두께 겨냥법 (1시 30분 방향 2Tip 줄 경우)

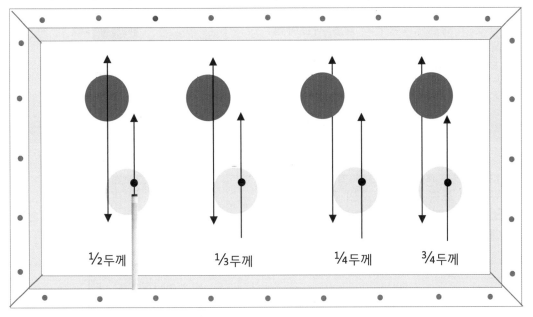

수구와 1적구의 비거리에 따라 발생하는 커브와 스쿼트는 계산하지 않은 기초 이론이며, 2Tip을 주고 1.5m에서 강하게 칠 경우 약 팁 한 개 정도 스쿼트가 생길 수 있다

역회전 두께 겨냥법 (10시 30분 방향 2Tip 줄 경우)

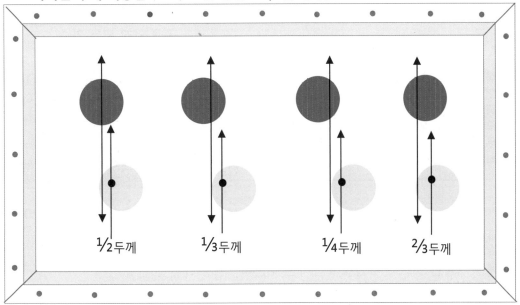

공을 잘 치기 위해서는 철저하게 두께 겨냥법에 따라 1적구를 겨냥하는 습관을 들여야 하며, ½두께와 ⅓두께를 정확하게 다룰 수 있으면 나머지는 조금 두껍게, 조금 얇게 치면 된다.

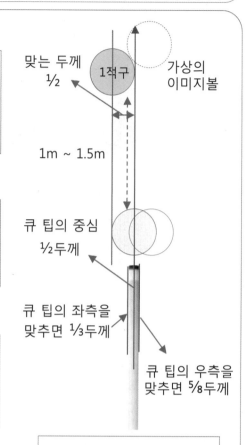

맞는 두께 ½

1적구

가상의 이미지볼

1m ~ 1.5m

큐 팁의 중심 ½두께

큐 팁의 좌측을 맞추면 ⅓두께

큐 팁의 우측을 맞추면 ⅝두께

큐 팁의 중심이 1적구의 끝을 겨냥하면 왜 ½두께가 맞는지를 먼저 이해하고, 공의 반지름이 약 30.75mm인 것을 감안해 나머지 두께의 경우 큐 끝을 어느 지점에 겨냥해야 하는지 스스로 생각해 본다

1적구의 오른쪽을 겨냥할 경우 ~ 큐 팁의 좌측 끝을 1적구의 끝에 겨냥하면 ⅓두께가 맞고,큐 팁의 오른쪽 끝을 겨냥하면 대략 ⅝두께가 맞는다.

2 m 정도의 거리에서 강하게 뒤돌려치기 할 경우에는 당점에 의해 공이 회전을 준 반대 방향으로 밀려 얇게 맞을 수 있으므로 팁1개(12mm)정도 더 두껍게 겨냥해야 한다.

하단 정회전을 주고 Slow로 칠 경우 회전 준 방향으로 커브가 되어 1적구가 생각 보다 얇게 맞을 수 있으며, 극단적으로 얇게 겨냥한 경우에는 1적구를 못 맞힐 수도 있으므로 약간 두껍게 겨냥해야 한다.

특히 앞돌려치기에서 오른쪽으로 공을 맞힐 경우에는 얇게 잘 맞는데, 왼쪽으로 돌릴 경우에는 겨냥한 것보다 두껍게 맞는다면 주안시 때문이다. 주안시에 대한 이해도를 높이고 자신의 주안시 정도를 파악해야 한다.

공을 얇게 치는 기술

위 도형 수구처럼 (○) 좌측에 3Tip을 준 상태에서 큐 선을 1적구의 우측 끝에 겨냥하면 얇게 칠 수 있다.

특히 뒤돌려치기에서 극단적으로 얇게치기 위해서는 평소 겨냥점을 파악해 두어야 한다.

체중의 ⅔ 정도를 오른발에 두고 스트로크 이후에 그립을 결속하지 않으면 수구의 궤도를 최대한 길게 만들 수 있다.

◆ 공의 두께와 분리각 도표

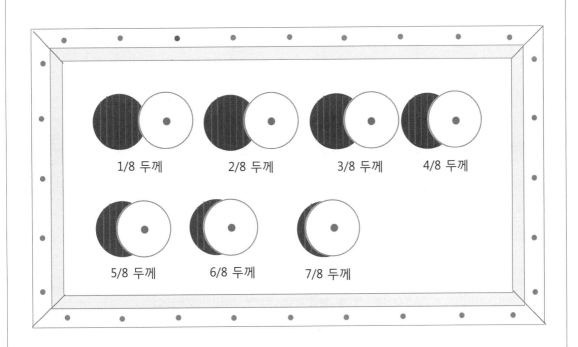

1/8 두께   2/8 두께   3/8 두께   4/8 두께

5/8 두께   6/8 두께   7/8 두께

[수구와 1적구의 분리각 도표]

두께	1/8	1/5	1/4	1/3	1/2	2/3	3/4	4/5
수구	29°	37°	42°	48°	60°	70°	75°	78°
1적구	61°	53°	48°	42°	30°	20°	15°	12°

위 도표의 분리각은 공의 중심을 보통의 세기로 직진성 없이 부딪쳤을 때의 이론이다. 공은 당점에 따라 분리각이 달라지며, 스트로크의 강약에 따라 분리각은 달라진다. 예를 들어 ½ 두께로 공을 쳤을 때 수구의 분리각은 60°이나 부드럽게 굴리면 45°로 분리되고 밀어 치면 35° 까지 분리되기도 하며, 하단 당점에 강하게 치면 90°로 분리 될 수 있다. ½ 두께로 쳤을 때 45° 로 분리되는 스트로크 연습을 익혀야 한다,

당구는 결국 System을 기반으로 한
스트로크 싸움이다.

스트로크의 이론과 기술은 일반 동호인들이
생각하고 있는 것 보다 훨씬 다양하게 분류되어 있다.

스트로크의 순각적인 기술은 눈으로는 감지하기 어려워
배우기 또한 어려운 것도 사실이다.

스트로크를 크게 분류하면 타격 있는 스트로크와
타격 없는 스트로크로 분류되며,

공의 형태에 따른 그때 그때의 스트로크 선택은
득점 확률과 직결된다.

또한 큐 선의 길이와 큐 스피드가
수구의 동선에 미치는 영향도 아주 크다.

아울러 공의 형태에 따라 타점(임펙트) 포인트가
수구의 겨냥점 (당점)이어야 하는지,
겨냥점의 후면이 되어야 하는지를
반드시 이해하고 있어야 된다.

스트로크의
이론과 기술

- 스트로크의 기본요소
- 스트로크의 4가지 분류
- 스트로크의 특징
- 큐 선의 길이(화살표 끝에서 멈추는 느낌)
- 예비 스트로크와 본 스트로크
- 스트로크의 핵심은 타점 포인트
- 타점 포인트에 대한 이해
- 뒤돌려치기 타법의 비밀
- 제각돌리기 타법의 비밀
- 스트로크 향상을 위한 핵심 Tip
- ½ 두께에 3Tip으로 치는 기본 형태
- 타격 없는 스트로크의 핵심과 활용 범위
- 예비 스트로크와 준비 자세
- 엎드린 후에는 두께와 스트로크에만 집중하라

◆ 스트로크의 기본 요소

스트로크의 기본 요소는 아래 다섯 가지의 조화로 이루어 져야 한다.

1적구의 두께 1적구의 두께는 ⅛ 단위로 나누어 겨냥하는 습관을 들여야 하며, 두께 겨냥법을 꾸준히 익혀 나가야 한다. 겨냥법을 사용할 때는 큐의 좌 우측과 중심을 이용해 1적구 겨냥점에 정렬하는 방법을 꾸준히 익혀 나간다.

당 점 당점이란 수구의 겨냥 지점을 말하는데, 1적구와 수구의 기울기에 따라 당점의 상, 중, 하를 선택해야 한다. 1적구와 수구가 둔각일 경우에는 하단 당점을 사용하고 예각일 때는 상단 당점을 사용한다. 또한 밀어치기 형태의 공을 칠 때는 상단 당점을 사용하고, 끌어 치는 형태의 공을 칠 때는 하단 당점을 사용한다.
일반적인 공을 칠 때는 중단에서 약간 윗 당점을 사용하는 것이 가장 이상적이다.

회 전 일반적으로 회전에는 종회전과 횡회전이 있다.
수구의 전 후 작용을 만드는 것은 종회전이며, 측면으로 수구의 동선을 조절하는 것은 횡회전이다. 큐의 좌 우측 끝을 수구의 중심에 맞추면 1Tip이고, 6mm씩 더 이동할 때마다 1Tip씩 증가된다. System에 적용힐 때는 4Tip으로 분류해 회전을 사용하는 깃이 좋다.

큐 선의 길이 스트로크에서 큐 선의 길이는 수구의 동선과 바로 직결된다.
예를 들어 수구의 진로를 길게 만들어야 할 때는 큐 선의 길이를 길게 하는 것은 물론, 타점포인트도 당점의 후방에서 부드럽게 가속을 붙여야 수구의 진로를 길게 만들 수 있다.
수구의 동선을 짧게 만들어야 할 때는 반대로 타점 포인트가 수구의 전면이 되어야 하며, 큐 선의 길이도 짧게 해주어야 수구의 진로를 짧게 만들 수 있다.
또한 쇼트 타법이나 Jap Shot의 경우는 큐 선이 절대적으로 짧아야 한다.
큐 선이 짧다는 것과 스트로크를 약하게 친다는 뜻은 다르다.

큐 스피드 큐의 스피드는 가속과 등속으로 크게 분류된다. 등속이란 백스윙부터 임펙트, 팔로우 까지 일정한 속도로 천천히 스트로크 하는 것을 뜻하며, 가속은 대부분 임펙트 이후에 스피드를 올려 주는 것을 말한다. 큐 스피드에 따라 수구의 꺾이는 각도도 차이가 나며 비거리도 차이가 난다. 큐 스피드는 1 ~ 5 단계 정도로 나누어 평소 자신의 스트로크 강약 (스피드) 을 습관화 시켜 놓는 것이 좋다.

◆ 스트로크의 4가지 분류

좋은 스트로크란 ? 한마디로 말하면 큐 무게로 당점을 일직선으로 찌르는 것을 말한다.
약 520g ~ 530g의 큐 무게가 1Kg 이상의 무게로 느껴지도록 큐를 가볍게 잡고, 큐의 무게를
계속 느끼면서 큐를 일직선으로 부드럽게 찌르는 빈 스트로크 연습을 꾸준히 해야 한다.

예비 스트로크를 두 세 차례 한 다음 마지막 백스윙에서는 한 템포 멈추었다가 스트로크
하는 습관은 아주 중요한 스트로크 기술 중의 하나이므로 평소 꾸준히 익혀 두어야 한다.
또한 스트로크를 빠르게 해야 하는 타법을 구사할 때는 예비 스트로크의 리듬도 빨라져야
하며, 스트로크를 느리게 구사해야 할 때는 예비 스트로크도 천천히 해야 한다.

스트로크에는 여러 가지 형태의 스트로크가 있지만, 대표적으로 많이 사용하는 스트로크는
다음과 같다.

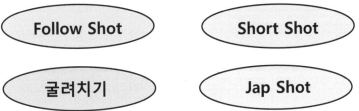

이 중에서 동호인들께서 대부분 소홀히 하는 스트로크는 Short Shot (쇼트)이다.
예를 들어 제각돌리기 쇼트앵글에서 분리각을 아주 작게 만들면서 3쿠션에서 회전을 소멸
시켜야 할 경우 큐 선의 길이를 Short로 짧게 치면 수구의 동선을 아주 짧게 만들 수 있다.
Short Shot의 특징은 회전을 충분히 주어도 회전력이 점점 소멸되는 원리를 이용하는
것이다. 얇은각 세로 비껴치기 또는 얇은각 세워치기 등에서 유용하게 사용할 수 있다.

반대로 타점 포인트가 수구의 전면이 아닌 수구의 후방에서 가속을 붙이면 Follow Shot이
된다. 따라서 공의 형태에 따라 수구의 전면이 타점 포인트가 되어야 하는지, 수구의 후면
이후에서 가속을 붙여야 하는지를 정확하게 판단해야 한다.

Jap Shot은 수구에 Jap을 넣으면서 끊어 치는 샷이고, 굴리는 샷은 수구에 회전이 발생되지
않도록 천천히 등속으로 굴려서 치는 스트로크로 이해하면 된다.
스트로크에 대한 개념을 다시 한번 정리하면 결국 큐 선의 길이와 스피드의 조합이다.
스트로크 전에 큐 선의 길이와 스피드를 반드시 먼저 결정한 후 엎드리는 습관을 들인다.

◆ 스트로크의 특징

Jap Shot

큐 멈춤

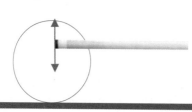

수구의 진로를 짧게 만들어야 할 경우에는 도형처럼 큐 선의 길이를 짧게 끊어 치면 된다.
또한 수구의 분리각을 적게 만들 경우 또는 회전의 량을 적게 통제할 경우에도 큐 선을 짧게 하면 회전량을 통제할 수 있다.

큐 끝이 수구의 ½ 정도 지점에서 멈추는 느낌

밀면서 찌르기

큐의 진행 방향

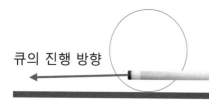

뒤돌려치기에서 수구를 120° ~ 130° 이상 꺾어서 돌려야 할 경우 끌어치기 스트로크를 하는 것이 아니라, 백스윙에서 한 박자 쉬었다가 스피드하게 하단을 도형처럼 깊게 밀어 치면 수구의 힘도 유지되면서 쉽게 득점할 수 있다.
생각보다 얇은 두께를 사용해도 되며 브리지는 견고하게 취해야 한다.

백스윙에서 한 박자 쉬었다가 스피드하게 밀어서 끌어치기

Up Shot

큐의 진행 방향

UP Shot 은 임펙트 이후 큐 끝이 살짝 올라가는 느낌 정도의 스트로크이다.
Up Shot은 실제로는 수평 샷으로 이해하면 되며, 수구의 궤도를 짧게 또는 길게 만들 때 사용한다.
평소 스트로크가 Up Shot이 되면 고쳐야 할 습관이며, 스트로크의 원리를 이해하고 필요할 때만 사용한다.

임펙트와 동시에 큐 끝을 살짝 Up 해 주는 느낌 정도

Down Shot

큐의 진행 방향
15° 하향

큐 끝이 도형처럼 임펙트 이후 15° 정도 밑으로 향한다.

Down Shot의 특징은 1적구를 쉽게 끌어치기 할 수 있으며 .
앞돌려치기를 길게 칠 경우 부드러운 Down Shot을 사용하면 ½두께로 쳐도 ⅓두께로 친 효과를 얻을 수 있다.

큐 팁이 완만하게 15°정도 하향한다.

◆ 큐 선의 길이 (화살표 끝에서 큐를 멈추는 느낌)

큐 멈춤   Jap Shot

큐 끝이 수구의 전면에서 멈추는 느낌

공 한 개 통과   Short

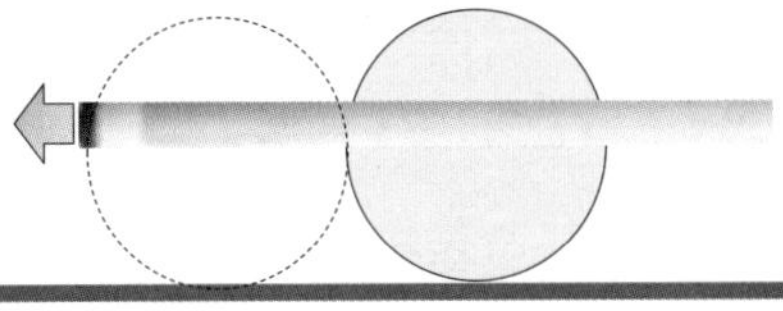

큐 끝이 수구 한 개 정도 만큼 통과하는 느낌

공 한 개 반 통과   부드럽게 굴려치기

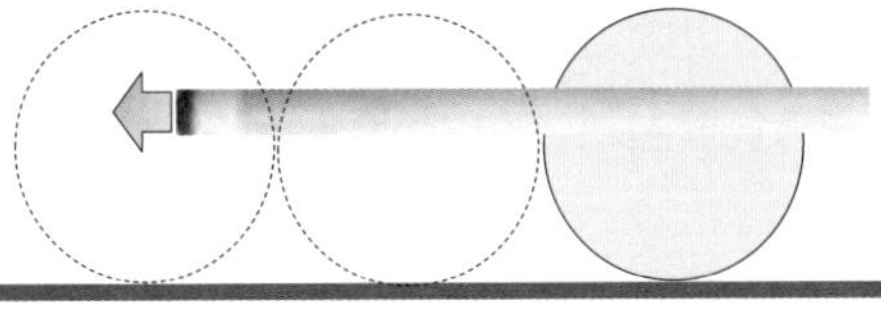

큐 끝이 수구 한 개 반 정도 만큼 통과하는 느낌

공 두 개 통과   분리각으로 치기

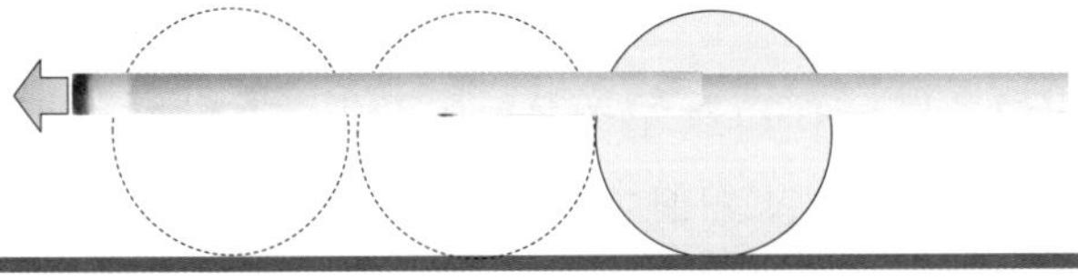

큐 끝이 수구 두 개 정도 만큼 통과하는 느낌

공 세 개 통과   밀어치기

부드럽게 밀어치기

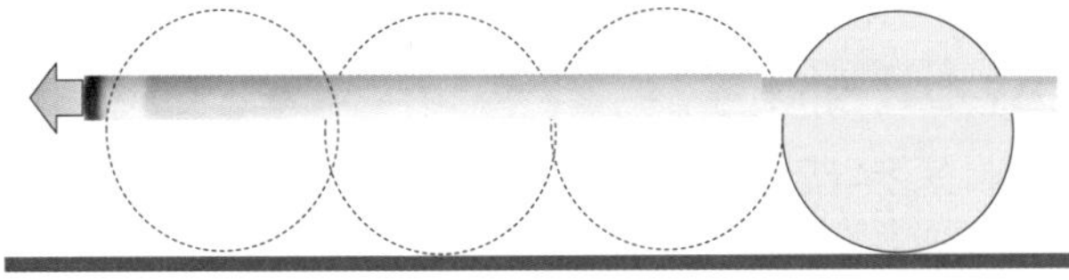

큐 끝이 수구 세 개 정도 만큼 통과하는 느낌

공 네 개 통과   Long Follow Shot

길게 밀어치기

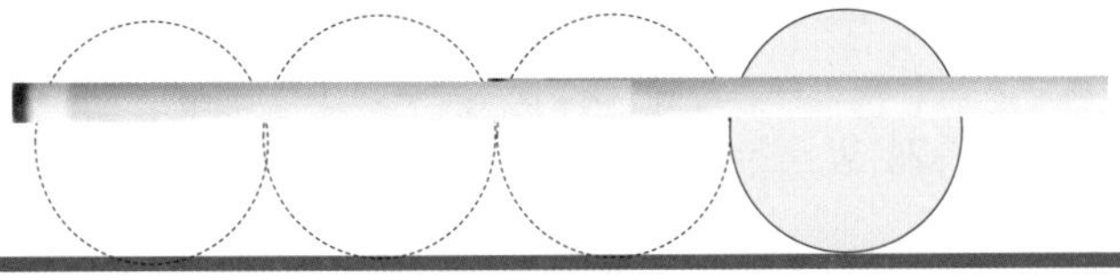

그립의 잡힘 없이 최대한 밀어 치는 느낌

좋은 스트로크를 하기 위해서는 일정한 리듬감(예비 스트로크) 과 함께 수구의 겨냥정을
정확하게 찌를 수 있어야 한다.

스트로크의 리듬은 예비 스트로크 에서 준비하고 결정해야 하는데,
본 스트로크를 느리게 하려면 예비 스트로크도 느리게 해야 하며,
본 스트로크를 빠르고 강하게 하려면 예비 스트로크의 템포도 빨라
져야 한다.

흔히 스트로크를 비교할 때 어린아이 그네 태워줄 때를 상상하라는 이유도 그 때문이다.
어린아이를 그네에 태우고 처음에 두 번 또는 세 번 정도 왔다 갔다 흔들어 주는데
그 리듬은 결코 서두름 없이 편안하고 일정한 동작이며, 세 번째 또는 네 번째는
그 리듬감을 연결해 그네가 지면 가까이 최저점에 도달하기 직전에 힘껏 밀어주게 된다.
스트로크에서의 리듬감은 바로 어린 아기 그네 태워주기를 상상하는 자체로 누구나
리듬감을 갖게 되는데 도움이 될 수 있다.

본 스트로크의
정의는
"찌르다 "

좋은 스트로크를 한마디로 표현하라면 "찌르다 " 로 표현하는
것이 가장 맞는 표현일 것이다.

예를 들어 사과를 젓가락으로 단번에 맞은편으로 뚫고 나가도록 찌르라면 과연 어떻게
해야 할까 ?
빠른 스피드로 정확하게 일직선으로 찔러야 할 것이다.
만일 젓가락을 일직선으로 정확하게 찌르지 못한다면 사과를 뚫기는 커녕 사과에 흠집만
내고 말 것이다.
바로 당구의 스트로크란 겨냥한 당점을 정확하게 일직선으로 찌르는 것이다.

따라서 좋은 스트로크란 ?
일정한 리듬감을 바탕으로 겨냥점을 정확하게 찌르는 것이라 정의할 수 있다.

◆ 스트로크의 핵심은 타점 포인트

스트로크에는 다양한 종류의 스트로크가 있지만 그 많은 종류의 스트로크도 그 핵심을 들여다 보면 결국 스트로크의 타점 포인트가 핵심이 된다.

첫 번째는 타점 포인트가 수구의 전면에 있는 Jap Shot과 Short Shot (쇼트 샷)이 있고,

두 번째는 타점 포인트가 수구의 후방에서 가속을 붙이는 팔로우 샷이 있다

세 번째는 백스윙 정점부터 타점 포인트를 지나 피니시 까지 등속으로 굴려 치는 샷이 있다.

[수구의 전면이 타점 포인트인 스트로크)

수구의 전면이 타점 포인트이며 큐 선이 길게 나가지 않는다.

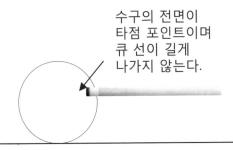

[스트로크의 종류]

Short Shot (일명 쇼트)

Jap Shot

Soft Stop Shot

[타점 포인트가 수구의 후방에서 가속을 붙이는 팔로우 샷]

큐가 수구를 허공처럼 통과한 후 화살표 지점에서 임펙트 되면서 가속을 붙이는 느낌.

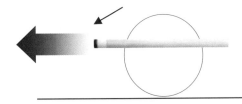

[스트로크의 종류]

Follow Shot

밀어치기

투 바운딩

수구의 동선을 길게

만들 때

회전을 살려야 할 때

[타격 없이 굴려 치는 스트로크]

백스윙 정점에서부터 공 한 개 통과할 때까지 같은 속도 느리게 (등속)로 굴려 친다.

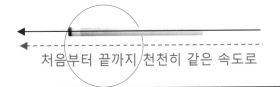

처음부터 끝까지 천천히 같은 속도로

[스트로크의 종류]

굴려치기

타격 없는 샷을 할 때

회전을 억제 시키는 샷을

할 때

공은 형태에 따라 수구를 앞으로 보내는 타법을 구사해야 할 때가 있고, 옆으로 보내는 타법을 구사해야 할 때가 있다. 이 타법을 구별할 줄 알아야 공을 쉽게 다룰 수 있게 된다.

[앞으로 보내는 구질의 스트로크]

1. 임펙트 시 큐가 옆으로 비틀림 없이 일직선으로 큐 선을 짧게 뻗어 준다 (공 반 개 ~ 한 개)
2. 상단 당점을 사용한다.
3. 쇼트 앵글 제각돌리기에서 짧게 각을 만들어야 할 때는 큐 선이 공 한 개 이상 통과하면 안되며, 큐가 비틀림 없이 부드럽고 짧게 쳐야 수구의 동선을 짧게 만들 수 있다.
4. 1적구에 가급적 타격을 주지 않는 스트로크를 구사한다. (무 타격으로 분리)

[옆으로 분리 시키는 구질의 스트로크]

1. 당점을 중단 또는 하단으로 내린다 (공의 형태에 따라 상단 당점을 사용할 때도 있다)
2. 1적구를 눌러 치거나 옆으로 튕겨 주는 이미지를 갖고 타격을 가해 친다.
3. 임펙트 시 타점 Point가 수구의 전면이 되어야 하지만 큐 선의 길이를 길게 해야 한다.

[앞으로 보내는 스트로크의 타점 Point]

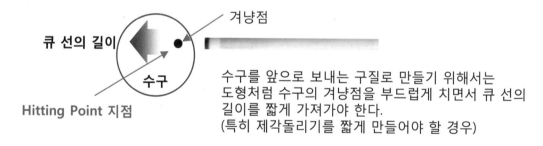

수구를 앞으로 보내는 구질로 만들기 위해서는 도형처럼 수구의 겨냥점을 부드럽게 치면서 큐 선의 길이를 짧게 가져가야 한다.
(특히 제각돌리기를 짧게 만들어야 할 경우)

[옆으로 보내는 스트로크의 타점 Point]

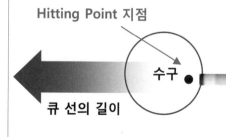

수구를 옆으로 보내는 구질로 만들기 위해서는 도형처럼 당점을 내리고 수구의 전면이 타점 Point가 되면서 큐 선을 길게 뻗어 수구를 옆으로 분리시켜 주는 느낌의 스트로크를 구사해야 한다.

정해진 두께에서 공의 구질을 남보다 길게 또는 짧게 만들 수 있는 기술을 가지고 있다는 것은 그만큼 득점의 기회를 높일 수 있다는 의미가 될 수 있다.

[뒤돌려치기에서 공의 동선을 길게 만드는 기술]

예비 스트로크는 작고 부드럽고 느린 동작이어야 하며, 타점 Point 또한 수구의 전면에 임펙트를 가하지 않고 공의 뒷면을 허공을 치듯이 부드럽게 찌른다. (일명 허공 샷)
백스윙을 작고 느리게 해야 하는 이유는 1적구에 타격을 가하지 말아야 분리각이 작아지기 때문이다. (타격 없는 샷)
큐가 수구의 허공을 지나가는 듯 타격 없이 치는 것도 분리각을 작게 만들기 위함이다.
이러한 타법을 완성하기 위해서는 오른손의 압력을 모두 제거해야 하며,
특히 마지막 임펙트 직전에 오른손 스냅이 조금이라도 들어가면 절대 분리각을 작게 만들 수 없어 긴 뒤돌려치기를 칠 수 없다.
한가지 더 중요한 것은 뒷 그립에서 스냅이 들어가는 것이 아니라 작은 백스윙과 연결해서 공 앞에서 바로 밀어주는 포어 (전방) 샷을 하면 수구의 동선이 길게 진행된다.
Kiss를 빼야 할 경우 두껍게 치면서 수구의 동선을 어느 정도 길게 만들려면 약지와 소지 중심으로 그립을 잡으면 같은 두께의 경우라도 수구의 동선이 길어진다.
Fore Shot (일명 푸시 샷) : 스냅 없이 전방에서 큐를 밀어 치면 수구의 동선이 길어진다.

[뒤돌려치기에서 공의 구질을 짧게 만드는 기술]

수구의 동선을 짧게 만드는 첫 번째 핵심은 타점 Point가 수구의 전면이어야 한다.
공을 빠르게 때리면서 큐 선을 짧게 통제해야 수구의 늘어지는 현상을 방지하기 때문이다.
공의 두께는 반 두께 전후로 사용하는 것이 가장 이상적이며 브리지를 평소보다 견고하면서 짧게 취하는 것이 유리하다. (큐가 밀려 나가는 것을 최대한 방지하기 위함)
큐 스피드를 높이기 위해서는 그립의 압력을 모두 제거해야 스피드를 높일 수 있다.
상박 또는 하박에 힘이 남아 있으면 3쿠션에서 4쿠션으로 길어진다는 것은 누구나 경험한 사실이다.
자세는 일반적인 자세보다 약간 높은 자세가 유리하며 체중을 60% 정도 앞쪽에 둔다.
뒤돌려치기에서 각을 짧게 만들 때 Up Shot으로 마무리 하면 수구의 1쿠션 반발량이 더 커져 짧은 각을 만드는데 약간의 도움은 된다. 하지만 원리를 모르면서 사용하는 것은 바람직하지 않다. 엄지와 검지를 중심으로 그립을 잡으면 수구의 동선이 짧아진다.
1적구를 ½ 이상 두꺼운 두께로 치면 수구의 동선은 밀림 현상에 의해 오히려 길어지기 쉽다.

3쿠션에서 가장 슬럼프를 많이 겪는 종목이 제각돌리기이다.
제각돌리기에서 득점률을 높이기 위해서는 1적구와 수구의 기울기에 따라 두께와 회전 량과
스피드가 세밀하게 예측되어야 하기 때문이다.

[제각돌리기 득점률을 높이는 방법]
제각돌리기에서 가장 중요한 핵심은 스트로크의 강약과 큐 선의 길이이다.
따라서 공의 배치에 따른 총량제 (두께+회전+강약)를 기본적으로 익혀 두는 것이 유리하다.
타법은 수구의 전면을 부드럽게 밀면서 큐 선을 10cm ~ 15cm 정도 밀어 치면 된다.
밀어치는 것을 생략하면 수구가 1쿠션에서 정상적으로 입사각 반사각이 만들어지지 않는다.
앵글의 크기에 맞는 큐의 속도와 큐 선의 길이를 미리 정한 다음 부드럽게 밀어 쳐서 수구를
분리시키는 타법을 기본 타법으로 익히면 된다.

1적구가 끌어 쳐야 하는 위치에 있을 때 가장 중요한 핵심은 견고한 브리지이다.
예를 들어 4Point에 있는 공을 45°로 되돌아오게 하려면 ½ 두께에 8시 당점으로 브리지만
견고히 하고 약간의 Down Shot으로 빠르게 찌르면 된다. 별도로 그립을 잡아주거나 추가
적인 행위를 하지 않아도 된다.
반대로 쇼트 앵글에서의 요령은 브리지를 가깝게 하고 큐도 짧게 잡는 것이 도움이 된다.
극단적인 쇼트 앵글에서는 부드럽게 밀어 쳐야 1쿠션에서 2쿠션으로 공이 짧게 온다.
아무리 얇게 쳐도 분리각으로 치면 수구는 쿠션을 돌 때마다 회전이 발생되어 길어진다.
제각돌리기는 큐 선의 길이와 스피드가 수구의 궤도에 직접 영향을 준다는 것을 명심한다.
대회전을 치는 요령은 오른손 그립의 힘을 모두 빼야 최대 스피드가 나올 수 있다.
오른손 그립 또는 상박에 힘이 남아 있으면 파워 있는 스피드를 낼 수 없다.
수구를 1적구에 강하고 빠른 충격을 이용해 분리시켜야 한다. 약간 밀어치는 스트로크를
사용해야 같은 두께에서도 수구의 진로를 길게 만들 수 있다.
총량제란 두께를 8단계로 나눈 수와 회전을 4등분 한 수를 말한다.
총량 7이라면 8분의 4의 4와 3Tip의 3을 더해 7이란 뜻이다.(½두께에 3Tip / 58 페이지)
총량 7로 치는 배열을 먼저 몸에 익혀두면 그 다음은 회전 또는 스트로크 강약으로 보정
해서 치면 된다 (강약은 최대 스피드가 10이라면 일반적으로 3 ~ 4 정도의 강약을 사용한다)
다음은 무회전 반 두께로 치는 형태를 익혀야 한다. 반 두께로 친다는 것은 즉, 8분의 4의
4로 친다는 뜻이다. 8분의 3 두께에 1Tip을 주고 쳐도 총량 4로 마찬가지이다.

기준점 정렬

1적구와 수구와 일직선 선상에 오른 발등을 일렬로 정렬한 다음 왼발을 45°로 벌린다.

그립

상박 하박, 그립이 아주 가벼워야 파워를 낼 수 있으며, 반대로 부드러운 공도 칠 수 있다. 그립이 무겁게 잡혀있으면 상박과 하박에 힘이 남아 있어 불규칙하게 분리각이 형성된다.

브리지의 비밀

당구에서 가장 중요한 것은 브리지이다. 브리지의 상태에 따라 분리각이 달라지기 때문이다. 예를 들어 장쿠션 4Point 에 있는 1적구를 45°로 끌어서 코너로 되돌아오게 할 때 가장 중요한 핵심이 브리지이다. 브리지를 바닥에 견고하게 밀착시키고 스트로크 이후에 한번 더 눌러준다는 느낌으로 임펙트 이후에도 브리지를 움직이지 않는다.
브리지를 고정하고 ½ 두께로 8시(4시) 당점을 겨냥하고 15° Down Shot을 하면 ½ 두께 만으로도 쉽게 45°로 되돌아오게 할 수 있다.
1적구가 장쿠션 3Point 에 있을 경우 45°로 되돌아오게 하려면 같은 두께 당점으로 스피드 만 줄여주면 된다. 반대로 수구의 진로를 길게 만들어야 할 때는 브리지의 압력을 빼야 한다. 제각돌리기에서 Kiss를 빼야 할 때 브리지를 강하게 잡으면 끌리는 양이 늘어나 일반적인 두께보다 얇은 두께로 칠 수 있다.
평소 브리지의 압력을 1,2,3단계 정도로 조절하여 사용하는 것도 도움이 될 수 있다.

두께 겨냥법

반 두께를 정확히 맞힐 수 있도록 큐 선을 정렬하는 습관을 들여야 한다.
특히 정회전을 주고 치는 제각돌리기의 경우 회전량에 따라 정확한 겨냥점이 어렵기 때문이다. 따라서 3Tip으로 쳐야 할 경우라도 2Tip으로 겨냥하고 임펙트 시 회전을 살짝 더 부여해 주는 방법도 좋은 방법이다. 회전 보다는 두께의 오차가 더 크기 때문이다.
뒤돌려치기를 얇게 치기 위해서는 큐 선이 1적구의 어느 지점을 겨냥해야 가장 얇게 맞힐 수 있는지 알고 있어야 한다. 1적구를 바라보면서 감각적으로 얇게 치기는 쉽지 않다.

제각돌리기

½두께에 3Tip으로 치는 여러 가지 기본 형태를 익혀 둔다. 그 두께와 회전과 스트로크 강약을 기준으로 조금 두껍게, 조금 얇게, 당점을 조금 아래로, 큐 선을 좀 더 깊게 등등으로 쉽게 조절하면서 칠 수 있다. 수구를 분리시킬 때는 15cm 정도 부드럽게 밀어서 분리시킨다.

뒤돌려치기

뒤돌려치기는 길게 치는 스트로크와 짧게 치는 스트로크가 병행되어야 한다.
수구의 분리각을 크게 만들어야 할 때는 수구의 겨냥점에 충격을 가하면 된다.
마치 사극에서 적군이 성문을 큰 전봇대로 한번에 쳐부수듯 큐 팁으로 강하게 겨냥점을 타격하면 분리각을 크게 만들 수 있다.
수구를 길게 진행 시켜야 할 때는 임펙트가 수구의 전면이 아니라 공 뒤에서 찌르는 것이다. 수구에 임펙트를 가하지 않고 큐가 수구를 허공으로 지나 수구의 뒷부분에서 찌르는 느낌.

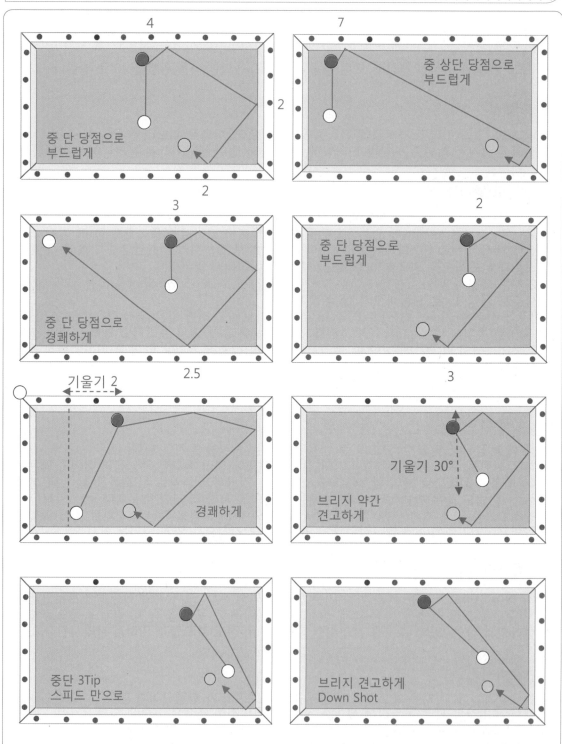

위 도형처럼 배치해 놓고 중 상단 당점으로 3Tip 주고 쳤을 때 스트로크의 강약과 큐 선의 길이를 고정하도록 연습 한다. 스트로크의 강약은 최대가 10의 힘이라면 3 ~ 4정도의 힘으로 습관화 한다.

타격 없는 스트로크란 수구와 1적구 모두에 타격을 가하지 않는 스트로크를 말하는데,
수구의 분리각을 최소화 시켜야 할 때 주로 사용 한다.
스트로크의 요령은 오른손 그립의 압력을 모두 제거하고 마치 큐가 허공을 지나가는 느낌
으로 수구에 임펙트를 가하지 말아야 한다.
백스윙은 아주 짧고 느려야야 하며, 백스윙 Top에서 임펙트 시 스냅을 전혀 배제 시키고
작은 백스윙과 연결해서 앞에서 그대로 푸시 샷을 하면 분리각도 작게 만들 수 있으며
수구의 진행도 아주 길게 만들 수 있다.

[타격 없는 스트로크의 핵심 Point]
1. 백스윙을 아주 작고 느리게 해야 한다.
2. 수구에 임펙트를 가하지 않고, 큐가 당점 지점을 허공처럼 지나가게 친다. (일명 허공 샷)
3. 천천히 등속(처음부터 마무리까지 같은 속도로) 으로 친다.
4. 백 스윙에서 임펙트 시 스냅(그립을 잡는 현상)을 모두 배제 시킨다.
4. 작고 느린 백스윙과 연결해서 부드럽게 앞에서 그대로 밀어 주는 푸시샷을 한다.
5. 백 스윙 Top 에서 한번 정지했다 느리게 스트로크 하면 타격을 줄일 수 있다.

[타격 없는 스트로크를 사용해야 하는 공의 배치]
1. 앞돌려치기, 길게 뒤돌려치기
2. Reverse Back Out (일명 조단조. 접시)
3. 제각돌리기 쇼트 앵글
4. 길게 세워치기
5. 1적구를 얇게 다루어야 하는 대부분의 형태

위에 적힌 바와 같이 타격 없는 스트로크는 당구에서 많은 부분을 차지한다.

고점자들의 공이 부드럽게 치는 것 같아도 마지막까지 힘있게 구르는 이유는 강한 타구가
바탕이 된 것이 아니고, 부드럽지만 큐 선의 길이를 길게 밀어 치는 타격 없는 스트로크를
구사하기 때문이다. 다시 말해 부드러운 롱 스트로크가 습관화되어 있기 때문이다.

"타격 없는" 이란 의미를 정확히 알고 이해하면 스트로크의 수준을 높일 수 있다.

공을 의지대로 치기 위해서는 반드시 예비 스트로크가 필요하다.

예비 스트로크는 본 스트로크를 하는데 탄력을 더해 주는 것은 물론 정렬과 자세를 최종적으로 점검하는 과정이기 때문이다.

예비 스트로크 과정에서 오른손 그립의 힘을 빼는 습관을 들여야 한다.

오른손 그립에 힘이 빠지면 상박과 하박, 어깨의 힘이 저절로 빠진다.

상대 경기자의 기본 자세와 예비 스트로크를 보게 되면 상대의 실력을 어느 정도 가늠할 수 있게 된다.

[예비 스트로크 전에 점검해야 할 사항]

1. 1적구와 수구와 오른발을 일렬로 정렬한 다음 왼발을 45°로 벌린다.
   (오른발의 위치는 각자의 주안시에 따라 약간씩 달라질 수 있다)

2. 배꼽과 엉덩이의 각도는 완전 수평이어야 하며, 큐와 배꼽의 각도는 45°가 적당하다.

3. 1적구와 수구와 오른발을 일직선으로 맞추고 큐를 정렬한 다음 오른눈(주안시)을 큐 위에 정렬한다.

4. 양 발에 균형을 유지하고 오른발에 체중의 55%, 왼발에 45% 정도를 둔다.

5. 큐와 상박이 수평을 이루어야 최상의 스트로크를 구사할 수 있다.

6. 어깨와 상박을 고정한 상태에서 하박이 상박과 90°가 되기 직전 임펙트가 시작된다.

7. 예비 스트로크의 리듬은 어린 아기 그네 태워줄 때 천천히 왕복하는 리듬을 상상한다.

[예비 스트로크 준비 요령]

1. 부드럽게 쳐야 하는 공의 배치에서는 예비 스윙의 리듬을 느리게 한다.

2. 분리각을 크게 만들 때나 당력이 높아야 하는 배치에서는 예비 스윙 리듬도 빨리 한다.

3. 예비 스윙 하면서 가장 중요한 핵심은 오른손 그립과 상박 어깨의 힘을 모두 빼는 것이다.

4. 부드럽게 쳐야 하는 공, 강하게 쳐야 하는 공 모두 오른손 그립의 힘을 빼야 한다.

5. 예비 스트로크에서 습관적으로 큐가 Up Shot으로 진행된다면 엉덩이와 배꼽을 뒤로 빼면 큐가 수평 또는 다운으로 향할 수 있게 되어 스트로크의 향상을 가져올 수 있다.
   (특히 배가 나온 사람들은 배꼽에 신경을 안 써 대부분 Up Shot을 하는 경우가 많다)

공을 치기 전에는 득점을 위한 사전 점검을 하고, 점검이 끝나면 스트로크를 위해 엎드리게 되는데 일단 엎드린 후에는 공의 두께와 스트로크 이외는 절대 다른 생각하면 안 된다.

그러기 위해서는 엎드리기 전에 득점에 대한 사전 점검이 반드시 필요하다.

중 하급자의 경우, 경기하는 모습을 보면 루틴 동작(스트로크 하기 전까지의 일정한 동작)이 없는 것을 흔히 볼 수 있다.
예를 들어 득점을 위해서는 자세, Kiss의 유무, 공 배열에 대한 핵심 부분, 타법 등을 구상하고 엎드려야 하는데 상대가 실점하면 기다렸다는 듯이 타석에 들어가 대충 한번 보고 타석에 그냥 엎드려 타구 하는 경우를 흔히 볼 수 있게 된다.

그런 분들에게 필자는 타석에 들어가기 전에 먼 벽 한번 쳐다보고 천천히 타석에 들어가라고 권한다. 그것은 내가 게임을 서두르지 않겠다는 의지이며, 실제로 멀리 있는 벽 한번 쳐다보고 타석에 들어가는 것이 게임을 차분히 풀어가는데 큰 도움이 되는 것도 사실이다.

필자와 절친한 한 프로는 상대가 경기할 때는 의자에 앉아 어깨를 축 늘어뜨리고 있다고 한다. 심지어는 지하철을 타도 어깨를 늘어뜨리는 훈련을 한다고 한다.
큐를 들고 엎드려 수구를 겨냥할 때도 큐를 당구대 위에 걸쳐 놓는다. 그리고 겨냥하기 직전에 큐를 든다고 한다 (상대가 공을 칠 때 이순신 장군 하지 말고 큐를 옆에 놓고 기다림) 힘이 들어가는 작은 요소 하나까지 모두 제거하겠다는 의미이다.

당구를 오래 치다 보면 결국 집중력 싸움이 된다.
누가 더 끝까지 집중력을 유지하는 가에 승패가 좌우되는 경우가 많다.
집중력은 당구를 배울 때부터 하나 하나 습관을 들여야 한다.

대충 대충 건성으로 치는 당구는 어쩌다 한번은 신바람 나게 잘 맞을 수도 있지만 어느 순간 자세와 집중력이 모두 흐트러질 수밖에 없다.
혹시 동호인께서는 경기에 지고 난 후 조금만 더 열심히 칠 것을 ~
조금만 더 집중했으면 이겼을 텐데 하고 후회 한 적은 없으셨는지 돌이켜 보자.

제각돌리기에서 득점률을 높이기 위해서는
가장 기초 System인 Ball System을
먼저 배우고 익혀야 한다.

제각돌리기는 공의 모양에 따라
당점과 회전 선택이 아주 중요하며,
스트로크의 강약 선택 또한 중요하다.

또한 제각돌리기의 타점포인트는
대부분 수구의 전면이어야 하며,
큐 선의 길이도 대부분
공 한 개 ~ 두 개 미만으로 통제 되어야 한다.
또한 1쿠션에서 회전이 작용하도록 적당한
스피드를 유지해야 한다.

½ 두께로 치는 무회전 기본 Line과
½ 두께에 3Tip을 주고 치는 기본 형태를
익혀두면, 그 다음에는 두께, 당점, 회전,
또는 큐 선의 길이를
조금씩 조절하면서 공략하면 된다.

한가지 더 중요한 것은 수구를 분리시킬 때
15cm 정도 밀어치 듯 분리시켜야 입사각과
분리각이 결대로 그르게 된다.

제각돌리기
System

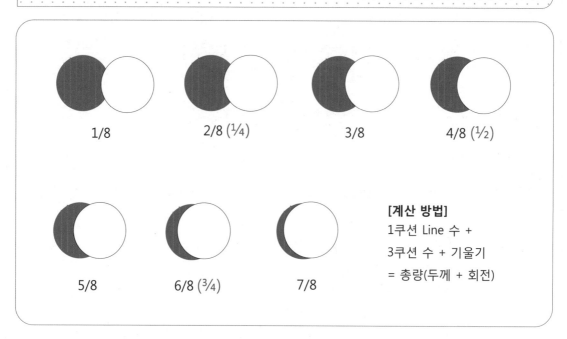

1/8 2/8 (¼) 3/8 4/8 (½)

5/8 6/8 (¾) 7/8

[계산 방법]
1쿠션 Line 수 +
3쿠션 수 + 기울기
= 총량(두께 + 회전)

총량이 7이라면 4/8 (½)두께의 4와 3Tip의 3을 합쳐 총량 7로 계산한다.

[도형의 핵심]

위 도형은 Ball System에서 사용하는 두께 기준표이다.

사용 방법은 1/8 두께면 1, 2/8 두께면 2, 3/8 두께면 3, 4/8 두께면 4, 5/8 두께면 5, 6/8 두께면 6, 7/8 두께면 7로 계산한다.

예를 들어 Ball System에서 다루어야 할 총량이 7이라면 4/8두께의 4와 3Tip의 3을 더해 7로 계산하면 된다.

또는 5/8두께의 5와 나머지 2는 2Tip으로 치면 된다.

결론적으로 두께와 회전량을 조합해서 공의 배치에 맞게 선택하면 된다.

제각돌리기에서 가장 중요한 것은 1차로 두께 선택이며 그 다음이 회전 선택임을 잊지 말아야 한다.

Ball System이 아닌 경우에도 당구에서의 두께는 대부분 ⅛ 단위로 나누어 사용하므로 위 도형을 기준으로 두께 겨냥법을 이용해 정확히 두께를 다룰 수 있도록 평소 꾸준한 연습이 필요하다.

Ball System의 타법은 큐 선의 길이가 10cm ~ 15cm 정도 짧게 통과하면서 부드럽게 밀어 치는 타법을 사용해야 총량제 계산법에 적합할 수 있다.

쇼트 앵글에서는 스피드를 약하게, 앵글이 커질수록 스피드의 비례를 높여 준다.

◆ Ball System Line

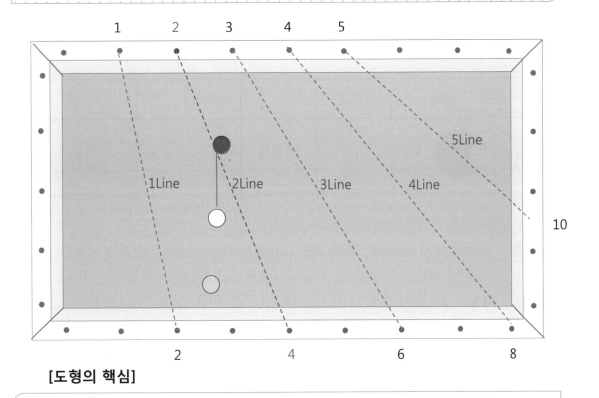

[도형의 핵심]

위 도형은 제각돌리기 Ball System에서 1적구의 Line 수를 나타낸 도형이다.
상단 장쿠션이 1쿠션이라고 가정할 때 도형과 같이 연결하여 1적구 Line 수로 계산하면
된다.

1쿠션 1Point와 하단 장쿠션 2Point,
1쿠션 2Point와 하단 장쿠션 4Point,
1쿠션 3Point와 하단 장쿠션 6Point로
1쿠션 4Point와 하단 장쿠션 8Point로
1쿠션 5Point와 우측 단쿠션 10Point로 각각 연결된다.

Ball System의 계산 방법은 Line 수(1적구 수) + 3쿠션 수 + 기울기이므로 Line 수를
정확하게 파악해야 한다.
1적구와 수구가 가까이 있을 때는 분리각이 생각보다 커지는 점을 감안해 스트로크도
비례해서 약하게 치는 것이 요령이다.

이 책에서 전체적으로 사용하는 아래 도표의 용어를 먼저 이해해야 스트로크와 System을 쉽게 이해할 수 있다.

두께 / 당점	회전 량	스피드 힘	스트로크 길이	타법
¼	2Tip	1.5레일 3 / 10	공 두 개 통과	부드럽게 굴려치기

두께 / 당점 : 도표 그대로 이해하면 된다.

회전 량 : System 에서 사용하는 회전 량은 12시에서 3시(9시)를 4 등분하여 사용한다.
일반적으로는 1시 방향이면 1Tip, 2시 방향이면 2Tip, 3시 방향이면 3Tip으로 표현하기도 하지만 좀 더 세부적으로 나누면 90°를 4등분하여 사용한다.
12시 45분 / 1Tip, 1시 30분 / 2Tip, 2시 15분 / 3Tip, 3시 / 4Tip 으로 표시한다.

스피드 / 힘 : 스트로크의 강약을 나타낸 것으로 레일로 표시한 것은 수구가 구르는 총 길이를 말한다. (1레일은 장쿠션 길이로 약 3m로 계산하며, 장쿠션을 왕복하면 2레일로 표현한다. 3 / 10 이란 자신의 스트로크 최대 크기를 10으로 기준할 때 3의 힘 정도로 친다는 의미이다. 강약은 각자가 가지고 있는 이미지가 더 중요하며 엎드리기 전에 힘의 강약과 큐 선의 길이를 미리 정하고 엎드리자는 의미이다. (강하게, 약간 강하게, 보통, 약간 약하게, 약하게)로 생각해도 된다. 뒤돌려치기 편안한 각을 치는 것이 3레일 정도이며 3레일로 꾸준히 연습했을 때 포지션 플레이에 접근할 수 있다.
일반적으로 제각돌리기 미들 앵글 정도면 2 ~ 2.5레일 정도의 강약이 사용된다.

스트로크 길이 : 스트로크 길이라 함은 임펙트 이후 큐 선을 어느 정도 찌르는 가를 뜻한다. 공 두 개 통과라 함은 큐 선이 수구를 지나 수구 두 개(12cm 정도) 통과 한다는 것을 말한다. 제각돌리기에서는 롱 앵글을 제외하면 큐 선의 길이가 생각보다 짧다는 것을 참고 한다.

타법 : 타법을 크게 두 가지로 분류하면 큐 무게로 타격감 없이 굴려 치는 스트로크와 임펙트 양으로 분리시켜 치는 스트로크가 있다. 타점 포인트가 수구의 전면인 경우와 겨냥점을 허공으로 통과 한 후 후면에서 가속을 붙이는 경우는 수구의 진로가 확연히 달라진다.

◆ Ball System 계산법

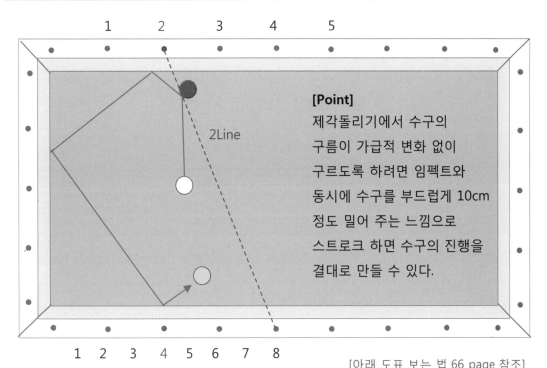

[Point]
제각돌리기에서 수구의
구름이 가급적 변화 없이
구르도록 하려면 임펙트와
동시에 수구를 부드럽게 10cm
정도 밀어 주는 느낌으로
스트로크 하면 수구의 진행을
결대로 만들 수 있다.

[아래 도표 보는 법 66 page 참조]

두께 / 당점	회전 량	큐 스피드	스트로크 길이	타법
½	2Tip	2레일 2 / 10	공 두 개 통과	분리각으로 부드럽게 밀어치기

[득점의 핵심]

위 도형은 제각돌리기에서 Ball System으로 계산하는 방법을 나타낸 도형이다.

도형의 적색 점선처럼 1적구의 Line 수는 2 Line이 되며,

3쿠션은 반 포인트 당 1씩 계산되므로 4가 된다.

따라서 합계 6이므로 총량제 6이란 숫자로 치면 된다.

앞에서 배운 것처럼 Ball System에서는 두께를 ⅛ 단위를 1씩 계산하므로,

위 도형의 배치상 겨냥법이 가장 편하면서 수구의 구름에 변화가 적은 4/8 두께의 4

즉 ½ 두께를 사용하고 나머지 2는 2Tip을 사용하면 된다.

당점은 공의 배치상 중 상단 당점이 바람직하며, 큐 선의 길이는 공 두 개 통과하는

부드러운 스트로크로 밀어주면 된다. 스피드는 2 ~ 2.5레일 스피드 정도가 적당하다.

제각돌리기는 System 상의 두께를 다 쓰면서 약간 약한 듯 치는 것이 요령이다

67

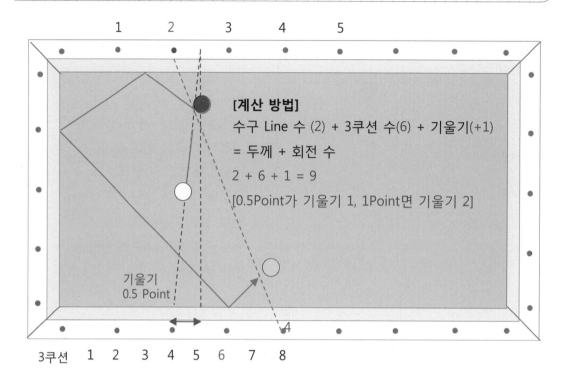

[계산 방법]
수구 Line 수 (2) + 3쿠션 수(6) + 기울기(+1)
= 두께 + 회전 수
2 + 6 + 1 = 9
[0.5Point가 기울기 1, 1Point면 기울기 2]

기울기
0.5 Point

두께 / 당점		회전 량	큐 스피드	스트로크 길이	타법
	5/8	3Tip	2.5레일 3 / 10	공 세 개 통과	1적구 눌러치기

[득점의 핵심]

이번 도형은 1적구와 수구가 둔각인 경우의 제각돌리기에서 Ball System 계산법을
나타낸 도형이다.

도형처럼 1적구 수는 2와 4의 연결선상에 있으므로 2가 되며, 3쿠션은 반 포인트 당 1씩
계산되므로 6이 된다. 기울기 +1이므로 합계 9가 된다. 총량 9란 숫자로 치면 된다.

앞에서 배운 것처럼 Ball System에서는 두께를 ⅛ 단위를 1씩 계산하므로,

위 도형의 배치는 약간 엇각이므로 수구의 구름에 변화가 적은 5/8 두께의 5와 나머지
4는 4Tip을 사용하면 된다.

도형처럼 1적구와 수구가 엇각인 경우에는 당점을 중 하단으로 내리고 총량 9가 아닌
총량 8로 치는 것도 좋은 방법이다.

(당점을 아래로 반 Tip 내리면 총량에서 1을 빼고 계산하면 된다)

◆ Ball System 계산법

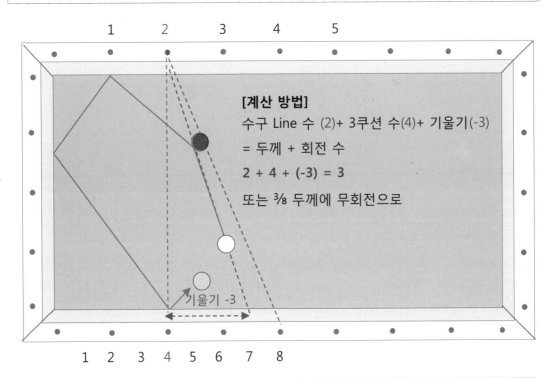

[계산 방법]

수구 Line 수 (2)+ 3쿠션 수(4)+ 기울기(-3)

= 두께 + 회전 수

2 + 4 + (-3) = 3

또는 ⅜ 두께에 무회전으로

기울기 -3

두께 / 당점	회전 량	큐스피드	스트로크 길이	타법
¼	1Tip	1.5레일 2 / 10	공 반 개 통과	스냅 없이 Fore Shot

[득점의 핵심]

위 도형은 앞 페이지와는 반대로 1적구와 수구가 예각으로 배치되어 있는 경우이다.

위 도형의 1적구의 Line 수는 2가 되며, 3쿠션은 반 포인트 당 1씩 계산되므로 4가 된다.

1적구와 수구의 기울기는 적색 점선처럼 1.5Point가 되므로 기울기 -3이 된다.

따라서 1적구 Line 수 2와, 3쿠션 수 4와, 기울기 -3을 합치면 3이 된다.

즉, 총량 3이란 숫자로 치면 된다. 2/8 두께, 즉 ¼ 두께 2와 나머지 1은 1Tip을 주고

친다. 이 경우 ⅜ 두께에 무회전으로 칠 경우 분리각이 커져 득점 확률이 어려워진다.

도형과 같은 예각의 배치에서는 총량을 정확히 사용하는 것도 중요하지만 수구가

1쿠션에서 2쿠션으로 각이 커지지 않도록 큐 무게를 빼고 부드럽게 Fore Shot 을 한다.

Fore Shot : 수구의 분리를 최소화 시키기 위해서는 오른손 스냅을 모두 제거해야 하며

작고 느린 예비 스트로크에 이어 무 타격으로 전방에서 부드럽게 밀어쳐야 한다.

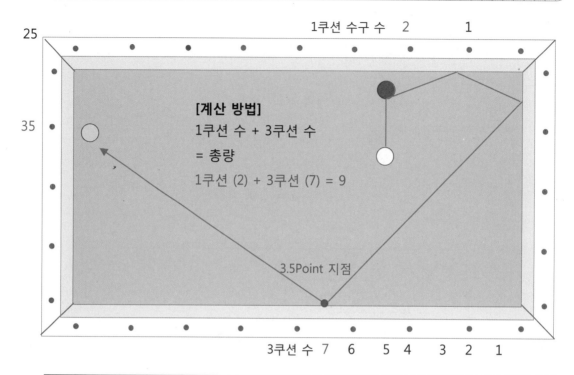

두께 / 당점	회전 량	큐 스피드	스트로크 길이	타법
⅝	4Tip	4레일 5 / 10	공 세 개 통과	수구를 옆으로 보내는 이미지로 밀어치기

[득점의 핵심]

위 도형은 2목적구가 좌측 원 포인트 지점에 있는 형태이다.

이 경우 가장 먼저 알고 있어야 하는 것은 2목적구를 맞히려면 수구가 3쿠션 어느

지점에 와야 하는지 연장 Line을 먼저 알고 있어야 한다.

위 도형의 연장 Line은 3쿠션 3.5Point 지점이다.

계산 방법은 수구 수 2와 3쿠션 수 7을 합쳐 9란 숫자로 공략하면 된다.

위 도형처럼 앵글이 롱 앵글인 경우 가장 중요한 것은 두께의 설정이다.

½ 두께로는 무리가 있는 두께이므로 ⅝ 또는 약간 두껍게 설정하는 것이 바람직하다.

총량 9에서 나머지 4는 4Tip으로 보완하면 된다.

롱 앵글인 만큼 스트로크의 길이도 공 세 개 정도 통과시키는 긴 스트로크가 필요하며

옆으로 가는 스트로크를 구사하면 보다 쉽게 득점할 수 있다.

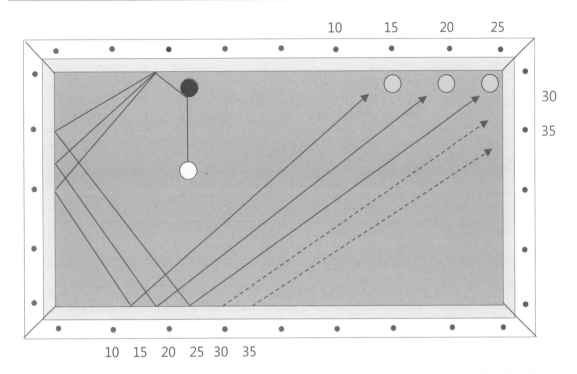

두께 / 당점		회전 량	큐 스피드	스트로크 길이	타법
	1/2	도형 참조	3 ~4레일 3 ~ 4 / 10	공 두 개 통과	분리각으로 부드럽게 밀어치기

[득점의 핵심]

위 도형은 2목적구의 위치에 따라 회전량을 조절하여 득점하는 장면이다.

2목적구가 코너에 있을 경우 1/2 두께에 3Tip으로 공략하며, 스트로크의 강약은 4정도면 적당하다.

2목적구가 장쿠션 1포인트에 있을 경우 같은 두께에 2Tip으로 공략하면 된다.

스트로크 강약은 0.5 정도 약한 3.5 정도로 치면 된다.

2목적구가 장쿠션 2포인트에 있을 때는 같은 두께에 1Tip으로 치면 된다.

스트로크 강약은 0.5 정도 더 약해진 3 정도로 치면 된다.

위 도형은 제각돌리기에서 회전량과 스트로크의 강약의 중요성을 나타내기 위한 것이며, 3쿠션 숫자와 4쿠션 숫자를 외워두면 계산하기가 쉬워진다.

결국 볼 시스템과 비슷한 수치에 있다는 것을 이해할 수 있다.

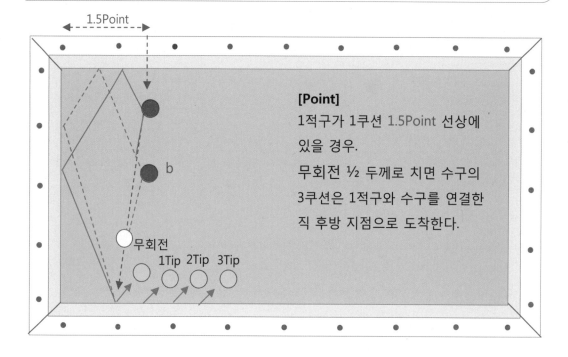

[Point]
1적구가 1쿠션 1.5Point 선상에
있을 경우.
무회전 ½ 두께로 치면 수구의
3쿠션은 1적구와 수구를 연결한
직 후방 지점으로 도착한다.

두께 / 당점	회전 량	큐 스피드	스트로크 길이	타법
½	무회전	2.5레일 3 / 10	공 두 개 통과	부드럽게 밀어서 분리각으로

[득점의 핵심]

위 도형은 제각돌리기에서 아주 중요한 System의 기본 형태이다.

1적구가 1쿠션 1.5Point Line에 있을 경우를 기준으로 1적구를 무회전 ½두께로 치면 수구는 1적구와 수구를 일직선으로 후방으로 연결한 적색 화살표 지점이 3쿠션 지점이 된다. (수구의 출발점 직 후방)
2목적구가 도형처럼 각각 있을 경우에는 반 포인트에 1Tip씩 증가시켜 주면 된다.

1적구가 b처럼 1쿠션에서 멀리 떨어져 있을 경우에는 ½ 두께를 그대로 사용하면서 상단 당점으로 좀더 부드럽게 치면 된다.
제각돌리기 쇼트 앵글의 기준이 되는 System이므로 반드시 기억해 두어야 한다.

◆ 제각돌리기 ½ 두께 활용법

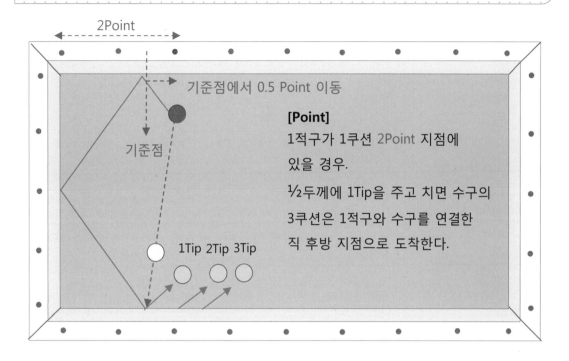

2Point

기준점에서 0.5 Point 이동

기준점

1Tip 2Tip 3Tip

[Point]
1적구가 1쿠션 2Point 지점에
있을 경우.
½두께에 1Tip을 주고 치면 수구의
3쿠션은 1적구와 수구를 연결한
직 후방 지점으로 도착한다.

두께 / 당점		회전 량	큐 스피드	스트로크 길이	타법
	½	1Tip	2.5레일 3 / 10	공 두 개 통과	부드럽게 밀어서 분리각으로

[득점의 핵심]

위 도형은 앞 페이지 도형과는 달리 1적구 위치가 1.5Point가 아니라 2Point 지점에
있을 경우를 나타낸 도형이다.

1적구가 1쿠션 2Point 지점에 있을 경우에는 무회전 ½ 두께에 1Tip을 주고 치면 수구는
1적구와 수구를 일직선으로 연결한 직 후방 지점으로 도착한다.

(수구 출발점의 직 후방)

2목적구가 도형처럼 각각 있을 경우 반 포인트에 1Tip씩 더 계산해서 증가시켜 주거나,

반 포인트 당 ⅛씩 두께를 증가시켜 주면 된다.

만일 1적구가 2Point가 아닌 2.5Point 지점에 있다면 1Tip이 아닌 2Tip을 주면 마찬가지
로 1적구와 수구의 후방 연결 지점으로 수구가 돌아 온다.

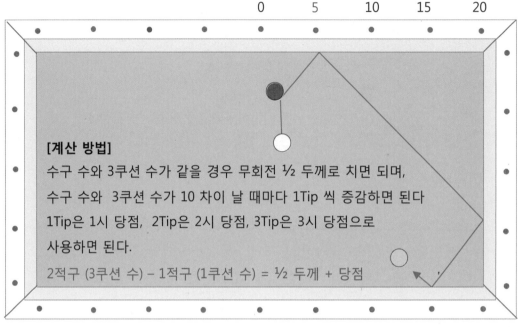

[계산 방법]

수구 수와 3쿠션 수가 같을 경우 무회전 ½ 두께로 치면 되며,

수구 수와 3쿠션 수가 10 차이 날 때마다 1Tip 씩 증감하면 된다

1Tip은 1시 당점, 2Tip은 2시 당점, 3Tip은 3시 당점으로

사용하면 된다.

2적구 (3쿠션 수) – 1적구 (1쿠션 수) = ½ 두께 + 당점

두께 / 당점	회전 량	큐 스피드	스트로크 길이	타법
½	반 Tip	2레일 2 / 10	공 한 개 통과	부드럽게 밀어서 분리각으로

[득점의 핵심]

위 도형은 제각돌리기 무회전 ½ 두께 공략 방법이다.

1적구 (1쿠션 수)의 수와 2적구 (3쿠션 수)의 수가 같을 경우 두께 겨냥법이 가장 쉬운

무회전 ½ 두께로 치면 득점할 수 있다.

위 도형처럼 1적구의 수가 5이고, 2목적구 3쿠션 수가 10 이라면 5 차이가 나므로

무회전 ½ 두께에 반 Tip을 주고 치면 득점할 수 있다는 뜻이다.

무회전 ½ 두께라는 의미는 Ball System에서 말하는 4/8 두께이므로 총량을 4란 수치로

친다는 의미이며, 만일 회전을 준다면 ⅜ 두께에 1Tip을 주고 쳐도 된다.

만일 2목적구의 3쿠션 수가 10이 아닌 20에 있다면 반 포인트에 1Tip씩 계산해 ½두께

에 2Tip 반을 주고 치면 된다. 반대로 2목적구가 3쿠션 5에 있다면 1적구 (1쿠션 수)와 2

적구 (3쿠션 수)가 같으므로 무회전 ½ 두께, 또는 ⅜ 두께에 1Tip을 주고 치면 된다.

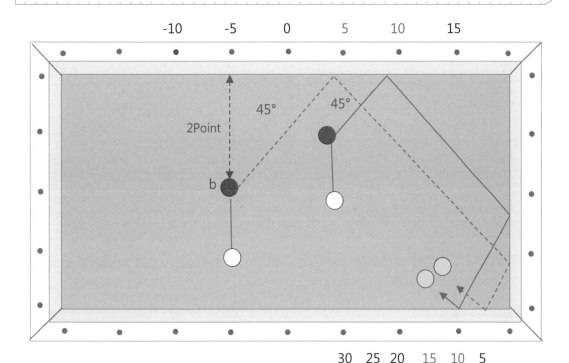

두께 / 당점		회전 량	큐 스피드	스트로크 길이	타법
	½	무회전 또는 느낌 Tip	2.5레일 3 / 10	공 두 개 통과	부드럽게 밀어치기

[득점의 핵심]

앞 페이지와는 달리 제각돌리기 무회전 ½ 두께 공략법에서 1적구가 쿠션에서 떨어져 있을 경우 1적구의 수치를 계산하는 방법을 나타낸 것이다.

1적구가 쿠션에서 1Point 이상 떨어져 있을 경우에는 1적구와 1쿠션을 45°로 연결해 닿는 지점을 1적구의 수치로 계산하면 된다.

1적구 b처럼 1쿠션으로 부터 2Point 떨어져 있을 경우 1적구의 수치는 5로 (45° 지점) 계산해야 한다.

1적구가 1쿠션으로부터 반 포인트 이하로 가까이 붙어 있을 경우는 45° 계산을 별도로 적용하지 않는다.

1적구와 수구가 가까이 있을 경우에는 생각보다 분리각이 커질 수 있으므로 연습을 통해 자신의 스트로크를 익혀 두어야 한다.

◆ 무회전 제각돌리기 System

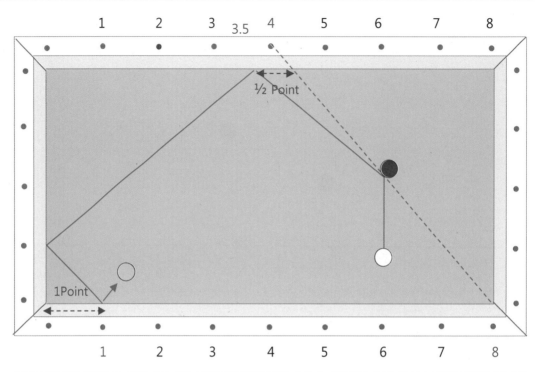

두께 / 당점		회전 량	큐 스피드	스트로크 길이	타법
	5/8	무회전 또는 느낌 Tip	2.5레일 3 / 10	공 두 개 통과	부드럽게 밀어치기

[득점의 핵심]

위 도형은 제각돌리기 무회전 코너 Line을 활용하는 방법을 나타낸 도형이다.

도형처럼 1적구가 중간에 떠 있을 경우에는 1적구의 두께와 회전을 어느 정도 주어야

되는지 선뜻 떠오르지 않을 것이다.

이러한 경우에는 먼저 1적구를 중심으로 연결해 2 : 1 비율로 Line을 정한다.

위 도형의 경우 수구 수 8과 1쿠션 4를 연결하면 정확하게 2 : 1 비율이 된다.

그 다음에는 2목적구가 좌측 하단 코너에서 떨어져 있는 만큼의 ½을 길게 치면 된다.

위 도형의 경우 2목적구가 좌측 코너에서 1Point 떨어져 있으므로 1Point의 ½인 0.5

Point 만큼 길어진 3.5 지점으로 수구를 보내면 된다.

중단보다 약간 높은 당점으로 부드럽게 밀어 친다.

◆ 무회전 제각돌리기 평행 이동법

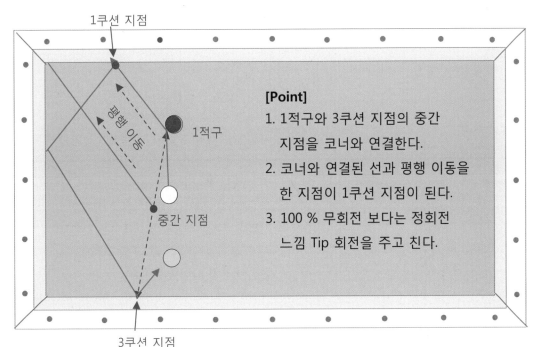

1쿠션 지점

평행 이동

1적구

중간 지점

3쿠션 지점

[Point]
1. 1적구와 3쿠션 지점의 중간 지점을 코너와 연결한다.
2. 코너와 연결된 선과 평행 이동을 한 지점이 1쿠션 지점이 된다.
3. 100 % 무회전 보다는 정회전 느낌 Tip 회전을 주고 친다.

[아래 도표 보는 법 66 page 참조]

두께 / 당점		회전 량	큐 스피드	스트로크 길이	타법
	3/8	무회전 또는 느낌 Tip	2레일 2 / 10	공 한 개 통과	부드럽게 밀어치기

[득점의 핵심]

위 도형은 평행 이동법을 이용해 제각돌리기로 득점하는 장면이다.
득점 방법은 ~
1적구와 가상의 3쿠션 지점을 연결하고 그 중간지점을 다시 코너와 연결한 다음
그 연결선과 평행 이동한 지점을 1쿠션 지점으로 삼으면 된다.

원래는 무회전으로 치는 공식이지만 실제로 게임에서는 1mm ~ 2mm 정도의 정회전을
주고 치는 것이 득점 확률을 높일 수 있다. (Ball First인 경우)
그 이유는 조금이라도 역회전이 될 경우에는 공의 진로가 짧아질 수 있지만
정회전을 미세하게 줄 경우에는 수구의 방향성에 크게 영향을 미치지 않기 때문이다.

◆ 무회전 제각돌리기 기본 이론

무회전으로 수구를 코너로 보내면 1적구와 단쿠션 중간 지점을 거쳐 3쿠션으로 진행된다.

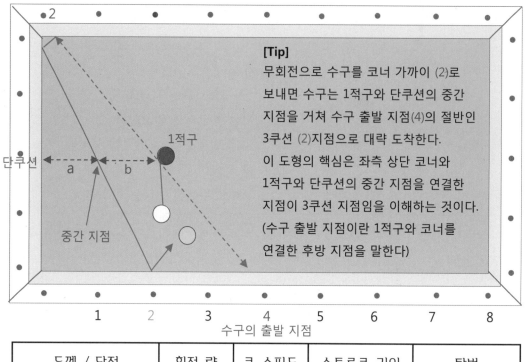

[Tip]
무회전으로 수구를 코너 가까이 (2)로
보내면 수구는 1적구와 단쿠션의 중간
지점을 거쳐 수구 출발 지점(4)의 절반인
3쿠션 (2)지점으로 대략 도착한다.
이 도형의 핵심은 좌측 상단 코너와
1적구와 단쿠션의 중간 지점을 연결한
지점이 3쿠션 지점임을 이해하는 것이다.
(수구 출발 지점이란 1적구와 코너를
연결한 후방 지점을 말한다)

수구의 출발 지점

두께 / 당점	회전 량	큐 스피드	스트로크 길이	타법
1/2	무회전 느낌 Tip	2레일 2 / 10	공 한 개 통과	부드럽게 밀어치기

[득점의 핵심]

위 도형처럼 수구를 무회전으로 좌측 상단 코너 가까이 보내면 수구는 좌측 상단 코너와
1적구를 연결한 장쿠션 4 지점의 ½ 지점인 2 지점으로 대략 도착하는데,
이 경우 수구는 적색 점선처럼 1적구와 좌측 단쿠션의 중간 지점을 거쳐 3쿠션 지점으로
도착한다.
따라서 위 도형과 같이 유사한 배치에서는 좌측 상단 코너와 1적구와 단쿠션의 중간
지점을 연결해 보면 수구의 3쿠션 지점을 예측할 수 있다.
2목적구의 위치가 다를 경우 무회전 3쿠션 지점으로부터 반 포인트에 1Tip씩 가감하여
치면 된다.
무회전으로 칠 경우 도형에 표시된 것처럼 느낌 Tip을 약간 주고 치는 이유는 역회전
으로 잘못 칠 경우 수구 동선에 오차가 발생되는 것을 방지하기 위함이다.

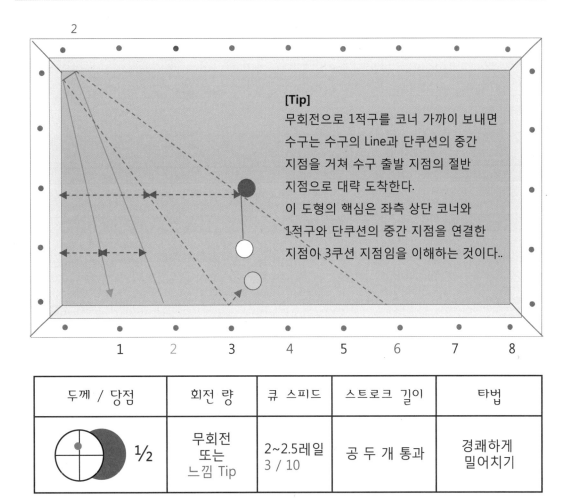

[Tip]
무회전으로 1적구를 코너 가까이 보내면
수구는 수구의 Line과 단쿠션의 중간
지점을 거쳐 수구 출발 지점의 절반
지점으로 대략 도착한다.
이 도형의 핵심은 좌측 상단 코너와
1적구와 단쿠션의 중간 지점을 연결한
지점이 3쿠션 지점임을 이해하는 것이다..

두께 / 당점		회전 량	큐 스피드	스트로크 길이	타법
(그림)	½	무회전 또는 느낌 Tip	2~2.5레일 3 / 10	공 두 개 통과	경쾌하게 밀어치기

[득점의 핵심]

위 도형의 경우 앞 페이지와 마찬가지 방법으로 좌측 코너와 1적구를 연결한 지점이
각각 기울기 6과 기울기 2가 되며, 기울기 수의 ½ 지점이 3쿠션 지점이 된다.
단, 유의할 점은 기울기 6에서 치는 경우 스트로크의 크기가 약간 커야 하며,
기울기 2에서 치는 경우는 쇼트 앵글인 만큼 스트로크의 크기를 줄여 주는 것이 좋다.

마찬가지로 수구는 1적구 지점과 좌측 단쿠션의 중간 지점을 경유해 3쿠션에 도착한다.
2목적구의 위치가 약간씩 다를 경우 무회전으로 친 3쿠션 지점을 기준으로 반 포인트에
1Tip씩 계산하여 치면 된다.

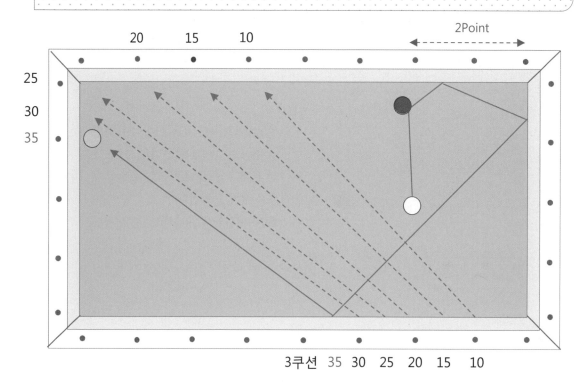

두께 / 당점	회전 량	큐 스피드	스트로크 길이	타법
설명 참조	1Tip ~ 3Tip	3.5레일 4 / 10	공 세 개 통과	분리각으로 치기

[득점의 핵심]

위 도형은 1적구가 2Point 부근에 있을 경우 3쿠션과 4쿠션의 연장 Line 이다.

이 연장 Line을 알고 있으면 Ball System을 이용해 총량으로 계산해서 치면 된다.

예를 들어 2목적구가 35 지점에 있을 경우 Ball System 수치로 계산하면 7이 된다.

(3쿠션은 반 포인트가 1이므로 3.5 Point를 7로 계산) 즉 1적구 Line 수 2와 3쿠션 수치 7을 합하면 총량은 9가 된다.

⅝ 두께에 4Tip을 주고 치면 된다. 2목적구가 30에 있을 경우에는 총량 8로, 25에 있을 경우에는 총량 7로, 20에 있을 경우에는 총량 6으로 치면 된다.

System에 의한 총량제이므로 공 두 개 정도 통과하는 큐 선의 길이로 부드럽게 밀어 치면 된다.

(Ball System 활용 방법은 항상 일관된 스트로크의 크기와 큐 선의 길이가 중요하다)

◆ 제각돌리기 짧은 각 계산 방법

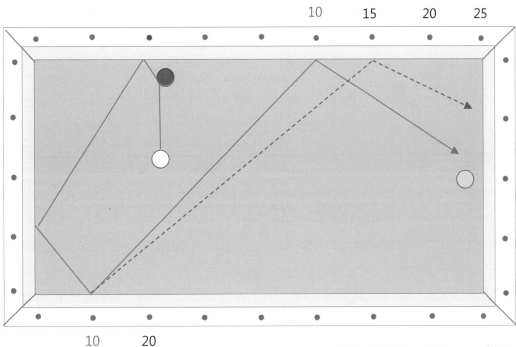

[아래 도표 보는 법 66 page 참조]

두께 / 당점		회전 량	큐 스피드	스트로크 길이	타법
	⅜	1Tip	2.5레일 3 / 10	공 두 개 통과	부드럽게 Down Shot

[득점의 핵심]

위와 같은 배치에서의 득점 요령은 먼저 4쿠션과 3쿠션의 연결선을 파악하고 Ball System의 총량을 계산해 System상의 총 수치를 적용하면 된다.

위 도형의 경우 2목적구를 맞히기 위해서는 4쿠션이 3Point (10) 지점이 되어야 하므로 Ball System으로 계산하면 총량 4로 공략하면 된다. (⅜ 두께에 1Tip)

하지만 대부분의 중 하점자의 경우 적색 점선처럼 수구가 진행되는 것을 흔히 볼 수 있다. 그 이유는 수구를 5쿠션까지 보내야 한다는 생각에 필요 이상으로 강하게 치기 때문이다.

이 경우 스트로크의 핵심은 부드러운 Down Shot 을 사용하면 4쿠션에서 5쿠션으로의 수구 진로를 곡구 없이 보낼 수 있다.

쿠션에 1적구가 가까이 있는 경우 두께를 ¼로 줄이고 당점을 내려 Down Shot을 시도하는 것이 좋은 방법이다.

◆ 제각돌리기 쇼트 앵글 득점 요령

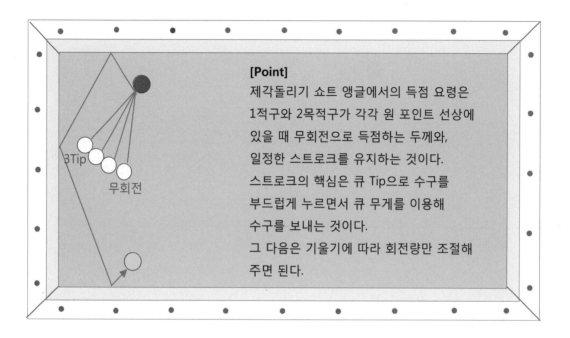

[Point]
제각돌리기 쇼트 앵글에서의 득점 요령은
1적구와 2목적구가 각각 원 포인트 선상에
있을 때 무회전으로 득점하는 두께와,
일정한 스트로크를 유지하는 것이다.
스트로크의 핵심은 큐 Tip으로 수구를
부드럽게 누르면서 큐 무게를 이용해
수구를 보내는 것이다.
그 다음은 기울기에 따라 회전량만 조절해
주면 된다.

두께 / 당점	회전 량	큐 스피드	스트로크 길이	타법
3/8	도형 참조	1.5레일 1.5 / 10	공 두 개 통과	큐 무게로 부드럽게 눌러치기

[득점의 핵심]

위 도형처럼 1적구와 2목적구가 각각 원 포인트 선상에 있을 경우에는 무조건 수구의
변화가 적은 3/8 두께로 고정하는 것이 득점률을 높일 수 있다.
도형에 표시된 것처럼 수구가 1적구와 일직선 가까이 있을 경우 상단 12시 무회전으로
치는 것을 기준으로 기울기가 약 15° 정도 더 기울 때마다 1Tip씩 증가시켜 주면 된다.
수구와 1적구의 기울기가 40° 정도 될 경우 중 중하단 3Tip을 주고 치면 된다.
스트로크는 큐 Tip으로 수구를 살짝 누르면서 큐 무게로 수구를 부드럽게 보내면 된다.
1적구와 수구의 각도가 대략 일직선 가까이 있을 경우의 무회전 두께를 고정하고 기울기
가 커질 때마다 회전을 조금씩 늘려 주면 된다.
큐 스피드는 1.5레일 ~ 2레일 미만으로 항상 일정하게 통제한다.

◆ 총량제 계산법에 대한 이해

Ball System에서 주로 사용하는 총량제는 1적구와 2목적구와 수구의 위치에 따라 두께와 회전 수를 총량으로 결정하는 것을 말한다.

당구에서의 두께는 대부분 8등분으로 운영되며 ⅛이면 1, ⅝면 5의 방식으로 숫자를 계산하면 된다. 회전은 1Tip은 1, 2Tip이면 2, 3Tip이면 3, 4Tip이면 4로 계산한다.
예를 들어 총량 7이면 ⅝ 두께에 2Tip을 주면 된다는 뜻이며, ½ 두께 (8분의 4)에 3Tip을 주어도 총량 7이 된다.
공의 형태에 따라 두께와 Tip 수를 더해 조화롭게 운영하면 된다.

제각돌리기의 형태가 쇼트 앵글일 경우에는 총량제 숫자대로 치더라도 약한 스트로크를 사용하는 것이 요령이며,
롱 앵글일 경우에는 총량제 숫자대로 치더라도 롱 앵글에 맞는 롱 스트로크를 사용하는 것이 바람직하다.

만일 Ball System 계산으로 총량이 11이 나왔다면 ⅝의 5와 4Tip, 나머지 2는 당점을 반팁 내리고 스트록을 1만큼만 더 해주는 것이 바람직하며 무리한 두께는 사용하지 않는다.

총량제 계산법을 알게 되면 제각돌리기가 어떠한 형태이든지 쉽게 계산이 가능하며,
숫자에 대한 믿음으로 스트로크에 대한 믿음이 더 생겨 자신감을 갖게 된다.

제각돌리기에서 또 한가지 중요한 것은 두께에 대한 선택이다.
제각돌리기에서는 예각과 둔각에 따라 1차적으로 두께를 잘 선택하는 것이 중요하며,
부딪쳐치기, 눌러치기, 밀어치기 등에 대한 선택도 중요하다.
주변에 제각돌리기만 만나면 맨붕이 오던 동호인들이 총량제로 자리 잡아가면서 스트로크에 대한 자신감을 갖게 되어 스트로크가 안정되며 득점률이 높아지는 것을 볼 수 있다.

총량제를 알아두면 좋은 이유는 많은 동호인들이 수구를 1쿠션 어느 지점에 보내야 한다는 집착으로 스트로크를 놓치기 때문이다. 공은 ½ 두께로 부드럽게 부딪치면 45° 정도로, 좀더 강하게 부딪치면 55° 정도로 분리 되므로 이를 참작하여 분리각 연습을 한다.
참고로 Five & Half System에서 50에서 30을 향한 각도는 약 50° 정도임을 참고 한다.

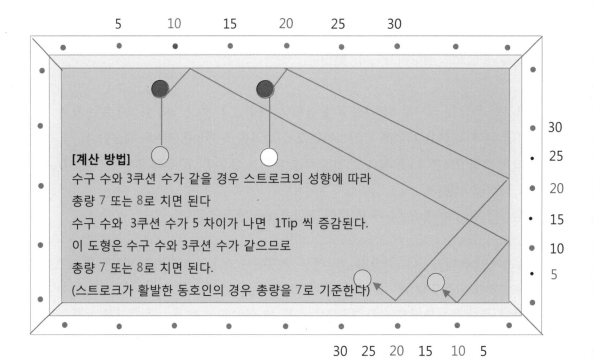

◆ 제각돌리기 총량제 System

[계산 방법]
수구 수와 3쿠션 수가 같을 경우 스트로크의 성향에 따라
총량 7 또는 8로 치면 된다
수구 수와 3쿠션 수가 5 차이가 나면 1Tip 씩 증감된다.
이 도형은 수구 수와 3쿠션 수가 같으므로
총량 7 또는 8로 치면 된다.
(스트로크가 활발한 동호인의 경우 총량을 7로 기준한다)

두께 / 당점		회전 량	큐 스피드	스트로크 길이	타법
	½	3Tip	3레일 3 / 10	공 두 개 통과	분리각으로 부드럽게 밀어치기

[득점의 핵심]

위 도형은 제각돌리기를 총량제로 계산하는 방법이다.
1적구의 수는 상단 좌측 원 포인트부터 5로 시작해 우측 30까지 이며,
2쿠션은 우측 하단 반 포인트부터 5씩 늘어난다.
System 활용 방법은 1적구 수와 3쿠션 수가 같은 수일 때 총량 7 또는 8이 기준이다
만일 1적구 수와 3쿠션 수가 다를 경우에는 +5, 또는 −5가 차이 나는 것에 따라 1Tip
또는 ⅛ 두께씩 가감해서 치면 된다.
예를 들어 1적구 수가 20인데 3쿠션 수가 10이라면 10 차이이므로 4Tip이 아닌 2Tip을
주고 치면 된다는 의미이다.
스트로크의 기준은 1적구 수와 3쿠션 수가 같은 경우 총량 7 또는 8로 치는 것을 기준
으로 한다. (비교적 활발한 스트로크는 7로, 부드러운 스트로크는 8로 친다)

◆ 제각돌리기 총량제 System

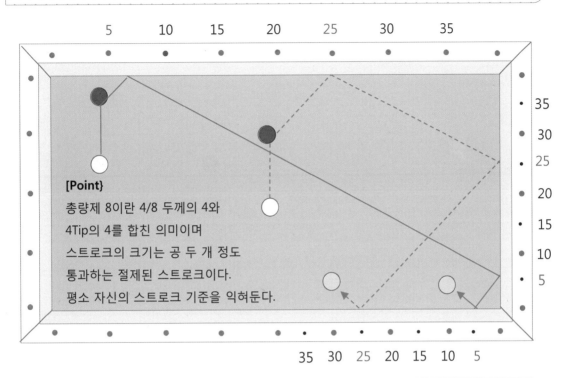

[Point}
총량제 8이란 4/8 두께의 4와
4Tip의 4를 합친 의미이며
스트로크의 크기는 공 두 개 정도
통과하는 절제된 스트로크이다.
평소 자신의 스트로크 기준을 익혀둔다.

두께 / 당점		회전 량	큐 스피드	스트로크 길이	타법
	½	3Tip	3레일 3 / 10	공 두 개 통과	분리각으로 부드럽게 밀어치기

[득점의 핵심]

위 도형은 각각의 수구 수에서 ½ 두께에 4Tip 또는 3Tip을 주고 쳤을 때 2쿠션과 3쿠션
같은 숫자의 지점으로 연결되는 것을 나타낸 도형이다.

수구 수 3쿠션 수가 같을 경우 총량 7 또는 8이란 숫자로 치는 것을 기준점으로 잡는다.

8이란 숫자는 두께와 회전 수를 합한 수가 8이란 의미이며, 두께는 ⅛을 1로 계산하고
회전 수는 1Tip을 1로 계산하면 된다. (3시간을 4등분 한 4Tip 기준)

위 도형처럼 1쿠션 수와 3쿠션 수가 같을 때 득점이 되는 스트로크 기준을 총량제 8로
기준하고 1쿠션과 3쿠션 숫자가 5 차이 날 때마다 총량제 8에서 1씩 가감하면 된다.

예를 들어 수구 수가 25인데 3쿠션이 15라면 같은 수에서 10이 차이가 나므로 8에서
2을 뺀 6이란 숫자로 치면 된다는 의미이며 (4/8 두께에 2Tip으로 치면 6이 된다)

수구 수가 20인데 3쿠션 수가 30이면 8에서 2를 더한 총량 10으로 치면 된다.

◆ Five & Half System을 이용한 제각돌리기

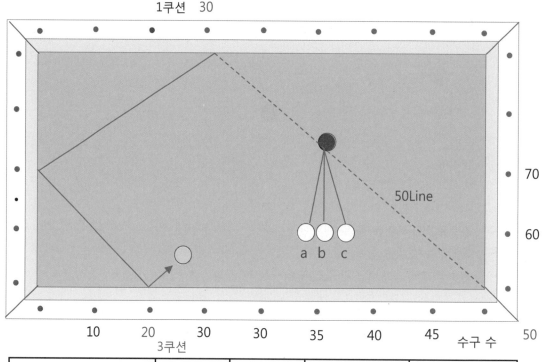

두께 / 당점		회전 량	큐 스피드	스트로크 길이	타법
	5/8	2Tip	2.5레일 3 / 10	공 두 개 통과	분리각으로 부드럽게 밀어치기

[득점의 핵심]

위 도형은 Five & Haif System을 이용하여 제각돌리기 하는 장면이다.

수구 수 Line을 찾는 방법은 먼저 3쿠션 수를 확인한 후, 1적구를 중심으로 가까운
가상의 수구 수에서 3쿠션 수를 빼고 선을 그려 보면 대략 수구 Line을 알 수 있다.

위 도형의 경우 3쿠션이 20이므로 1적구를 중심으로 가상의 Line을 그려 보면 50에서
30을 연결한 Line이 그려진다.

하지만 수구 a b c 의 위치에 따라 수구는 Line 대로 진행하지 않는 경우가 많다.

a의 경우 짧아질 확률이 높다. 따라서 중하단 2Tip 당점으로 빠른 스트로크가 필요하다.

b의 경우처럼 수구가 1적구와 일직선으로 있을 때는 전체 앵글 크기에 따라 적당한
스피드로 부딪쳐 경쾌하게 치면 된다.

C의 경우는 부드럽게 1쿠션 30까지 정확하게 굴려 보내면 득점 된다.

◆ 일직선 4Tip System

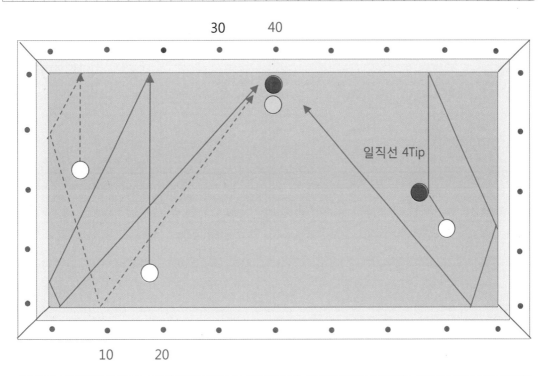

두께 / 당점	회전 량	큐 스피드	스트로크 길이	타법
	4Tip	2.5레일 2.5 / 10	공 두 개 통과	큐 무게로 부드럽게 결대로치기

[득점의 핵심]

위 도형은 쇼트 앵글 제각돌리기에서 아주 유용하게 활용할 수 있는 일직선 4Tip System 이다.

도형 좌측은 수구가 20 이내 어디에 위치해 있든 4Tip을 주고 일직선으로 타구하면 수구의 4쿠션 지점은 40이란 의미이다.

(만일 2목적구가 4쿠션 30에 있다면 상단 3Tip을 사용하면 된다)

도형 우측은 좌측 도형의 이론을 활용해 4Tip 주고 1적구를 일직선으로 타구하여 득점 하는 장면이다.

이 System에서 가장 중요한 것은 4Tip 회전을 정확히 사용하는 것이며,

Ball First인 경우 1적구를 맞히고 수구가 빈 쿠션으로 칠 때처럼 결대로 공이 구르도록 스트로크 연습을 해두는 것이 중요하다.

◆ 제각돌리기 20 System

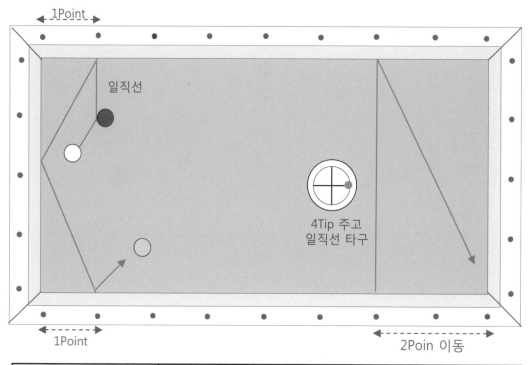

두께 / 당점	회전 량	큐 스피드	스트로크 길이	타법
	4Tip	1.5레일 2 / 10	공 한 개 통과	일직선으로 분리시켜 회전량으로 치기

[득점의 핵심]

위 도형은 우측에 표시한 것처럼 4Tip을 주고 일직선으로 치면 2Point가 이동되는 것을
활용해 득점하는 방법이다.
우측 도형은 4Tip 주고 일직선으로 치면 2Point가 이동되는 이론을 나타낸 것이며,
좌측 도형은 1적구를 일직선으로 타구하여 전체 2Point를 이동시켜 득점하는 장면이다.
1적구와 수구의 기울기에 따라 당점의 상,중,하를 잘 선택해야 하며, 일관된 스트로크
가 중요하다. 또한 일직선보다 위로 올라가게 얇게 치면 회전은 급감된다.
9시(3시) 방향에 회전을 주고 공을 부딪쳐 끌리거나 밀림 현상 없이 결대로 구르도록
연습을 많이 해야 한다.
만일 1적구와 3쿠션의 합계가 1.5Point 라면 3Tip을 주고 치면 된다.
이 System에 대한 이해도가 높아지면 유사한 형태의 공을 쉽게 해결할 수가 있다.

◆ 제각돌리기 ½ 두께 45° 공략법

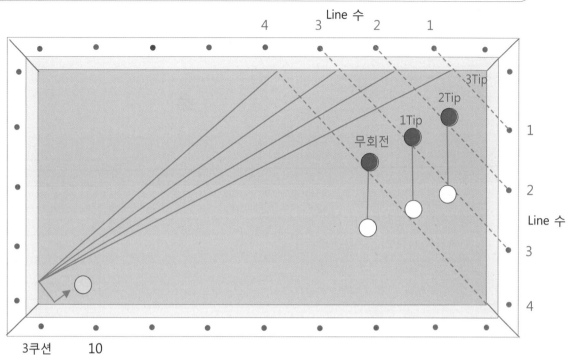

3쿠션   10

[아래 도표 보는 법 66 page 참조]

두께 / 당점		회전 량	큐 스피드	스트로크 길이	타법
	½	1Tip 2Tip 3Tip	3레일 3 / 10	공 두 개 통과	부드럽게 밀어 쳐서 분리시키기

[득점의 핵심]

위 도형은 2목적구가 좌측 코너 부근에 있고 1적구가 도형처럼 배치되어 있을 경우 활용
하는 System이다.

1적구와 수구가 일직선으로 있고 1적구가 4 Line에 걸쳐 있을 경우 ½ 중앙 당점 무회전
으로 치면 3쿠션 코너 부근으로 가고,

3 Line에 걸쳐 있을 경우 ½ 두께에 1Tip을 주고 치면 3쿠션 코너 부근으로 간다.

2 Line에 있을 경우 ½ 두께에 2Tip을 주고 치면 마찬가지로 3쿠션 코너 부근으로 간다.

1 Line에 있을 경우 ½ 두께에 3Tip을 주고 치면 마찬가지로 3쿠션 코너 부근으로 간다.

타법은 ½ 두께로 고정하고 공 두 개 통과할 정도로 부드럽게 밀어 친다.

(1적구가 점선 Line 어느 지점에 있더라도 Line 수를 보고 계산하면 득점 될 수 있도록
 자신만의 스트로크를 완성해 보자)

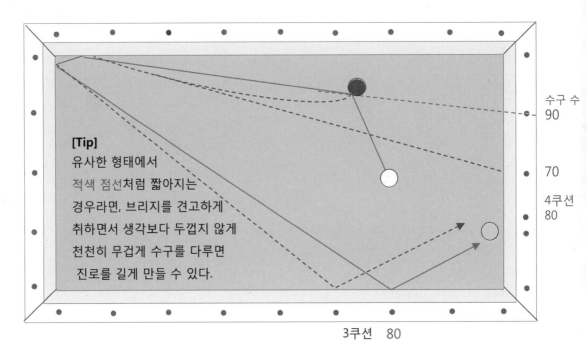

[Tip]
유사한 형태에서
적색 점선처럼 짧아지는
경우라면, 브리지를 견고하게
취하면서 생각보다 두껍지 않게
천천히 무겁게 수구를 다루면
진로를 길게 만들 수 있다.

수구 수
90

70

4쿠션
80

3쿠션   80

두께 / 당점	회전 량	큐 스피드	스트로크 길이	타법
3/4	1.5Tip	3레일 4 / 10	공 세 개 통과	하단 1.5Tip 주고 천천히 수구를 코너로 보낸다

[득점의 핵심]

위 도형은 수구 수 90에서 4쿠션 80에 있는 공을 득점하는 방법이다.
Five & Half System 계산법으로 보면 수구를 10까지 보내야 하지만 평범하게 1적구를
분리각으로 부딪쳐 밀어 치면 적색 점선처럼 곡구가 되어 수구의 수치가 70각에서 출발
하는 것으로 변하게 되어 없는 각의 공이 된다.
이러한 문제점을 해결하는 방법은 스트로크와 브리지의 역할이다.
중 하단 1.5Tip 당점으로 곡구가 생기지 않도록 아주 천천히 코너쪽으로 일직선으로
보내놓고 기다려야 한다.
비슷한 형태의 긴 각에서는 같은 방법의 스트로크를 구사하는 것이 좋으며 특히
Five & Half System 으로 계산할 경우 중 하단 2Tip 당점을 사용해야 하는 것을 잊지
말자. (위 도형과 유사한 형태에서 짧아지는 현상은 왼손 브리지가 약하기 때문이다)

◆ 1적구가 Frozen 상태에서의 득점 방법

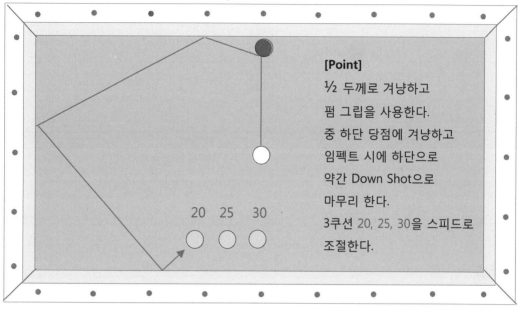

[Point]
½ 두께로 겨냥하고
펌 그립을 사용한다.
중 하단 당점에 겨냥하고
임펙트 시에 하단으로
약간 Down Shot으로
마무리 한다.
3쿠션 20, 25, 30을 스피드로
조절한다.

20 25 30

20 25 30

두께 / 당점	회전 량	큐 스피드	스트로크 길이	타법
½	3Tip	3레일 3 / 10	공 세 개 통과	펌그립으로 부드러운 Down Shot

[득점의 핵심]

위 도형은 1적구가 쿠션에 Frozen 된 상태에서 득점하는 방법을 나타낸 도형이다.
1적구가 쿠션에 붙어 있는 상황에서는 ½ 두께로 설정하는 것이 가장 이상적이다.
도형처럼 2목적구가 3쿠션 20, 25, 30에 있다고 가정하고,
똑같은 두께와 똑같은 당점을 사용하면서 스피드 차이로 각을 만들 수 있다.
예를 들어 2목적구가 3쿠션 20에 있을 때 2레일 스피드로 득점된다면, 3쿠션이 25와 30
일 경우 스피드만 조금씩 높여주면 된다.
½ 두께를 사용하면 스피드에 따라 눈에 안 보이는 곡구 현상이 미세하게 생기면서
수구의 동선을 도와준다. 그립법은 그립을 가볍게 말아 잡는 펌 그립을 사용하며,
당점은 중하단 당점에 겨냥하고 스트로크 시 약간 하단으로 부드러운 Down Shot을
하면 된다. 가장 편한 스피드에서 기준점을 정하고 자신의 동선을 파악해 본다.

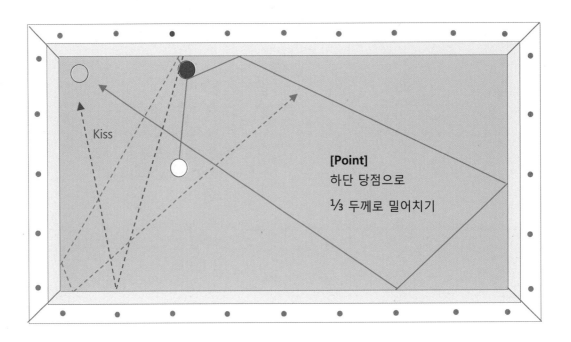

두께 / 당점		회전 량	큐 스피드	스트로크 길이	타법
	⅓	3Tip	3레일 3.5 / 10	공 세 개 통과	⅓ 두께로 밀어치기

[득점의 핵심]

위 도형의 배치는 경기 중에 자주 등장하는 형태이다.

모양으로 봐서는 누구나 칠 수 있는 공이지만 문제는 Kiss를 완전히 배제해야 하기 때문이다.

평범한 두께로 칠 경우 적색 점선처럼 1적구가 횡단되면서 Kiss가 날 확률이 아주 높다.

해결 방법은 1적구를 ⅓ 두께 정도로 얇게 치는 대신 길게 밀어 쳐서 수구의 진로를 길게 만들어 주어야 한다.

1적구와 수구의 각도를 잘 살피고 Kiss의 확률을 완전히 배제 시킬 수 있는 두께를 선택하는 것이 득점의 핵심이다.

스트로크의 강약을 조절하면 Position Play도 가능해 진다.

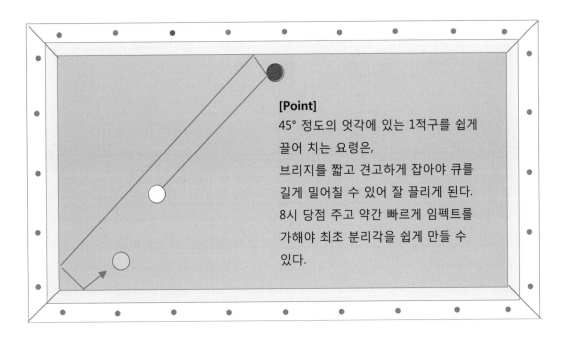

[Point]
45° 정도의 엇각에 있는 1적구를 쉽게 끌어 치는 요령은,
브리지를 짧고 견고하게 잡아야 큐를 길게 밀어칠 수 있어 잘 끌리게 된다.
8시 당점 주고 약간 빠르게 임펙트를 가해야 최초 분리각을 쉽게 만들 수 있다.

두께 / 당점	회전 량	큐 스피드	스트로크 길이	타법
½	2Tip	5레일 5 / 10	공 세 개 통과	적당히 빠른 스피드로 Down Shot

[득점의 핵심]

위 도형은 45° 이상의 엇각에서 쉽게 끌어치기 하는 요령이다.

엇각에서 쉽게 끌어 치는 첫 번째 조건은 강력한 브리지이다.
스트로크 이후에도 절대 브리지를 바닥에서 떼면 안 된다.
중간에서 약간 내린 8시 당점에서 15° 정도 Down Shot으로 빠르게 찔러준다.
또한 수구 진행 방향 쪽으로 큐를 비틀면 수구의 힘이 가벼워져 끌어치기가 잘 안 되는 경우도 있다.
수구가 제대로 힘을 받기 위해서는 임펙트 이후 큐를 반대 방향으로 비트는 느낌으로 평소 연습을 해두면 큐의 비틀림을 방지하는데 도움이 될 수 있다.
다시 한번 강조하지만 왼손 브리지를 바닥에 단단하게 밀착시키고 스트로크 이후에 다시 한번 브리지를 바닥에 누른다는 자세로 브리지를 견고히 하는 것이 핵심이다.

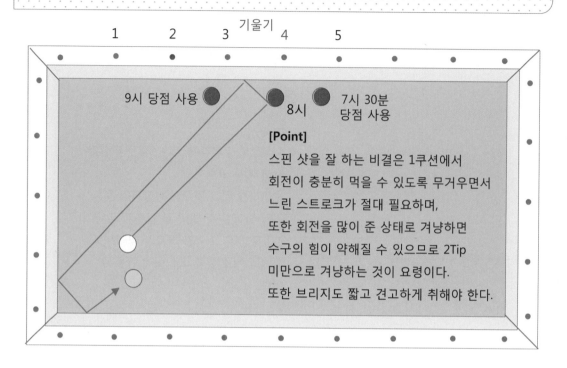

기울기 1 2 3 4 5

9시 당점 사용

8시

7시 30분
당점 사용

[Point]
스핀 샷을 잘 하는 비결은 1쿠션에서
회전이 충분히 먹을 수 있도록 무거우면서
느린 스트로크가 절대 필요하며,
또한 회전을 많이 준 상태로 겨냥하면
수구의 힘이 약해질 수 있으므로 2Tip
미만으로 겨냥하는 것이 요령이다.
또한 브리지도 짧고 견고하게 취해야 한다.

두께 / 당점		회전 량	큐 스피드	스트로크 길이	타법
	5/8	2Tip	5레일 5 ~ 6 / 10	공 세 개 통과	Down Shot으로 찌르기

[득점의 핵심]

위 도형은 꼬미(스핀) 샷을 기울기 별로 득점하는 방법을 당점으로 나타낸 것이다.

위와 같은 엇각에서는 대략 ½ ~ ⅝ 두께를 사용하는 것이 가장 이상적이며,

더 두껍게 칠 경우에는 수구의 밀림 현상이 발생되어 득점에 실패할 확률이 높다.

위 도형처럼 수구가 좌측 하단 코너에 있고 2목적구가 대략 반 포인트 정도에 있을 때

기울기 4에 있는 1적구를 맞혀 득점하려면 8시 당점을 사용하면 된다.

기울기 5에 있는 공은 7시 30분 당점을 사용하며, 기울기 3에 있는 1적구를 칠 경우에는

9시 당점으로 끌지 않고 활발하게 때려 치면 된다.

끌어치기의 핵심은 수구가 1쿠션에서 충분히 회전이 먹도록 부드러운 롱 스트로크를

사용해야 하며, 큐 끝이 15° Down Follow 되면 보다 쉽게 끌 수 있다.

두꺼운 두께에서는 회전이 자동적으로 발생되므로 2Tip만 주고 겨냥해도 된다.

◆ 제각돌리기 짧게 만드는 스트로크의 비밀

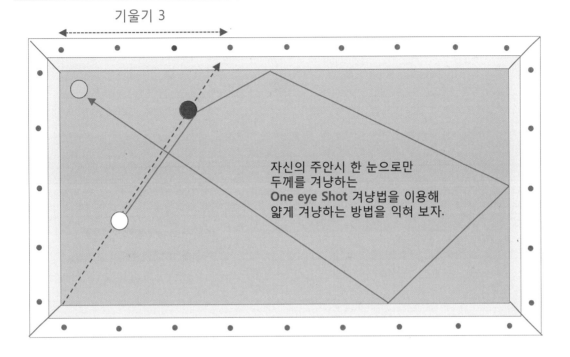

기울기 3

자신의 주안시 한 눈으로만
두께를 겨냥하는
One eye Shot 겨냥법을 이용해
얇게 겨냥하는 방법을 익혀 보자.

두께 / 당점	회전 량	큐 스피드	스트로크 길이	타법
⅛	1.5Tip	2레일 2 / 10	공 두 개 통과	무타격 포어 샷

[득점의 핵심]

위 도형은 1적구와 수구의 기울기가 3 정도인 상황에서 수구의 진로를 짧게 만드는
방법을 설명한 것이다.

1. 예비 스트로크를 아주 느리고 작게 해야 한다.

   (그 이유는 타격을 배제하고 분리각을 최소화 시키기 위함이다)

2. 예비 스트로크와 연결하여 전방에서 그대로 큐가 부드럽게 나간다.

3. 오른손 그립에 압력이 남아 있으면 수구의 분리각이 커질 수 있다.

4. 스냅을 방지하려면 느리고 작은 예비 스트로크가 유리하며, 전방에서 부드럽게 타격
   없이 스트로크 해야 한다.

Fore Shot : 언어 의미대로 오른손 스냅 없이 전방에서 무 타격으로 진행 시키는 샷.

◆ 제각돌리기 ½ 지점 보내기

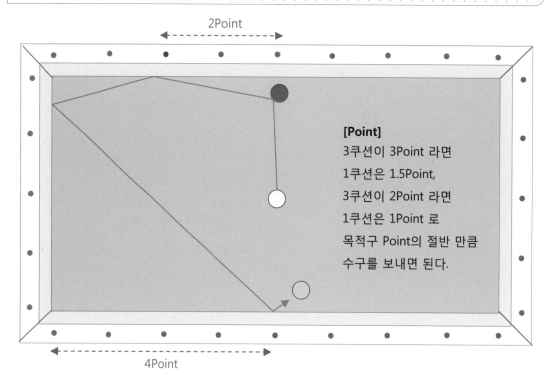

[Point]
3쿠션이 3Point 라면
1쿠션은 1.5Point,
3쿠션이 2Point 라면
1쿠션은 1Point 로
목적구 Point의 절반 만큼
수구를 보내면 된다.

두께 / 당점		회전 량	큐 스피드	스트로크 길이	타법
	¾	3Tip	4레일 4 / 10	공 세 개 통과	빠르게 분리각으로 때려 치기

[득점의 핵심]

위 도형처럼 1적구와 2목적구가 긴 각으로 쿠션 가까이 붙어 있을 때는 System을 활용하기가 쉽지 않다.

이러한 형태에서 득점하는 간단한 요령이 있다.
먼저 3쿠션의 Point를 파악하고 (4Point) 그 Point 수의 절반만큼 (2Point) 1적구를 맞혀 수구를 보내면 된다.
(2Point까지 보내겠다는 이미지를 갖고 스트로크 하는 것만으로도 득점에 도움이 된다)
계산 방법 : 목적구 포인트 수(4Point) ÷ 2 = 1적구 *Point* 수 (*2Point*)
계산법대로 목적구 Point 수의 절반 만큼 1적구를 맞혀 수구를 보내면 된다.

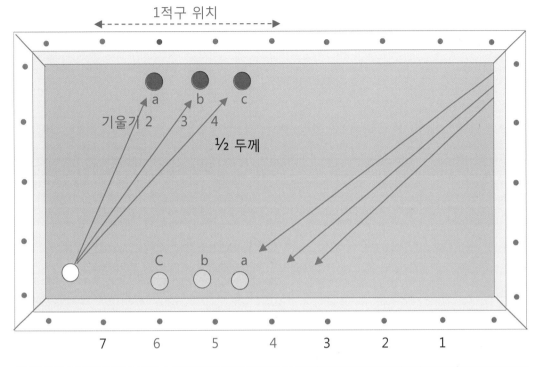

두께 / 당점		회전 량	큐 스피드	스트로크 길이	타법
	½	3Tip	3레일 3 / 10	공 세 개 통과	상단 당점주고 경쾌하게 때려 치기

[득점의 핵심]

위 제각돌리기 도형은 기울기를 보고 두께, 회전, 스피드를 결정하는 System이다.

1적구가 ◄----------► 안에 위치해 있을 때 1적구와 수구의 기울기를 보면 두께와 회전, 스피드를 판단할 수 있다.

1적구와 수구를 연결한 기울기가 2일 경우 ½ 두께로 상단 3Tip을 주고 치면 3쿠션 4로 진행한다.

기울기 3(b)에서는 3쿠션 5로, 기울기 4(c)에서는 3쿠션 6으로 각각 진행한다.

만일 기울기 2에서 2Tip을 주고 치면 3쿠션은 3으로 짧게 진행한다.

수구로 1적구를 부딪쳐 분리시키는 타법이며, 스피드가 강하면 3쿠션은 길어지고, 스피드가 약하면 3쿠션은 짧게 도착한다.

제각돌리기 긴 각에서는 1적구와 수구의 기울기를 반드시 파악하는 습관을 들인다.

◆ 제각돌리기 큐 선 길이의 중요성

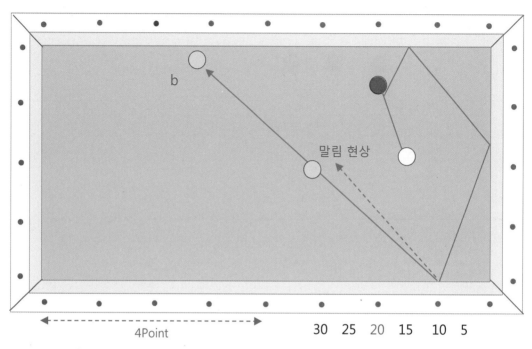

b

말림 현상

4Point

30 25 20 15 10 5

두께 / 당점	회전 량	큐 스피드	스트로크 길이	타법
1/3	2Tip	2레일 3 / 10	공 두 개 통과	부드럽게 부딪쳐 분리각으로 치기

[득점의 핵심]

위 도형은 컨디션이 안 좋거나 당구에 자신감이 없을 때 흔히 득점에 실패하는 도형이다.
스트로크에서 큐 선의 길이가 얼만큼 중요한지를 나타내는 대표적인 배치이다.

득점에 실패하는 경우를 보면 2목적구를 정확히 맞히는데 몰두하다 보면 스트로크에
조심성이 생겨 3쿠션에서 예상치 않게 점선처럼 짧게 말리는 현상이 나타나는 것이다.
이 경우에는 2목적구의 4쿠션 연장 Line을 정해 놓고 그 공을 맞힌다는 생각으로 자신
있게 스트로크 하는 것이 중요하다.
또 다른 방법은 루즈 그립이 아닌 펌 그립을 취하면 말리는 현상을 방지할 수 있다.
당구의 에러마진은 약 20cm (61.5mm × 3)이므로 자신있게 스트로크 하면 된다.

◆ 제각돌리기 2쿠션에서 3쿠션 연결 Line

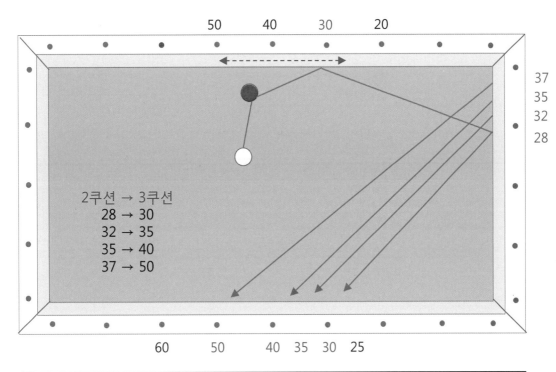

두께 / 당점	회전 량	큐 스피드	스트로크 길이	타법
도형 참조	3Tip	3레일 3 / 10	공 세 개 통과	큐 스피드로 조절해서 치기

[득점의 핵심]

위 도형은 제각돌리기에서 3쿠션으로 보내기 위한 2쿠션 지점을 나타낸 도형이다.
예를 들어 1쿠션이 대략 적색 점선으로 표시한 지역이 될 경우 3쿠션 30에 있는 공을
맞히기 위해서는 2쿠션 28을 경유해야 한다는 뜻이다.
이 System은 뒤돌려치기에서도 같이 적용되므로 3쿠션에 있는 목적구를 맞히기 위해
2쿠션 지점을 목표로 수구를 보내는 방법도 흔히 사용한다.
3쿠션 40과 3쿠션 30으로 가는 경유 지점을 외워 두면 좀 더 쉽게 3쿠션을 공략할 수
있다.
1쿠션 지점이 30보다 높아지면 2쿠션 지점 숫자는 반대로 작아져야 하고,
1쿠션 지점이 30보다 낮아지면 2쿠션 지점 숫자는 반대로 커지게 된다.

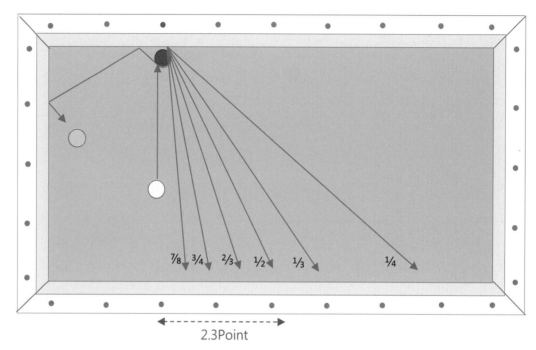

두께 / 당점	회전 량	큐 스피드	스트로크 길이	타법
	도형 참조	3레일 3 / 10	공 두 개 통과	분리각으로 치기

[득점의 핵심]

위 도형은 1적구와 수구가 일직선으로 있을 경우, 정중앙 무회전 당점으로 1적구를
두께 별로 맞혔을 때 1적구의 분리각을 나타낸 도형이다.

1적구의 분리각 이론은 경기에서 아주 중요하다.
특히 제각돌리기에서 Kiss의 유무를 판단할 경우,
4구 모아치기에서 1적구의 진행 궤도 등, 다양한 상황에서 활용할 수 있다.

1적구를 ½ 두께로 맞히려면 큐 팁의 중앙이 1적구의 좌측 끝을 겨냥하면 되며,
1적구를 ½ 두께로 쳤을 경우 1적구의 분리각은 약 2.3Point 이므로 나머지 두께는
½ 두께의 분리각 2.3Point를 기준 삼아 참작하면 된다.

◆ 제각돌리기 득점률을 높이는 비결

1. 공의 배치에 따라 스트로크의 강약을 먼저 결정하는 것은 제각돌리기의 득점률을 높이는 지름길이 된다. (1 ~ 10을 기준으로 일반적인 앵글에서는 2 ~ 4 정도의 힘을 구사)

2. 1적구와 2목적구가 모두 2 ~ 3 Point 내에 배치되어 있을 때는 큐 선을 길게 하지 않는다. 큐 선의 길이(큐를 뻗는 길이)는 약 10cm 정도면 충분하며 2 ~ 2.5 정도의 힘이 적당하다.

3. ½ 두께에 3Tip 주고 쳐야 하는 여러 가지 기본 배치들의 스트로크를 몸에 익힌다. (스트로크의 강약과 큐 선의 길이가 핵심)

4. 수구와 1적구의 기울기(예각, 둔각)에 따라 굴려 칠 것인지, 분리각으로 칠 것인지, 눌러 칠 것인지를 판단해야 한다.

5. ½ 두께를 완벽하게 구사할 수 있도록 1적구의 겨냥점을 익혀둔다. (큐 선을 활용)

6. 초보자의 경우 공을 부딪쳐서 분리시키는 감각을 익혀야 한다. (½두께 시 45° 로 분리)

7. 브리지의 강약이 분리각을 좌우한다.
   (예를 들어 분리각을 크게 만들어야 할 때는 브리지를 바닥에 견고하게 밀착해 주는 것만으로도 수구를 크게 분리시킬 수 있다. (Kiss 뺄 때도 유용하게 사용할 수 있음) 반대로 분리각을 작게 만들어야 할 때는 브리지도 가깝고 부드럽게 취하고, 큐도 짧게 잡으면 도움이 된다 (자세를 콤펙트하게 취하면 분리각을 작게 만드는데 도움이 된다)

8. 제각돌리기는 1적구와 수구의 기울기를 먼저 파악한 후 스트로크를 결정하는 것이 좋다. 예를 들어 엇각에서 기울기가 3이면 중단 당점에 3Tip 주고 스피드만 부여해 1적구가 코너로 되돌아 오도록 스피드에 대한 감각을 익힌다.
   기울기가 45° 인 경우에는 가장 중요한 것이 브리지의 압력이다. 브리지를 강하게 바닥에 밀착시키고 8시(4시) 당점으로 빠르게 찌르면 쉽게 끌려 온다.
   임펙트 이후 큐가 15° 정도 Down Shot을 해주면 ½두께로도 충분히 45°로 되돌아 오게 할 수 있다. (4Point, 3Point, 2Point 각각의 45°에서 두께는 같고 스피드로만 조절한다)

9. 제각돌리기는 1Tip 증가에 반 포인트씩 길어진다. 따라서 ½두께에 무회전 주고 45°로 분리 시키는 것을 몸에 익히면 그 다음에는 Tip으로 조절하면 된다.

10. 길게 치는 제각돌리기는 기울기 2에서 ½ 두께에 3Tip 주고 분리시키는 연습을 반복 하면서 3쿠션 지점을 파악한 다음 조금 약하게 조금 강하게 수구의 진행 경로를 익힌다.

11. 1적구와 2목적구가 1point ~ 1.5Point 이내에 있는 쇼트 앵글에서는 부드럽게 밀어 치는 타법을 구사해야 한다. 브리지를 짧게 잡고 상단 12시 당점으로 부드럽게 밀어 치면 수구의 진행을 얇게 만들 수 있다. (분리각으로 치면 수구에 자연 회전이 발생해 길어짐)

12. 대회전을 칠 때는 상박, 하박, 그립의 힘을 모두 빼는 것이 스피드를 낼 수 있는 핵심이다.

뒤돌려치기는 게임 중에 약 30% 이상을
차지 하는 아주 중요한 종목이다.

또한 그 형태는 수없이 다양하지만
일단 타점 포인트에 대한 이해를 하고 공을 다루게 되면
생각보다 쉽게 득점할 수 있다.

예를 들어 수구의 동선을 짧게 만들어야
할 경우에는 체중을 앞발 60% 이상에 두고
엄지, 검지 위주로 그립을 잡으면 큐가 길게
밀려 나가는 것을 사전에 방지할 수 있다.
타점 포인트 또한 수구의 전면이 되어야 수구의
동선을 짧게 만들 수 있다는 것을 잊지 말아야 한다.

반대로 수구의 동선을 길게 만들어야 할 경우에는
타점 포인트가 수구 겨냥점의 뒷면이 되어야 한다.
큐가 수구를 허공처럼 통과한 후 수구의 뒷면에서부터
가속을 붙여야 수구의 동선을 길게 만들 수 있다.

또한 3레일 스피드로 공을 치게 되면
대부분 포지션 플레이가 될 수 있다는 것을 기억하자.

뒤돌려치기에서 득점률을 높이는 또 다른 비결은
얇게 치는 기술과 스커트에 대한 이해를
숙지하는 것이다.

뒤돌려치기
System

- 초구 치는법
- 뒤돌려치기 회전의 중요성
- 뒤돌려치기 위치별 두께와 당점
- Tip수에 의한 수구의 진행 동선
- Five & Half System을 이용한 뒤돌려치기
- Five & Half System을 이용할 때의 보정 방법
- 길어지기 쉬운 뒤돌려치기 형태
- 뒤돌려치기 ½ 지점으로 보내기
- 수구의 동선을 길게 만드는 스트로크 기술
- 얇게치기 두께 겨냥법의 핵심
- 뒤돌려치기 Kiss 빼는 방법
- 뒤돌려치기 Kiss 유무 확인 방법
- 뒤돌려치기 선구 요령
- 느리게 쳐야 득점이 되는 배치
- 스피드를 이용한 짧은 각 뒤돌려치기 득점 요령
- 수구의 동선을 짧게 만드는 방법
- 밀어 치는 타법으로 득점하는 방법
- 뒤돌려치기 Spin Shot
- 뒤돌려치기 20 System
- 뒤돌려치기 Two Way Shot
- ½ 두께로 밀어치는 공식
- 뒤돌려치기 Position Play
- 굴려 치는 스트로크로 Posiyion Play 만드는 연습 방법

[아래 도표 보는 법 66 page 참조]

두께. 당점	½
회전 량	2Tip
큐 스피드	2.5레일 3 / 10
스트로크 길이	공 두 개 통과
타법	부드럽게 부딪쳐치기

[Point]
수구가 길어지는 경우 오른손 그립의
압력을 아주 가볍게 해주고 브리지를
바닥에서 일찍 떼지 말아야 한다.
짧아지는 경우는 회전을 늘려 준다
초구에 득점된 경우 1적구와 수구와
2목적구가 ○○○ 지점으로 배치
되도록 연습을 한다.

[득점의 핵심]

위 도형은 경기를 시작할 때 초구의 기본 배치이다.
초구에서 득점률을 높이기 위해서는 무엇보다 테이블 특성을 먼저 익혀두어야 한다.
그 이유는 테이블 상태에 따라 길어지고 짧아지는 현상이 심하기 때문이다.
1적구를 ½ 두께로 기벼운 디법으로 돌릴 때는 스쿼트를 감안하여 ⅝ 두께로 겨냥힌다.
(½ 두께를 맞히는 요령은 중 상단 2Tip을 준 큐가 1적구의 12시 중심을 겨냥하면 된다)
타법은 초구라고 생각하지 말고 가볍게 분리시켜 치는 타법이면 Kiss를 뺄 수 있다.
국제식 당구대에서 20점 초반대 라면 뱅킹 연습과 초구 연습을 많이 해야 한다.
그만큼 초구가 중요하기 때문이다. 뱅킹은 큐를 약간 짧게 잡고 연습하면 도움이 된다.
½ 두께에서 초구가 길어지면 회전을 줄이고, 짧아지면 회전을 늘려 주며 연습한다.

◆ 뒤돌려치기 회전의 중요성

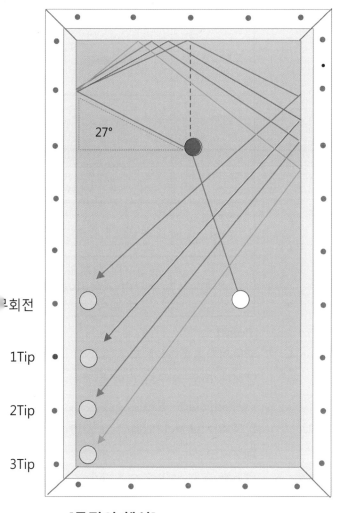

[득점의 핵심]

두께. 당점	⊙ ⅓
회전 량	도형 참조
큐 스피드	3레일 3 / 10
스트로크 길이	공 한 개 통과
타법	자연스럽게 분리각으로

[Point]

뒤돌려치기는 회전에 따라 수구의 동선이 길어지기도 하고 짧아지기도 한다.

짧은 각을 칠 때는 회전을 1Tip정도로 억제하고,

긴 각을 칠 때는 회전을 최대한 많이 주는 것이 득점의 핵심이다.

위 도형은 뒤돌려치기에서 회전의 중요성을 알 수 있는 가장 기본이 되는 배치로, 회전에 따라 수구의 4쿠션 진행 동선이 달라지는 것을 쉽게 이해할 수 있다. 도형을 자세히 보면 1적구는 단쿠션과 장쿠션 각각 2Point 선상에 걸쳐있다.

1적구 위치에서 수구를 1쿠션 1Point 지점으로 내려 보낸 것이고, 만일 수구의 위치가 약간씩 변동될 경우에는 1적구 위치에서 수구를 30° 정도 기울기로 내려 보내면 된다. 만일 Kiss의 우려가 있을 경우에는 조금 두껍게 치면서 회전을 늘려 주면 된다. 뒤돌려치기에서는 회전에 대한 이해도를 높여야 득점 확률을 높일 수 있다.

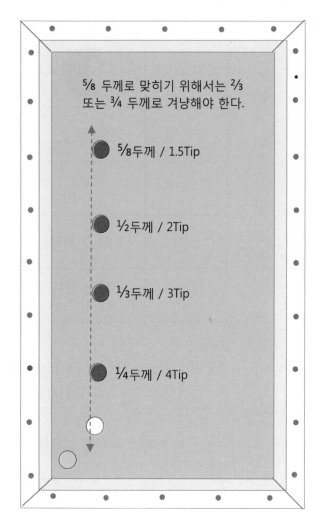

5⁄8 두께로 맞히기 위해서는 2⁄3 또는 3⁄4 두께로 겨냥해야 한다.

5⁄8두께 / 1.5Tip

1⁄2두께 / 2Tip

1⁄3두께 / 3Tip

1⁄4두께 / 4Tip

두께. 당점	도형 참조
회전 량	도형 참조
큐 스피드	3 ~ 4레일 3 ~ 5 / 10
스트로크 길이	공 세 개 통과
타법	1적구의 위치와 수구의 기울기에 따라 달라진다

[Point]
뒤돌려치기를 쉽게 치는 요령은
당점에 따른 수구의 진행 동선을
먼저 이해하는 것이다.
같은 위치에서 1Tip을 주고 치면
짧아지고,
4Tip을 주고 치면 길어진다.

[득점의 핵심]

위 도형은 1적구의 위치에 따라 두께와 회전 선택이 달라져야 하는 것을 나타낸 것이다.
1적구가 상단 2Point 전 후에 있을 경우 수구의 회전을 2Tip 이내로 선택해야 무리한
두께를 사용하지 않더라도 수구가 길게 늘어지는 것을 방지할 수 있다.
반대로 1적구가 하단 부근에 내려와 있을 경우에는 얇은 두께를 선택해야 Kiss를 뺄 수
있으며 4Tip을 사용하면 수구의 동선을 길게 만들 수 있다.
회전 수를 줄이면 수구의 동선이 짧아지고, 회전 수를 늘리면 수구의 동선이 길어진다는
점을 활용하면 된다.
1적구와 수구의 거리가 먼 경우 겨냥점은 위 도형보다 두껍게 겨냥해야 한다.
그 이유는 거리가 멀수록 스트로크가 강해져야 하므로 스쿼트가 더 발생하기 때문이다.

◆ Tip수에 의한 수구의 진행 동선

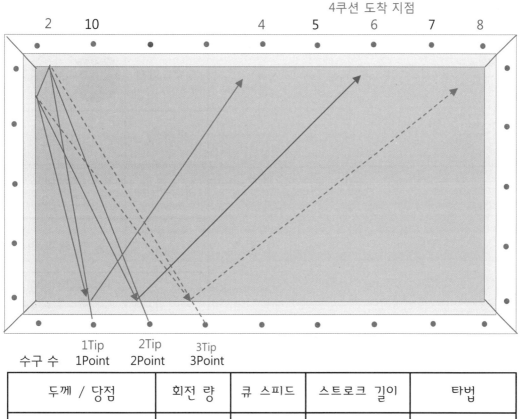

4쿠션 도착 지점

두께 / 당점	회전 량	큐 스피드	스트로크 길이	타법
	1Tip 2Tip 3Tip	2레일 2 / 10	공 두 개 통과	부드럽게 밀어치기

[득점의 핵심]

위 도형은 1적구를 Ball First로 친다고 가정했을 때 수구의 동선을 나타낸 도형이다.
수구 수 1Point 지점에서 1Tip을 주고 코너 2로 보내면 제자리로 돌아와 4쿠션 중간
4 지점으로 진행한다.

수구 수 2Point 지점에서 2Tip을 주고 마찬가지로 코너 2로 보내면 제자리로 돌아와
4쿠션 6 지점으로 진행한다.

수구 수 3Point 지점에서 3Tip을 주고 코너 2로 보내면 제자리로 돌아와 4쿠션 8 지점
(코너)으로 진행한다.

1적구를 부딪칠 때 수구의 위치가 엇각일 경우 곡구 현상이 발생하므로 그 점을 참작
하면서 보정 연습과 스트로크 연습을 해야 한다.

당점은 4Tip으로 4등분 한 당점을 사용한다.

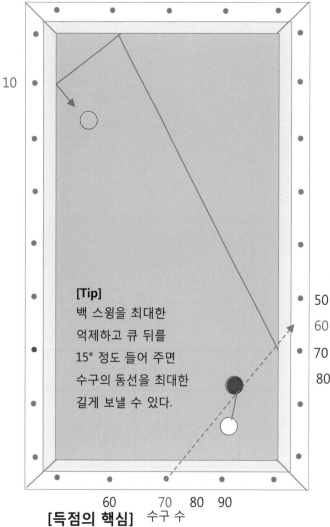

두께. 당점	⅛
회전 량	4Tip
큐 스피드	1.5레일 1.5 / 10
스트로크 길이	공 한 개 통과
타법	큐를 가볍게 부드러운 Down Shot

[Tip]
백 스윙을 최대한
억제하고 큐 뒤를
15° 정도 들어 주면
수구의 동선을 최대한
길게 보낼 수 있다.

[Point]
1적구가 쿠션에 가까이 있을 경우
에는 쿠션의 반발로 수구가
짧아질 수 있으므로 부드러운
스트로크를 유지해야 한다.

[득점의 핵심] 수구 수

위 도형과 유사한 배치를 만나면 반드시 Five & Half System 수치를 동원해 득점 가능성
을 먼저 파악해야 한다.
위 도형의 경우 선구 요령은 먼저 3쿠션 목적구의 수치 (10)을 확인한 다음,
1적구의 우측 면을 기준으로 수구 수 70에서 1쿠션 60을 연결하여 1쿠션 60까지 보낼
수 있는지를 확인한다.
1적구가 1쿠션에 가까울 경우 하단 4Tip주고 최대한 부드럽게 친다.
얇게 치는 것도 중요하지만 더 중요한 것은 수구를 1쿠션에 아주 부드럽게 스치도록
느리게 스트로크를 하는 것이 더 중요하며 백 스윙을 최대한 억제하면 수구의 동선을
좀 더 길게 만들 수 있다.

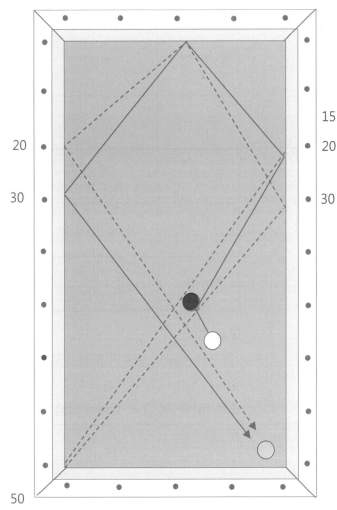

두께. 당점	1/3
회전 량	하단 1Tip
큐 스피드	4 ~ 5레일 4 ~ 5 / 10
스트로크 길이	공 세 개 통과
타법	백스윙에서 한번 정지했다가 부드럽게 밀어치기

[Point]

도형 같은 배치는 끌어 치는 배치가 아니라 밀어 쳐서 분리각을 만들어야 한다.

쉽게 분리각을 만드는 가장 중요한 핵심은 백 스윙에서 한 박자 쉰 후 밀어 치면 쉽게 분리각이 형성된다.

[득점의 핵심]

위와 같은 배치에서 가장 먼저 파악해야 할 것은 수구를 보내야 할 1쿠션 지점이다.

만일 1적구와 수구가 일직선으로 놓여있다면 Five & Half System 계산법으로는 수구 수 50에서 3쿠션 20을 빼면 1쿠션 30에 수구를 보내야 한다.

하지만 위 도형의 경우 1적구와 수구가 큰 엇각으로 배치되어 있다.

이 경우 하단 1.5Tip으로 치는 것이 무난하며, Five & Half System보다 1Point 정도 길게 잡고 1쿠션 20까지 보내면 된다.

만일 무회전으로 친다면 수구의 진행이 더 짧아지므로 1쿠션을 15로 잡아야 된다.

스트로크는 절대적으로 밀어 쳐서 분리시켜야 하며, 큐 선이 공 3개 이상 통과할 만큼 길게 밀어 치면서 마지막에는 그립을 부드럽게 잡아 주면 된다.

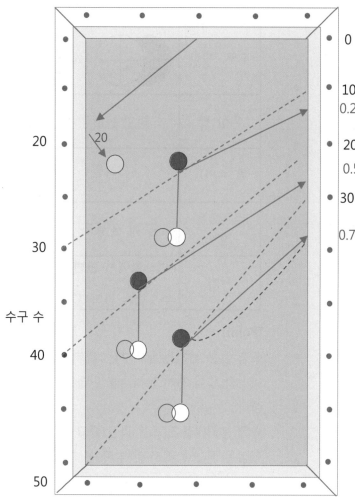

[아래 도표 보는 법 66 page 참조]

두께. 당점	도형 참조
회전 량	3Tip
큐 스피드	3레일 4 / 10
스트로크 길이	공 세 개 통과
타법	부드럽게 밀어치기

[Point]

1적구와 수구의 위치가 도형처럼
일직선이 아니고 비스듬히 예각○
으로 배치되어 있어 굴리는 타법으로
칠 경우에는 ~
Five & Half System 계산대로 보정
없이 치면 된다.

[득점의 핵심]

위 도형의 뒤돌려치기는 Five & Half System 계산법을 이용할 경우의 보정 방법이다.
2목적구가 20에 있을 경우 각각의 수구 수에서 3쿠션 수 20을 빼면 1쿠션 수가 된다.
이 경우 입사각도에 따른 보정이 필요한데, 예를 들어 1적구가 50 Line에 있을 경우 대략
0.75Point를 보정해서 1쿠션이 30이 아닌 37.5로 1쿠션 수를 정해야 한다.
1적구가 40 Line에 있을 경우에는 1쿠션을 20이 아닌 0.5Point가 짧은 25를 겨냥해야
하며, 1적구가 30 Line에 있을 경우 1쿠션이 10이 아닌 0.25Point를 짧게 겨냥한
10.25Point 지점에 수구를 보내면 된다.
그 이유는 평범하게 1적구를 밀어 칠 경우 적색 점선처럼 곡구 현상이 발생해 수구의
동선이 길어지기 때문이다.

◆ 길어지기 쉬운 뒤돌려치기 형태

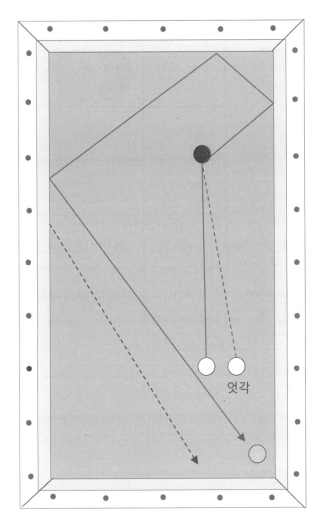

엇각

두께. 당점	5/8
회 전 량	2Tip
큐 스피드	5레일 5 / 10
스트로크 길이	공 두 개 통과
타법	눌러 때려놓고 기다리기

[Point]

타점 포인트가 수구의 전면이

되어야 하는 것이 핵심이며,

큐가 깊게 들어가면 안 된다.

중단 2Tip 주고 1적구를 때려

놓고 기다리면 남아있는 전진력과

회전력으로 알아서 돌아온다.

[득점의 핵심]

위 도형은 경기 중에 자주 등장하는 형태로 중 하점자의 경우 적색 점선처럼 동선이
길어져 득점에 실패하는 경우가 많다.

득점에 실패하는 이유는 ~

1적구와 수구의 거리가 먼 경우 스쿼트 현상이 커져 겨냥했던 두께보다 얇게 맞기
때문이다. (1적구와 수구의 비거리가 2m 정도인 경우 팁 한개(12mm)정도 밀림)
해결책은 스쿼트 양을 참작하여 두껍게 겨냥하고 수구의 전면에 타점 포인트를 두고
1적구를 경쾌하고 빠르게 분리시켜 늘어지는 것을 방지해야 한다.
중단 당점이 적합하며 회전은 2Tip 정도로 통제해야 길어지는 것을 방지할 수 있다.
TV 사극에서 적의 성문을 큰 나무로 한번에 부딪쳐 성문을 부수는 이미지를 상상해 본다.

◆ 뒤돌려치기 ½ 지점으로 보내기

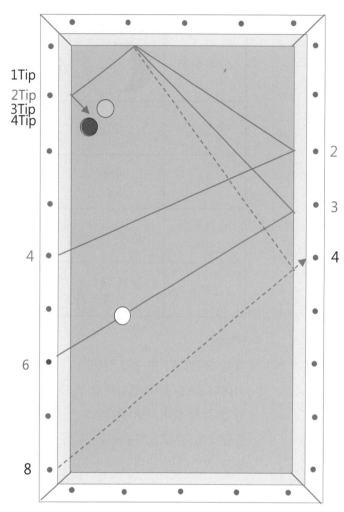

두께. 당점	1/3
회전 량	2Tip
큐 스피드	2레일 2 / 10
스트로크 길이	공 두 개 통과
타법	결대로 굴려치기

[Point]

목적구가 ~

0.5Point : 1Tip

1Point : 2Tip

1.3Point : 3Tip

1.5Point : 4Tip을 각각 준다.

[득점의 핵심]

위 도형은 ½ System을 이용해 득점하는 방법이다.

System 활용 방법은 2목적구가 3쿠션 원 포인트 부근에 있을 경우 해당 Tip을 주고

무조건 수구 수의 ½ 지점으로 수구를 보내면 된다.

위 도형의 경우 2 목적구가 1Point 지점에 있으므로 2Tip을 주고 치면 된다.

수구 수가 4와 8처럼 입사각과 반사각이 예각과 둔각일 경우 당점과 회전력을 각자

연습해두는 것이 System을 운영하는데 도움이 된다.

수구 숫자가 낮아질수록 예각이므로 당점을 약간 낮추고 회전이 부족하지 않도록 한다.

또한 빈쿠션을 칠 때 수구가 쿠션 가까이 있을 경우에는 생각보다 회전이 잘 먹지 않는

다는 점에 주의를 기울여야 한다.

◆ 뒤돌려치기 ½ 지점으로 보내기

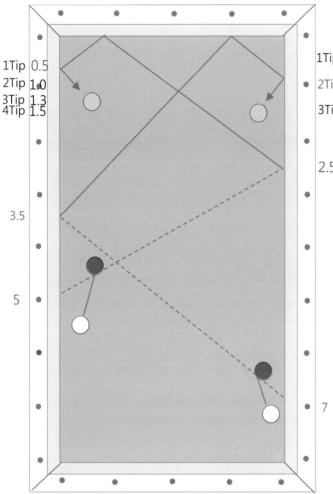

1Tip	두께. 당점	⅓
2Tip 3Tip	회전 량	2Tip
2.5	큐 스피드	2레일 2 / 10
	스트로크 길이	공 두 개 통과
	타법	결대로 굴려치기

[Point]

수구를 1쿠션 까지 정확하게 보내는
연습이 가장 중요하며,
곡구 현상을 방지하기 위해서는
그립을 가볍게 잡고 결대로 굴려
치는 스트로크 연습이 필요하다.

[득점의 핵심]

위 도형은 ½ System을 이용해 득점하는 방법이다.

도형에 표시된 것처럼 1Tip ~ 4Tip 지점을 정하고 2 목적구의 위치에 정해진 회전을

주고 치면 된다. 1쿠션 지점은 수구 수의 ½ 지점으로 정하고 2목적구의 위치에 따라

회전량을 조절해서 치면 되는 System이다.

좌측 도형의 경우 수구 수는 5이므로 1쿠션은 5의 절반인 2.5가 되며, 2목적구의 위치가

0.5Point이므로 1Tip을 주고 치면 된다.

우측 도형의 경우 수구 수가 7이므로 1쿠션은 3.5가 되며 2Tip을 주고 치면 된다.

1쿠션 까지 정확하게 입사시키는 것이 생각보다 쉽지 않다.

큐 무게를 이용해 굴려 치는 스트로크 연습이 필요하다.

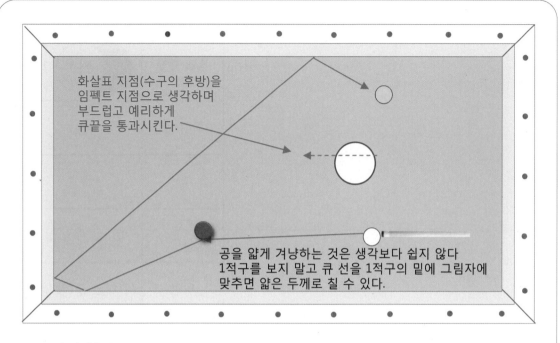

화살표 지점(수구의 후방)을
임펙트 지점으로 생각하며
부드럽고 예리하게
큐끝을 통과시킨다.

공을 얇게 겨냥하는 것은 생각보다 쉽지 않다
1적구를 보지 말고 큐 선을 1적구의 밑에 그림자에
맞추면 얇은 두께로 칠 수 있다.

[득점의 핵심]

뒤돌려치기에서 수구의 동선을 길게 만들 수 있는 것과 없는 것의 차이는 바로 고점자와
하점자의 차이이다.

길게 칠 수 있는 기술은 득점 관리에서 그만큼 핵심적인 요소가 되기 때문이다.

[수구의 동선을 길게 만드는 스트로크의 여러 가지 요소]

1. 일단은 1적구를 얇게 다루어야 하는 것은 기본이고, 타격 없는 스트로크로 분리각을 작게
   만든다.(예비 스트로크 과정에서 오른팔의 힘을 모두 빼고 큐의 무게를 느껴야 한다)

2. 1적구를 맞힌 수구가 1쿠션에서 튀지 않고 스치고 지나가도록 부드러운 스트로크가
   필요하며 1적구가 1쿠션에 가까이 있을 수록 더 주의를 기울여야 한다.

3. 수구의 임펙트 지점이 수구의 전면이 아니라, 수구의 후면에서 가속 되어야 하며,
   큐 무게로 부드러우면서 송곳처럼 찔러 주어야 한다.

4. 공의 배치에 따라서는 깊게 찔러 주는 스트로크로 2쿠션에서의 반발을 이용하는 방법도
   있다.

5. 수구의 입사각이 임계기울기(약 58°)보다 길게 입사 시킬 수 있는 상황이라면 회전을
   1.5Tip 정도로 줄여 주면 수구의 동선을 더 길게 만들 수 있다.

6. 두께에 집중하다 스트로크를 너무 조심하면 수구의 동선은 오히려 짧아진다.

◆ 얇게치기 두께 겨냥법의 핵심

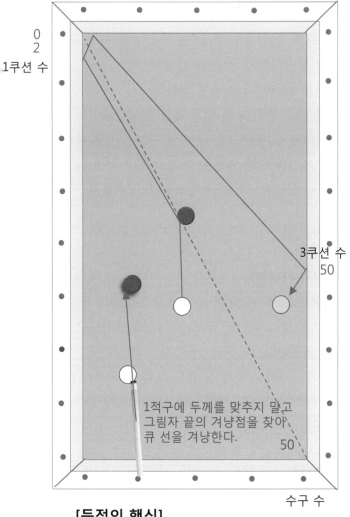

0
2
1쿠션 수

3쿠션 수
50

1적구에 두께를 맞추지 말고
그림자 끝의 겨냥점을 찾아
큐 선을 겨냥한다.

50

수구 수

[아래 도표 보는 법 66 page 참조]

두께. 당점	얇게
회전 량	3Tip
큐 스피드	2.5레일 3 / 10
스트로크 길이	공 두 개 통과
타법	당점의 뒷면을 관통 shot

[Point]

그림자 타법의 비밀 ?

좌측 도형을 자세히 보면 큐의 우측
끝이 화살표 방향 1적구의 그림자
위에 겨냥되어 있다.

당구공 아래 생기는 그림자를 이용
하면 극단적으로 얇게 치기가 아주
쉬워진다.

[득점의 핵심]

위 도형은 얇게 뒤돌려치기로 득점하는 장면이다.

수치상으로 보면 수구 수 50, 3쿠션 수 50이다. 그렇다면 계산상으로는 수구를 1쿠션
0 지점에 정확하게 보내야 득점할 수 있다.

이러한 경우에 스트로크 기술이 절대적으로 필요한데, 수구의 동선을 길게 만드는
방법은 여러 가지가 있지만 실수가 적으면서 쉬운 방법을 소개한다.

오른손과 큐를 가볍게 하고 큐의 이미지를 송곳으로 바꾼 다음 부드러우면서 예리하게
찌르면 수구의 동선을 길게 만드는데 도움이 된다.

아울러 수구가 1쿠션을 부드럽게 스쳐야 하는 점도 잊지 말아야 한다.

1적구 아래 생긴 그림자 위에 큐를 겨냥 해보면서 얇은 두께 겨냥점을 정확히 파악하자.

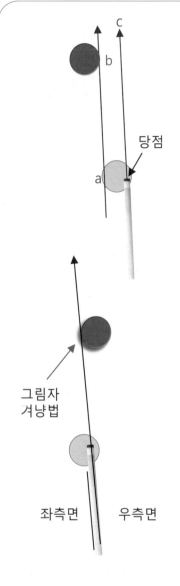

[정회전 얇게치기 겨냥법]

1. a (수구의 좌측 끝)와 b (맞히고 싶은 두께)를 대략 맞춘
   후 미세하게 조절하면서 큐 선을 정렬한다.
2. 수구를 겨냥한 큐 끝은 c 지점을 향한다.
3. 하단 당점을 주고 천천히 칠 경우 커브 현상으로
   1적구를 못 맞힐 수 있으므로 큐 선이 향하는 지점에
   집중하면서 거리별 두께 연습을 한다.
4. 한 눈으로 두께를 겨냥하는 **One eye Sho**t 기법을
   사용한다.

[역회전 얇게치기 겨냥법]

1. 큐의 우측 면을 1적구의 좌측 아래 생긴 그림자에 맞춘다.
2. 큐의 우측 면을 맞추면 얇은 두께이며, 좌측 면을 맞추면
   약간 두꺼운 두께이다.
3. 2m 정도의 거리에서 강하게 칠 경우 대략 큐 팁 한 개
   (약 12mm) 정도 스쿼트가 생기므로 스쿼트 양 만큼
   더 두껍게 겨냥해야 한다.
4. 역회전 얇게치기 겨냥법의 핵심은 큐의 좌 우측 면을
   이용해 자신의 겨냥 지점을 찾아내는 것이다.
5. 1적구를 바라보면서 두께를 조절하는 것은 쉽지 않다.
   그림자에 큐를 겨냥하는 것이 핵심이다.

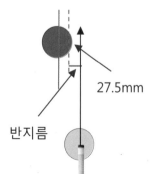

[무회전 얇게치기 겨냥법]

1. 공의 반지름은 30.75mm 이므로 큐의 중심을 1적구의
   우측 끝에서 27.5mm 떼면 약 3mm 두께가 맞는다.
2. 큐의 중심 지점으로 계산한다.
3. 반지름 – 맞히고 싶은 두께 = 겨냥점 (큐의 중심)이 된다.

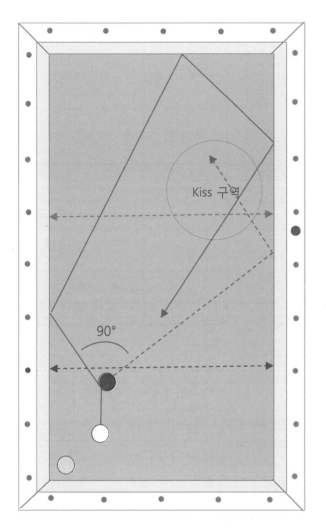

두께. 당점	1/4
회전 량	3Tip
큐 스피드	2.5 ~ 3레일 3 / 10
스트로크 길이	공 두 개 통과
타법	1적구 튕겨 치기

[Point]

1적구를 얇게 때려 분리시켜

● 지점으로 보내 쿠션을 맞고

나간 다음 수구가 그 사이로

돌아오도록 타이밍을 맞춘다.

[득점의 핵심]

위 도형처럼 수구와 1적구가 거의 일직선인 뒤돌려치기 배치에서 평범하게 1적구를
맞혀 돌리면 3쿠션 2Point 지점에서 수구와 1적구의 Kiss 확률이 아주 높다.

따라서 ¼ 정도의 얇은 두께로 1적구를 점선처럼 튕기면서 분리시켜 3쿠션을 맞고
빠져 나오도록 한 다음 그 사이로 수구가 돌아오도록 설계를 해야 한다.

수구와 1적구의 분리각 합계가 대략 90° 란 것을 상기해 보면 해답을 쉽게 찾을 수 있다.

¼ 두께로 얇게 쳐서 수구의 동선이 길어질 수 있는 부분은 수구의 속도를 빠르게
하여 보완하면 된다.

1적구가 적색 점선 Line 아래에 있을 경우에는 무조건 얇게 쳐서 Kiss를 빼는 방법을
선택해야 하며, 반대로 녹색 Line 위에 있을 경우에는 두껍게 쳐야 Kiss를 뺄 수 있다.

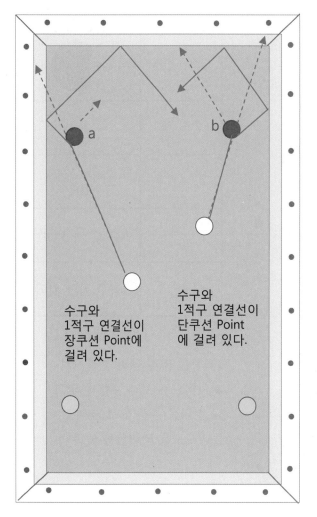

두께. 당점	설명 참조
회전 량	3Tip
큐 스피드	2.5레일 3 / 10
스트로크 길이	공 두 개 통과
타법	a : 얇고 빠르게 b : 얇게 눌러치기

[Point]

도형 a의 경우는 타격 없는 스트로크로 얇게 맞혀 수구가 먼저 빠져 나오게 하는 것이 핵심이고,

도형 b는 하단 당점으로 1적구를 살짝 눌러쳐서 1적구를 먼저 보내고 수구가 천천히 움직이도록 시간차를 만드는 것이 핵심이다.

(도형 내 라벨)
수구와 1적구 연결선이 장쿠션 Point에 걸려 있다.

수구와 1적구 연결선이 단쿠션 Point에 걸려 있다.

[득점의 핵심]

위 도형은 1적구가 상단 코너 부근에 있을 때 Kiss의 유무를 확인하는 방법이다.
도형 a의 경우는 수구와 1적구의 연결선이 장쿠션 첫 번째 Point와 연결되어 있고,
도형 b의 경우는 수구와 1적구의 연결선이 단쿠션 첫 번째 Point와 연결되어 있다.
도형 a의 경우는 1적구를 아주 얇게 맞히고 수구가 먼저 빠져 나가는 방법으로 Kiss를
뺄 수 있지만 1적구를 때리고 나가면 1적구가 먼저 내려가 Kiss를 피할 수 없다.
타격 없는 부드러운 스트로크로 수구가 먼저 빠져 나가도록 부드럽게 쳐야 된다.
도형 b의 경우는 하단 당점으로 1적구를 얇게 눌러서 점선처럼 옆으로 보내고 수구
가 돌아 나오면 된다. (하단 당점을 사용하는 이유는 분리각을 크게 만들기 위함이다)
만일 수구와 1적구가 코너와 완전히 일자로 있을 경우에는 choice 하면 안 된다.

◆ 뒤돌려치기 선구 요령

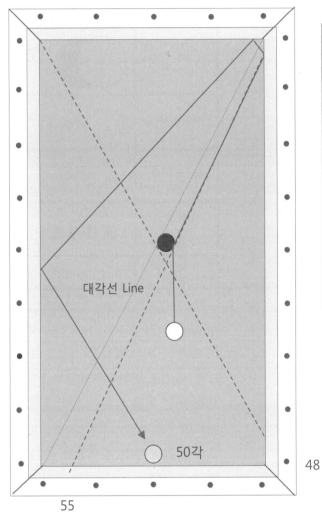

대각선 Line

50각

55

두께. 당점	⅛
회전 량	4Tip
큐 스피드	2.5레일 2.5 / 10
스트로크 길이	공 세 개 통과
타법	부드럽게 관통 샷

[Point]
뒤돌려치기 방향 선택에서 가장
중요한 핵심은 대각선을 중심으로
1적구의 위치를 살펴 보고 득점이
가능한지를 살펴 보아야 한다.

48

[득점의 핵심]

위 도형은 2목적구가 하단 중간 50각 지점에 있고 1적구가 대각선 Line 부근에 있을 때
어느 방향으로 선구해야 하는지 방향 선택 방법을 제시한 것이다.

이와 같은 배치에서는 반드시 대각선 Line을 기준으로 1적구가 어느 쪽에 치우쳐 있는
지를 반드시 확인해야 한다.

도형에 표시된 것처럼 우측으로 선구했을 때 수구의 수치는 55로 시작할 수 있어 4쿠션
50까지 여유가 있는 것을 알 수 있다.

만일 좌측으로 선구한다면 도형에 표시된 것처럼 수구 수는 48 지점이 되기 때문에
특별한 스트로크 기술없이는 2목적구를 맞히기는 쉽지 않다.

◆ 느리게 쳐야 득점이 되는 배치

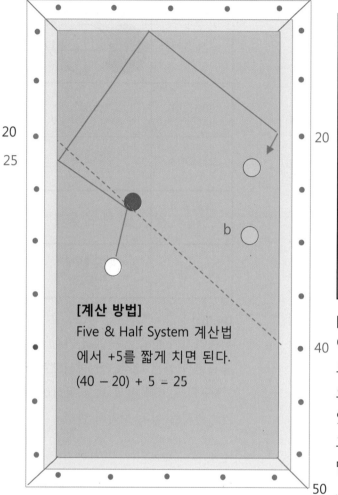

[계산 방법]
Five & Half System 계산법
에서 +5를 짧게 치면 된다.
(40 - 20) + 5 = 25

[득점의 핵심]

[아래 도표 보는 법 66 page 참조]

두께. 당점	½
회전 량	3Tip
큐 스피드	3레일 3 / 10
스트로크 길이	공 세 개 통과
타법	a : 느리게 b : 보통

[Point]
이 도형의 득점 핵심은 스트로크이다.
느린 속도로 쳐야 2쿠션에서 3쿠션
으로 회전 먹을 시간이 있어 득점할 수
있으며,
그립을 잡아 주는 타이밍을 놓치지
말아야 한다.

위 도형처럼 1적구와 수구의 기울기가 엇각인 경우 득점 방법을 나타낸 도형이다.
점선 Line을 보면 수구 수 40에서 3쿠션 20에 목적구가 배치되어 있다.
이러한 형태의 공을 칠 때는 일반적인 스트로크 보다 느린 샷을 구사해야 한다.
그 이유는 수구가 2쿠션에서 3쿠션으로 회전 먹을 시간을 충분히 주어야 하기
때문이다. (빠르게 치면 수구는 b의 지점으로 길어진다)
또한 엇각에서 늘어지는 부분을 보완하기 위해 1쿠션을 20이 아닌 25를 겨냥한다.
스트로크는 1적구를 부딪치며 부드럽게 그립을 잡아 주면 쉽게 각을 만들 수 있다.
득점에 실패하는 대부분의 경우는 스트로크가 빨라 2쿠션에서 3쿠션으로 회전이
먹을 시간이 없거나, 그립을 잡아주는 타이밍을 놓쳐 3쿠션에서 늘어지기 때문이다.

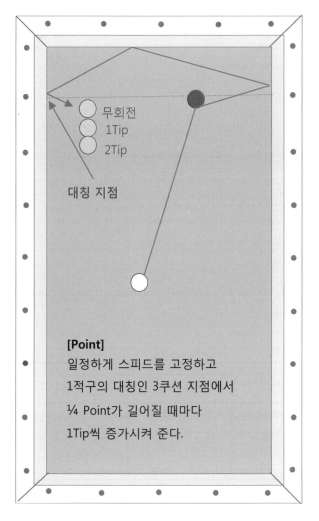

두께. 당점	½
회전 량	도형 참조
큐 스피드	빠르게 6 / 10
스트로크 길이	공 세 개 통과
타법	빠르게 밀어치며 Up shot

[Point]
일정하게 스피드를 고정하고
1적구의 대칭인 3쿠션 지점에서
¼ Point가 길어질 때마다
1Tip씩 증가시켜 준다.

[Point]
이 도형의 득점 요령은 빠르게
밀어치는 것이며,
스피드로 인해 수구가 회전 먹을
시간 없이 짧게 진행된다.
또 다른 스트로크는 정 중앙 당점
으로 큐를 부드럽고 길게 밀어 치는
방법도 있다.

[득점의 핵심]

짧은 뒤돌려치기 형태에서 득점을 위한 가장 핵심 포인트는 빠르게 밀어치는 것이다.
½ 이상의 두께를 사용하지 말아야 하며, 1적구를 맞힌 수구를 1쿠션에서 빠르게 반발
시킨다는 이미지를 머릿속에 그리고 샷을 하는 것이 중요하다.
또한 스트로크 끝마무리를 Up shot으로 마무리 하면 수구를 1쿠션에서 보다 쉽게 반발
시키는데 도움이 된다.

위 적색 점선 Line은 무회전으로 쳤을 때 1적구와 같은 선상 3쿠션에 도착 한다는
의미이므로 도표처럼 수구가 진행되도록 스트로크를 고정하면 도움이 된다.
2목적구의 위치에 따라 무회전 기준점에서 ¼ Point에 1Tip씩 증가시켜 주면 된다.

◆ 수구의 동선을 짧게 만드는 방법

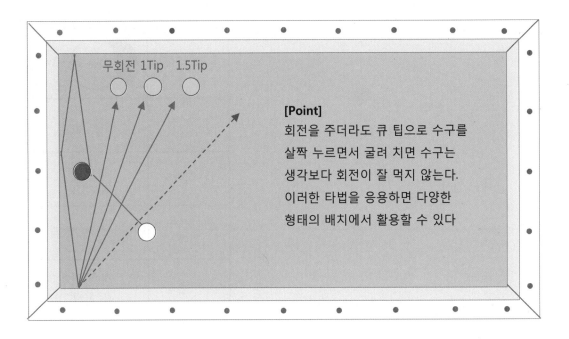

무회전 1Tip 1.5Tip

[Point]
회전을 주더라도 큐 팁으로 수구를
살짝 누르면서 굴려 치면 수구는
생각보다 회전이 잘 먹지 않는다.
이러한 타법을 응용하면 다양한
형태의 배치에서 활용할 수 있다

두께 / 당점	회전 량	큐 스피드	스트로크 길이	타법
도형 참조	도형 참조	1.5레일 2 / 10	공 한 개 통과	수구를 살짝 눌러 주면서 쇼트 타법

[득점의 핵심]

위 도형과 같은 배치에서 득점 방법은 여러 가지가 있지만,

이번에는 수구를 살짝 눌러 치는 타법으로 득점하는 방법을 소개하고자 한다.

결론부터 이야기하면 이러한 형태에서 – Tip을 주고 분리각 형태로 조절하는 방법은

득점 확률도 낮지만 가장 어려운 방법이다.

그 이유는 공끼리 부딪치면 자연 회전이 발생되기 때문이다.

도형에 표시된 것처럼 회전을 주고 치면서 큐 팁으로 수구를 살짝 눌러주면 (Down Shot)

회전은 1쿠션에서 역할을 다하고 2쿠션 , 3쿠션에서 회전력이 소멸된다.

스트로크의 핵심은 수구를 Down Shot으로 부드럽게 눌러주면 수구가 진행하면서

회전력이 감소되는 것을 이용해 짧은 각을 만드는 방법이다.

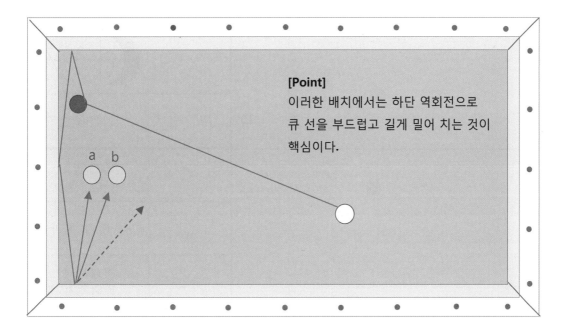

[Point]
이러한 배치에서는 하단 역회전으로
큐 선을 부드럽고 길게 밀어 치는 것이
핵심이다.

두께 / 당점		회전 량	큐 스피드	스트로크 길이	타법
	⅜	a : -2Tip b : -1Tip	3레일 3 / 10	공 세 개 통과	부드럽게 밀어치기

[Point]

위 도형은 경기를 하다 보면 심심치 않게 등장하는 형태이다.

앞돌려치기 대회전도 쉽지 않고 길게 세워 치기도 Kiss가 있어 득점하기가 쉽지 않다.

이러한 배치에서는 4시 30분 방향 하단 2Tip을 주고 부드럽게 밀어 놓고 기다리면

득점 성공률이 아주 높다. (강하게 치면 2목적구가 1쿠션으로 직접 맞는다)

2목적구 a의 경우 공 세 개 통과하도록 큐를 부드럽게 밀어 주면 수구는 1적구를 맞고

난 후 단쿠션 쪽에 붙어 낮게 낮게 진행되어 득점하게 된다.

2목적구 b의 경우는 a보다 90% 정도만 밀어 치면 역회전이 살짝 풀리면서 득점하게

된다. 상단 당점을 사용하면 1적구는 적색 점선처럼 길어지게 된다.

입사각에 대한 부담감으로 끌어 치는 형태의 스트로크를 하지 말고 부드럽게 밀어 치면

도형처럼 진행된다는 믿음을 갖도록 연습을 해 본다.

◆ 뒤돌려치기 Spin Shot

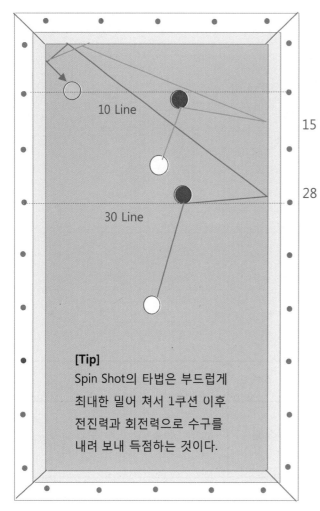

10 Line

30 Line

15

28

[Tip]
Spin Shot의 타법은 부드럽게
최대한 밀어 쳐서 1쿠션 이후
전진력과 회전력으로 수구를
내려 보내 득점하는 것이다.

두께. 당점	2/3
회전 량	4Tip
큐 스피드	4레일 4 / 10
스트로크 길이	공 세 개 통과
타법	경쾌하게 밀어치기

[Point]
스핀 샷(꼬미)의 핵심은 하단 또는
중단 당점을 주고 밀어 치는 것이
핵심이다.

[득점의 핵심]

위 도형은 2목적구가 좌측 상단 코너에 있을 때 최대 회전을 이용한 Spin Shot으로 득점
하는 장면이다.
타법은 경쾌하면서 길게 밀어 치는 스트로크 이어야 한다.
Spin Shot에서 가장 중요한 것은 1쿠션 지점의 설정이다.
위 도형처럼 1적구가 30 Line에 있을 경우 수구를 28까지 거의 일직선으로 분리 시키면
서 밀어 치면 된다. (시각적으로는 올려 치는 느낌이 들어야 한다)
1적구가 10 Line에 있을 경우에는 수구를 1쿠션 15 지점까지 올렸다 회전력으로 내려
가도록 해야 한다. Spin Shot의 특성은 공과 공이 두껍게 부딪치면 회전이 5Tip 이상
으로 극대화되는 것과 밀어 치는 전진력을 이용하는 것이다.

◆ 뒤돌려치기 Spin Shot

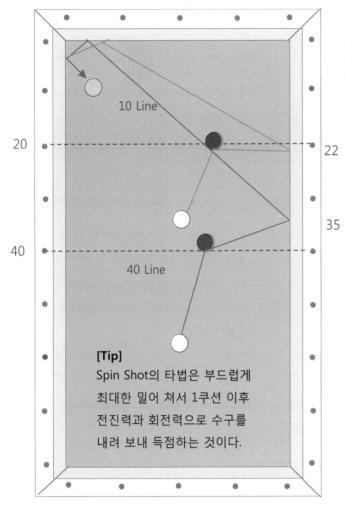

두께. 당점	2/3
회전 량	4Tip
큐 스피드	3레일 4 / 10
스트로크 길이	공 세 개 통과
타법	경쾌하게 밀어치기

[Point]
스핀 샷(꼬미)의 핵심은 공이 두껍게
부딪치면서 생기는 5Tip 이상의
최대 회전력과,
밀어친 전진력에 의해 득점하는
것이다.

[Tip]
Spin Shot의 타법은 부드럽게
최대한 밀어 쳐서 1쿠션 이후
전진력과 회전력으로 수구를
내려 보내 득점하는 것이다.

[득점의 핵심]

앞 페이지와 마찬가지로 Spin Shot으로 득점하는 장면이다.
스트로크 방법과 공의 두께 모두 같은 방법으로 구사하면 된다.
1적구가 40 Line에 있을 경우 수구를 0.5Point가 내려간 35 지점까지 보내면 된다.
1적구가 20 Line에 있을 경우 수구를 22 지점으로 살짝 올려 쳐서 내려 보내면 된다.
Spin Shot의 특징은 에러마진이 생각보다 큰 것이 장점이다.
또 Spin Shot 으로 득점 했을 때 기분이 매우 상승되는 것을 느끼게 된다.
1쿠션 지점을 머릿속에 그리고 밀어 치는 분리각으로 1쿠션 지점까지 수구를 보내면 마
찰에 의해 발생된 5Tip 이상의 최대 회전과 밀어친 전진력에 의해 득점하게 되는
이론이다.

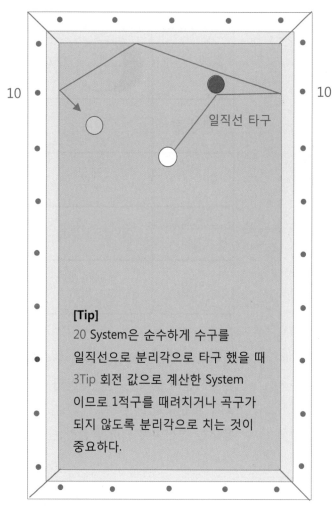

두께. 당점	½
회 전 량	3Tip
큐 스피드	3레일 3 / 10
스트로크 길이	공 세 개 통과
타법	분리각으로 치기

일직선 타구

10

10

[Tip]
20 System은 순수하게 수구를
일직선으로 분리각으로 타구 했을 때
3Tip 회전 값으로 계산한 System
이므로 1적구를 때려치거나 곡구가
되지 않도록 분리각으로 치는 것이
중요하다.

[계산 방법]
1적구 Line 수 + 2적구 Line = 20
각자의 스트로크 성향에 따라 20을
18로 바꿀 수도 있고 22로 바꿀 수도
있다.
System의 의미를 아는 것이 중요하다.

[득점의 핵심]

위 20 System의 득점 요령은 전적으로 스트로크에 달려 있다.
스트로크란 굴려 치느냐, 때려 치느냐, 밀어 치느냐에 따라 수구의 동선이 달라지기
때문이다.
20 System의 경우 수구를 1적구와 일직선으로 타구했을 때 순수하게 3Tip 회전값
으로 계산하는 System 이기 때문에 수구가 최대한 변화 없이 구르도록 타법을 관리
해야 한다. 득점 요령은 적당한 강약의 분리각으로 치면 된다.
1적구와 수구의 위치가 변하더라도 그 합계가 20이면 이 System을 활용하면 된다.
1적구와 수구가 엇각일 경우 밀림 현상을 감안하여 1쿠션 수를 0.2Point ~ 0.3Point
정도 짧게 보정해서 치면 된다.

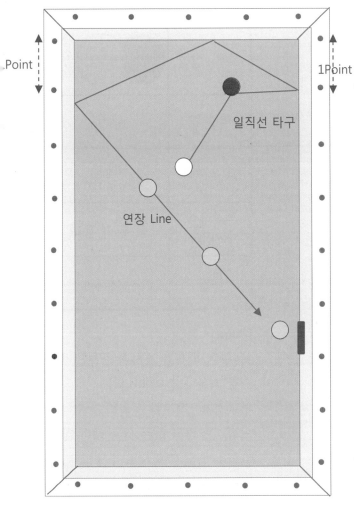

두께. 당점	½
회전 량	도형 참조
큐 스피드	5레일 5 / 10
스트로크 길이	공 세 개 통과
타법	빠르게 밀어치는 스핀 샷

[Point]

1적구와 일직선으로 분리시키며
밀어 치면 수구의 이동량은 약
2Point 이며,
1적구가 2Point 이내에 있을 경우
4쿠션 연결선은 대략 도형과 같다.

[득점의 핵심]

위와 같은 형태를 만나면 1적구를 어느 정도의 두께와 어떤 타법으로 다루어야 할지
대략 감을 잡기가 어렵다.
이 경우 2Point 법칙을 이용하는 방법도 괜찮은 방법이다.
2Point 법칙이란 수구로 1적구를 일직선으로 타구했을 때, 1쿠션에서 3쿠션 까지의
수구 이동량이 대략 2Point 정도란 뜻이다.
도형처럼 어차피 어려운 각도라면 2Point 법칙의 Line을 이용해 보자는 것이다.
수구로 1적구를 스핀 샷으로 밀어 치면 수구는 대략 2Point ~ 2.5Point 정도 이동하며
4쿠션 도착점은 대략 도형과 같다.
일직선으로 스핀 샷을 강하게 구사했을 자신의 수구 이동량과 4쿠션 도착점을 알아 두자.

◆ 뒤돌려치기 Two way Shot

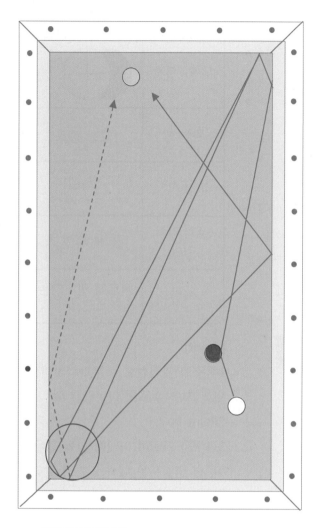

두께. 당점	⅛
회전 량	0.5Tip
큐 스피드	4레일 4 / 10
스트로크 길이	공 두 개 통과
타법	엎어치기

[Point]

1적구에 타격을 가하거나 분리각
으로 치는 느낌이 아니라,
부드럽게 1적구를 올라타고 지나가는
느낌, 즉, 타격 없는 샷을 해야 한다.
그립을 중립 그립으로 부드럽게 잡고
임펙트 이후 그립을 결속하지 말아야
한다.

[득점의 핵심]

위 도형은 2목적구가 상단 좌측 1Point ~ 1.5Point 지점에 있을 경우 Two way Shot으로
득점 확률을 높이는 방법이다.
도형에서 보는 바와 같이 길게 또는 짧게 뒤돌려치기가 어려운 상황이다.
수구를 좌측 하단 코너○로 보냈을 경우 장쿠션부터 맞히면 길게 뒤돌려치기가 되고,
단쿠션 하단부터 맞히면 점선처럼 더블 쿠션으로 올라가 득점하게 된다.
이 배치에서 생각보다 어려운 점은 스트로크이다. 1적구에 절대 타격이 들어가거나
분리각으로 치면 안되며, 1적구를 물고 나가듯이 타격 없는 샷을 하는 것이 핵심
이다. 수구가 1적구를 때리는 느낌이 아니라 부드럽게 통과하는 느낌의 스트로크이다.

◆ ½ 두께로 밀어 치는 공식

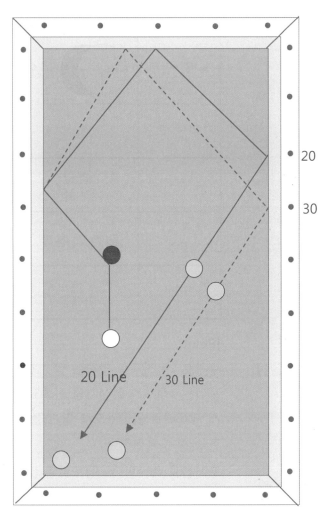

두께. 당점	½
회전 량	하단 4Tip
큐 스피드	5레일 5 / 10
스트로크 길이	공 세 개 통과
타법	부드럽게 밀어치기

[Point]

½로 두께를 고정하고 밀어 치는
연습을 통해 20 Line과 30 Line을
먼저 익힌 다음,
약간의 두께를 조절하면 다양한
Line의 목적구를 Kiss 없이 공략할
수 있다.

[득점의 핵심]

위 도형처럼 1적구와 수구가 일직선으로 배치되어 있을 경우, ½ 두께로 밀어 치는 공식
을 익혀두면 Position Play 또는 Kiss를 빼는데 크게 도움이 될 수 있다.

2목적구가 20 Line에 있을 때는 중 하단 당점으로 밀어치고,

2목적구가 30 Line에 있을 때는 상단 당점으로 밀어 치면 된다.

이 공식을 익혀두면 2목적구가 도형처럼 중간에 떠 있을 경우에 자신감을 갖고 두껍게
밀어 쳐서 Kiss를 뺄 수 있으며, Position Play도 만들 수 있다.

주의해야 할 점은 당점과 상관없이 밀어치는 스트로크를 해야 한다.

당점만 상단에 주고 밀어치지 않으면 수구는 30 Line이 아닌 20 Line으로 향하게 된다.

½ 두께가 편하기 때문에 밀어 치는 정도만 고정하면 누구나 쉽게 터득할 수 있다.

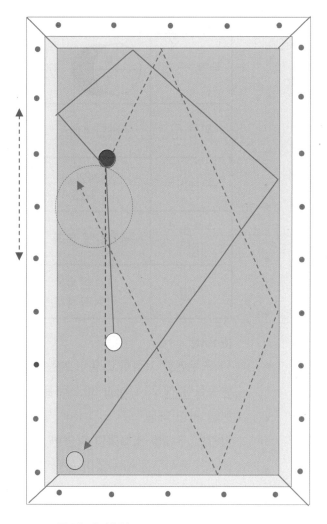

두께. 당점	⁵/₈
회전 량	2Tip
큐 스피드	5레일 5 / 10
스트로크 길이	공 한 개 통과
타법	짧고 빠르게 임펙트

[Point]

수구로 2목적구를 맞히는 힘 조절
보다는 1적구가 점선처럼 진행되면
서 제자리로 돌아가도록 힘 조절
하는 것이 핵심이다.

포지션을 하려면 ⁵/₈ 정도로 두껍게
쳐야 하므로 5레일 정도의 힘이
필요하다.

[득점의 핵심]

위 도형은 뒤돌려치기에서 자주 등장하는 배치로, 포지션 플레이의 가장 기본이 되는
형태이기도 하다.

특히 도형에 표시한 것처럼 1적구의 위치가 적색 화살표 점선 Line 사이에 있고, 1적구
보다 수구가 약간 우측에 있을 경우 포지션 플레이는 더 쉬워진다.

1적구를 ⁵/₈ 두께 정도로 적당히 눌러 분리시켜 치면 1적구는 점선처럼 진행하여 다시
제자리로 돌아가 포지션 플레이가 될 수 있다.

당점은 중단 2Tip을 주고, 수구의 힘보다는 1적구가 점선처럼 진행되도록 힘을 조절하는
것이 가장 중요하다.

연습을 통해 힘 조절하는 정도를 익혀 둔다.

◆ 뒤돌려치기 Position Play

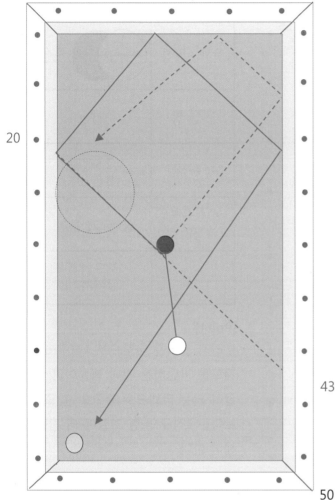

두께. 당점	1/3
회 전 량	2.5Tip
큐 스피드	2레일 3 / 10
스트로크 길이	공 두 개 통과
타법	부드럽게 굴러치기

[Point]

이 도형에서의 득점 핵심은 1적구가
점선처럼 진행되도록 1적구의 강약에
집중하는 것이며,
수구가 길어지지 않도록 굴려 치는
타법을 사용해야 한다.

[득점의 핵심]

위 도형과 같은 형태를 만나면 내심 미소를 짓게 된다.
그 이유는 득점하기도 쉽지만 무조건 포지션이 되는 배치이기 때문이다.
분리각 원리에서 1적구와 수구의 분리각 합계는 약 85° ~ 90° 라는 것을 알고 있다.
그렇다면 도형처럼 1적구를 맞히면 1적구는 당연히 점선 Line을 타고 진행하게 된다.

이 형태에서 득점을 위해 가장 중요한 것은 ~

1. 수구의 힘 조절 보다는 1적구가 점선처럼 돌아 멈추도록 힘 조절에 집중해야 한다.
2. 부드럽게 굴려 치는 스트록을 사용해야 한다.
3. 1적구와 수구의 각도에 따라 회전량을 1.5Tip ~ 3Tip으로 조절한다.

◆ 뒤돌려치기 Position Play

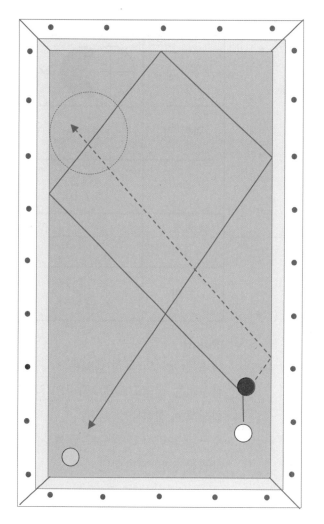

두께. 당점	1/3	
회전 량	2Tip	
큐 스피드	2.5레일 3 / 10	
스트로크 길이	공 두 개 통과	
타법	부드럽게 굴러치기	

[Point]
분리각 원리를 바탕으로 1적구의 궤도를 판단하는 것이 핵심이며, 굴려 치는 타법으로 수구의 힘 조절 보다는 1적구의 힘 조절에 더 집중 해야 한다.

[득점의 핵심]

위 도형에서 포지션 플레이의 핵심은 힘 조절이다.

분리각의 원리를 생각하면 쉽게 포지션 플레이가 떠오르는 장면이다.

1적구를 얇게 맞히면 1적구는 분리각 원리에 의해 점선 Line 처럼 진행된다.

회전은 2Tip 정도로 통제하는 것이 좋다. 그 이유는 3Tip을 주게 되면 그 만큼 1적구를 두껍게 맞혀야 하기 때문에 1적구가 포지션 지역에서 벗어나기 쉽다.

타법 또한 굴려 치는 타법으로 수구의 힘 보다는 1적구가 점선처럼 횡단하도록 집중 해야 한다.

고점자들은 이러한 방법으로 포지션 플레이 공이 배치되면 철저하게 집중해서 다 득점 으로 연결하는 것이다.

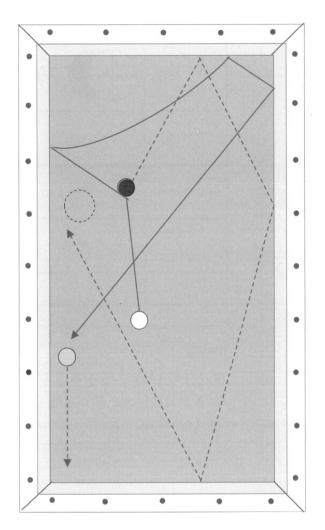

두께. 당점	½
회전 량	중 상단 1Tip
큐 스피드	5레일 5 / 10
스트로크 길이	공 한 개 통과
타법	짧고 빠른 스피드로 큐가 밀리지 않도록 멈춘다는 느낌

[Point]

수구를 짧게 만들 경우 1적구를

½ 이상 두껍게 맞히면 밀림

현상으로 수구를 짧게 만들기

어려워지며,

브리지를 끝까지 지탱하고 있어야

수구가 짧게 진행된다.

[득점의 핵심]

위와 같은 배치를 만나면 고점자들은 내심 미소를 짓는다.

그 이유는 이 공은 점선 Line을 타고 대부분 포지션 플레이가 되기 때문이다.

단 한가지 전제되는 것은 ½ 두께만 지키면 된다.

수구가 1적구와 일직선이 아니고 약간 엇각인 경우 ½ 두께로 치면 1적구는 점선

Line을 타고 자동적으로 포지션 플레이가 된다.

하지만 하점자의 경우 스트로크를 모르면 대부분 수구는 길게 빠지는 경우가 많다.

큐 선을 깊게 하면 수구는 3쿠션에서 자동으로 길어진다. 브리지를 단단히 하고

중 상단 1Tip만 주고 큐 선을 빠르고 짧게 부딪치면서 살짝 Up Shot을 해주면 ok.

또 다른 스트로크 방법은 큐 선을 길게 넣어주어도 동선을 짧게 만들 수 있다.

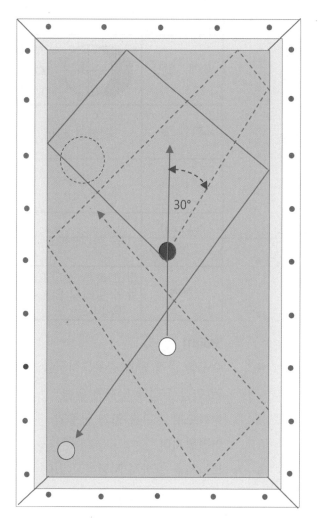

두께. 당점	½
회전 량	2Tip
큐 스피드	5레일 5 / 10
스트로크 길이	공 세 개 통과
타법	Follow Shot

[Point]

½ 두께로 1적구를 밀어 치면 1적구가
30°로 분리되는 원리를 이용해 도형처럼
Position Play를 만든다.

[득점의 핵심]

위 도형은 1적구를 대회전 시켜 적색 점선 지점으로 Position Play 시키는 장면이다.
Position Play의 핵심은 1적구를 ½ 두께로 밀어 치면 1적구가 30°로 분리되는 것을 이용
해 1적구를 도형처럼 대회전 시키는 것이다.
½ 두께로 맞히는 만큼 밀어치기 모양이 정확하게 이루어져야 한다.
두꺼운 두께인 만큼 밀어치기가 부족하면 짧아질 수 있다.
당점은 중단 당점으로 2Tip으로 통제하고, 큐 선의 길이를 3쿠션까지 길게 가져가야
3쿠션에서 길어지는 현상을 방지할 수 있다.
1적구가 도형처럼 대회전 될 수 있도록 스트로크의 강약에 집중하면서 스트로크 연습을
꾸준히 한다.

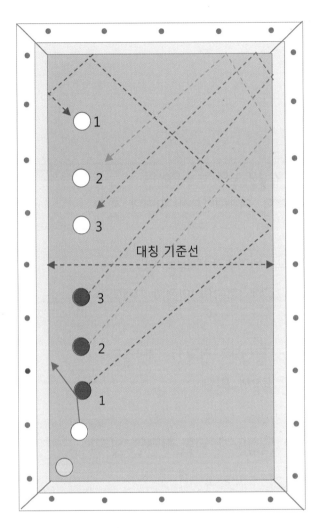

대칭 기준선

두께. 당점	¼
회전 량	2Tip
큐 스피드	2.5레일 3 / 10
스트로크 길이	공 두 개 통과
타법	부드럽게 굴러치기

[Point]

1적구가 적색 점선 Line을 중심으로
반대편 대칭 지점에 멈출 수 있도록
당점과 회전량을 조절하면서
꾸준히 굴려 치는 연습을 한다.

[득점의 핵심]

위 도형은 1, 2, 3 각각의 위치에서 포지션 Play를 하는 장면이다.
1적구와 수구의 배열이 거의 일렬로 있는 경우 뒤돌려치기를 하면 중간 적색 점선
Line을 중심으로 1적구의 반대편 대칭으로 1적구를 보낼 수 있다.

위와 같은 배치의 공을 다룰 때 가장 집중해야 할 점은 1적구에 대한 강약이다.
대부분의 뒤돌려치기의 경우 3레일 스피드로 치면 포지션 Play가 되지만 위도형의
경우 2.5레일 스피드로 치면 포지션 Play가 된다.
1적구와 수구의 위치에 따라 회전과 당점을 약간씩 변화 시키며 코너각을 완성할 수
있도록 부드럽게 부딪치며 굴려 치는 연습을 꾸준히 한다.

앞돌려치기에서 득점 확률을 높이기 위해서는
정확한 겨냥점과 스트로크에 대한 이해가 우선 되어야 한다.

그 이유는 수구와 1적구의 비거리가 대부분 멀고
정회전 당점을 줄 경우 정확한 두께 겨냥이 어렵기 때문이다.

따라서 무회전 또는 1Tip 당점으로 정확한 겨냥점을
익혀두면 많은 도움이 된다.

특히 길게 앞돌려 치는 타법의 핵심은 큐 뒤를 최대한 낮추고
처음부터 등속으로 굴려 치는 습관을 들여야 한다.

스트로크의 핵심은 큐팁으로 겨냥점을 살짝 눌러 주면서
큐의 무게로만 타구 하면 공의 변화를 최대한
줄일 수 있다.

앞돌려치기
System

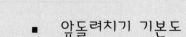

- 앞돌려치기 기본도
- 앞돌려치기 기울기 계산법
- 앞돌려치기 3Tip System
- 앞돌려치기 대회전 공식
- 짧은 각 앞돌려치기 회전 System
- 밀어서 끌어 치는 타법으로 짧게 만드는 기술
- 앞돌려치기 짧게 치는 타법의 핵심.
- 앞돌려치기 대회전 공략법의 기준
- 길게 세워치기
- 1쿠션에서 회전력을 살려야 득점이 되는 앞돌려치기
- 앞돌려치기를 쉽게 치기 위한 각도 개념
- 회전량 만으로 득점하는 일직선 타법
- 1적구의 위치에 따라 스트로크가 달라져야 한다.

◆ 앞돌려치기 기본도

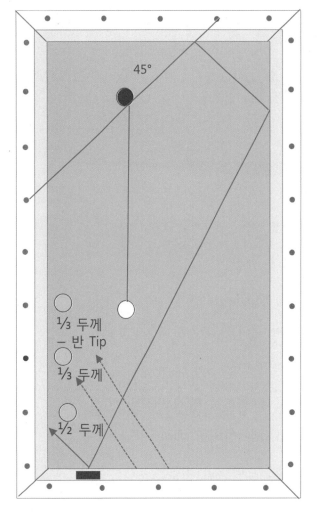

[아래 도표 보는 법 66 page 참조]

두께. 당점	½
회전 량	무회전
큐 스피드	2.5레일 3 / 10
스트로크 길이	공 두 개 통과
타법	등속으로 굴려치기

[Point]

좌측 도형처럼 2목적구의 위치에 따라
표시된 두께와 당점을 사용한다.

스트로크는 큐 선을 10cm 정도로
큐 선을 짧게 유지하고,
부드러운 등속 샷을 사용한다.

[득점의 핵심]

위 도형은 앞돌려치기의 기본도이다.
1적구가 도형처럼 상단 단쿠션에서 1Point 정도 떨어져 있고 수구와 1적구가 일직선
으로 있을 경우 1적구를 ½두께로 맞혀서 45°로 1쿠션에 입사된 후 하단 단쿠션 — 지점
으로 도착하도록 스트로크를 고정해야 한다.
스트로크의 방법은 그립에 힘을 빼고 철저하게 타격 없는 등속 샷을 구사해야 하며,
수구가 1적구를 맞히고 멀리 반대편으로 보내버리는 느낌으로 부드럽게 밀어 치면
수구는 급격히 꺾이지 않고 결대로 진행된다.
스트로크 이후 큐를 잡으면 수구의 분리가 커지므로 큐를 끝까지 결속하지 않는다.
2적구의 위치에 따라 두께와 당점을 참고한다.

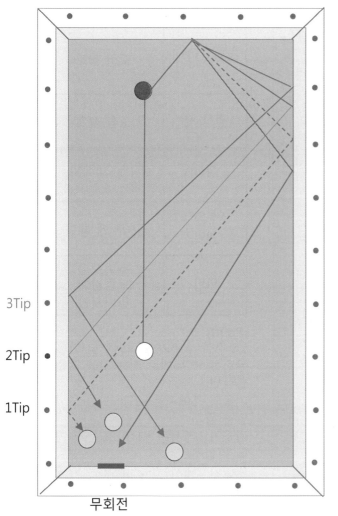

두께. 당점	![반달 당점표시]	½
회전 량	무회전 ~ 3Tip	
큐 스피드	2.5레일 3.5 / 10	
스트로크 길이	공 두 개 통과	
타법	그립을 가볍게하고 부드럽게 분리각으로	

[Point]

무회전 ½ 두께로 쳐서 수구가 하단 단쿠션 ⅔ —지점에 도착하도록 스트록을 고정하는 것을 기준 스트로크로 삼으면 된다.

3Tip

2Tip

1Tip

무회전

[득점의 핵심]

위 도형은 1적구를 ½ 두께로 맞히는 것을 전제로 회전량에 따른 수구의 진행 경로를 나타낸 것이다.

무회전 ½ 두께로 쳐서 하단 단쿠션 적색 표시지점으로 도착하도록 스트로크를 먼저 고정한다.

기본 스트로크가 갖추어지면 도형에 표시된 회전을 주고 똑같은 스트로크를 하면 된다. 앞돌려치기를 할 때는 큐를 최대한 수평으로 유지하고 큐 선이 공 두 개 정도 통과 하도록 부드럽게 밀어 치면서 끝마무리는 당점을 살짝 눌러 주면 수구의 동선이 결대로 구르는 것을 느끼게 될 것이다.

◆ 앞돌려치기 기울기 계산법

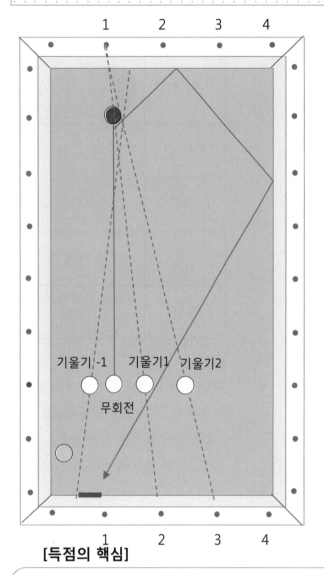

[득점의 핵심]

두께. 당점	도형 참조
회전 량	도형 참조
큐 스피드	2 ~ 2.5레일 2 ~ 3 / 10
스트로크 길이	공 두 개 통과
타법	등속으로 부드럽게 밀어치기

[Point]
1적구와 수구가 일직선으로 있을 경우
무회전 ½ 두께로 치는 것을 기준으로
한다면,
기울기 -1에서는 -1Tip 또는 ⅛ 두께
만큼 얇게,
기울기 1에서는 +1Tip 또는 ⅛ 만큼
더 두껍게,
기울기 2에서는 +2Tip 또는 ¼ 만큼
더 두껍게 치면 된다.

위 도형은 앞페이지와 동일한 배치에서 수구의 기울기가 있을 때 계산하는 방법이다.
1적구를 중심으로 상단 단쿠션과 하단 단쿠션을 연결해 포인트 차이가 1포인트면
기울기 1이고, 2포인트면 기울기 2로 계산하면 된다.
기울기 1에 1Tip씩 증감시켜 주면 된다.
만일 기울기가 클 경우 또는 – 기울기일 경우에는 1Tip당 두께 ⅛씩 증감하면 된다.
당구의 두께에서 변화가 가장 적은 두께는 ⅓ 두께에서 ½ 두께임을 고려하여 자신이
선호하는 두께를 먼저 선택하고 나머지는 회전으로 맞추면 된다.
예를 들어 ½ 두께에 무회전이라면 ⅜ 두께에 1Tip을 주는 것과 마찬가지라는 의미이다.

25 20 15 10 5

두께. 당점		1/2
회 전 량		3Tip
큐 스피드		2.5레일 3 / 10
스트로크 길이		공 두 개 통과
타법		그립을 가볍게하고 경쾌하게 분리각으로

1적구의 우측면을 중심으로 점선처럼 수구 수와 1쿠션 수를 합쳐 45를 만들면 1쿠션 수가 나온다.

[Point]
수구가 늘어지거나 꺾임 없이 구르도록 일정한 스피드를 유지하는 것이 가장 핵심이다.

[Point]
3쿠션 수에서 15를 뺀 수치를 수구와 1쿠션을 연결해 Line을 만든다. (60 − 15 = 45)
수구 수 30 + 1쿠션 15 = 45

[득점의 핵심]

위 도형은 앞돌려치기를 짧게 공략할 때 유용하게 사용할 수 있는 System이다.

득점 요령은 ~

1. 3쿠션 수를 확인한 후 그 수치에서 15를 뺀다 (60 − 15 = 45)

2. 도형의 점선처럼 수구 수와 1쿠션 수를 연결해 45를 만든다.

3. 중단 3Tip을 사용한다.

4. 경쾌하게 분리각으로 부딪쳐 Line을 만든다.

스트로크가 느리면 길어지고. 끌림이 있으면 짧아진다.

수구가 일정한 속도를 유지하면서 구르도록 스트로크를 고정한다.

연습을 통해 적정한 스피드만 고정하면 System 수치는 정확하다.

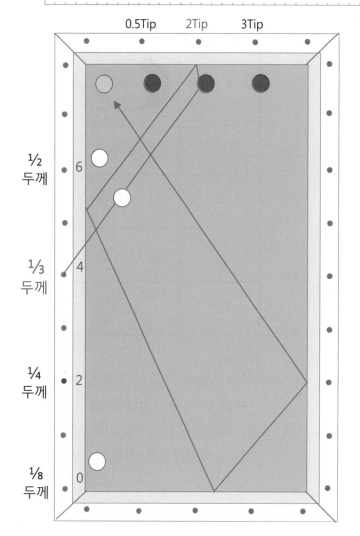

두께. 당점	 $\frac{1}{3}$
회전 량	도형 참조
큐 스피드	5레일 5 / 10
스트로크 길이	공 세 개 통과
타법	타격을 강하게 하지 않고 적당히 스피드로 조절

[Point]

앞돌려치기 대회전에서 실수하는
경우는 대부분 1적구에 타격이
들어가기 때문이다.

두께에 대한 두려움을 없애고
타격 없는 스트록을 구사해야 된다.
임펙트 이후에 그립을 잡아버리면
타격이 발생해 공이 튀어 짧아지게
된다.

[득점의 핵심]

위 도형은 앞돌려치기 대회전 공식이다.

1적구의 위치는 0.5Tip, 2Tip, 3Tip으로 정하고, 수구의 위치가 좌측 하단에 있을 때는

⅛ 두께로 좌측 중간에 있을 때는 ⅓ 두께로,

좌측 6Point 지점에 있을 때는 ½ 두께로 각각 치면 된다.

만일 수구가 6Point Line에 있고 상단 단쿠션 3Tip 지점에 1적구가 있으면 ½ 두께에

3Tip 주고 치면 된다는 뜻이며,

수구가 좌측 장쿠션 중간 지점에 있고 1적구가 2Tip 지점에 있다면 ⅓ 두께에 2Tip 주고

친다는 뜻이다.

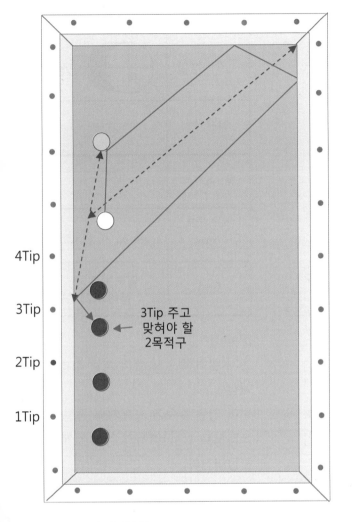

4Tip

3Tip

3Tip 주고
맞혀야 할
2목적구

2Tip

1Tip

[아래 도표 보는 법 66 page 참조]

두께. 당점	5/8
회전 량	3Tip
큐 스피드	2.5레일 3 / 10
스트로크 길이	공 두 개 통과
타법	빠르고 경쾌하게

[계산 방법]

1적구와 3쿠션 지점의 중간 지점을 우측 상단 코너와 연결하고 수구를 연결선과 평행이 되도록 보낸다 3쿠션 지점이 3Tip이므로 3Tip으로 경쾌하게 분리시켜 공략한다.

회전 : 3Tip (3시)

[득점의 핵심]

위 도형은 앞돌려치기 짧게 치는 공식을 나타낸 System이다.

좌측에 표시해 놓은 1Tip ~ 4Tip은 2목적구가 그 위치에 있을 때 적용하는 회전 수이다.

공략 방법은

1. 1적구와 3쿠션 지점의 중간 지점을 우측 상단 코너로 연결한다 (적색 점선)

2. 그 적색 점선과 평행한 지점이 1쿠션 지점이 된다.

3. 2목적구에 지정된 회전 수를 선택한다.

4. 적당한 스피드로 경쾌하게 분리시켜 타구한다.

도형으로 볼 때 회전을 적게 주면 길어지고 많이 주면 짧아지는 원리를 이해한다.

◆ 밀어서 끌어 치는 타법으로 짧게 만드는 기술

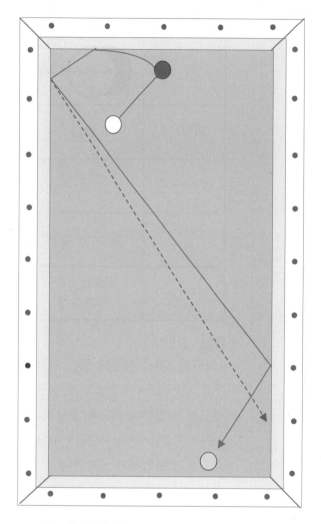

두께. 당점	5/8
회전 량	2Tip
큐 스피드	4레일 4 / 10
스트로크 길이	공 세 개 통과
타법	밀어치면서 끌어치기

[Point]

길게 밀어 주면서 끌어 치는 타법이 핵심.

밀어 치면 수구가 도형처럼 곡선을 그리므로 1쿠션에서의 각이 짧게 만들어진다.

[득점의 핵심]

위와 같은 형태를 만나면 대부분 1적구를 많이 끌어치기 해야 한다는 생각을 갖게 된다. 이 경우 득점의 핵심은 하단 당점으로 밀어치는 타법으로 끌어치기 하면 수구의 동선을 아주 짧게 만들며 득점할 수 있다.

그 원리는 강한 밀어치기 타법으로 1적구에서 1쿠션까지의 수구의 동선을 도형처럼 곡구로 만들어 수구의 진행 각을 아주 짧게 만드는 원리이다.
만일 일반적인 끌어치기로 같은 두께로 1쿠션까지 수구를 보낸다면 2쿠션에서 3쿠션 까지는 적색 점선의 Line처럼 길어진다.

◆ 앞돌려치기 짧게 치는 타법의 핵심

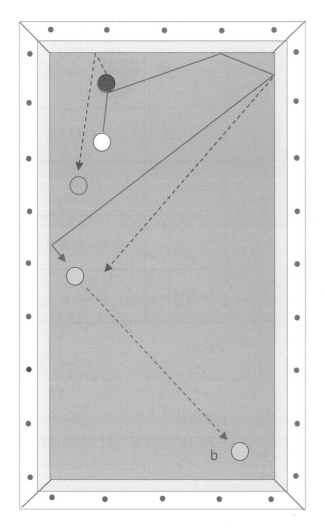

두께. 당점	½
회전 량	3Tip
큐 스피드	4레일 4 / 10
스트로크 길이	공 세 개 통과
타법	그립을 가볍게 잡고 경쾌하게 분리각으로

[Point]

그립을 아주 가볍게 잡고, 4Tip 하단
당점으로 가벼우면서 경쾌하게
약간의 스피드를 주면서 비틀어 치면
수구는 최대한 짧은 각을 형성하면서
득점할 수 있게 된다.

[득점의 핵심]

위 도형은 짧게 앞돌려치기로 득점하는 장면이다.
일반적인 공략법으로는 Kiss가 날 확률이 아주 높은 배치이다.
이러한 배치에서 득점의 핵심은 그립을 아주 느슨하게 잡고 하단 3Tip 당점을 사용
하여 최대한 얇은 두께로 Kiss를 빼는 것이다.
그립을 무겁게 잡을 경우 도형의 적색 점선처럼 2쿠션에서 수구가 길게 늘어져 득점에
실패하게 된다.
1적구가 2목적구까지 내려오지 않을 정도의 약하면서 경쾌한 스트로크로 수구의
진로를 짧게 만들어야 한다.
2목적구가 b의 지점에 있을 경우에도 같은 타법을 빠르게 하면 된다.

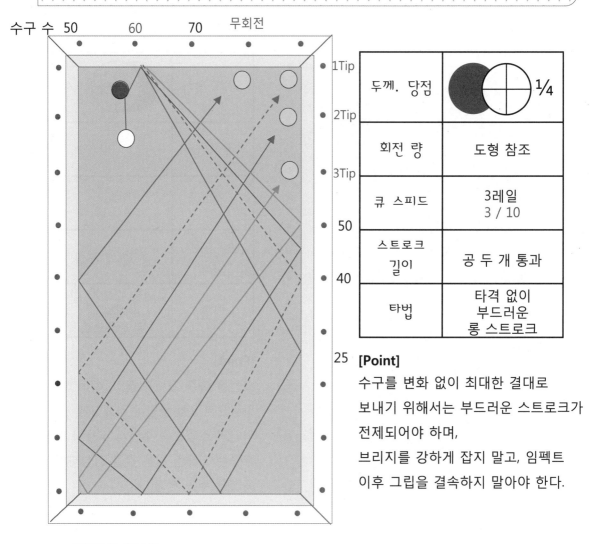

두께. 당점	¼
회 전 량	도형 참조
큐 스피드	3레일 3 / 10
스트로크 길이	공 두 개 통과
타법	타격 없이 부드러운 롱 스트로크

[Point]

수구를 변화 없이 최대한 결대로
보내기 위해서는 부드러운 스트로크가
전제되어야 하며,
브리지를 강하게 잡지 말고, 임펙트
이후 그립을 결속하지 말아야 한다.

[득점의 핵심]

위 도형은 앞돌려치기 대회전으로 득점하는 장면이다.

이러한 배치를 만나게 되면 1적구가 쿠션에 가까워 곡구 현상이 생길 수 있는 점과
수구와 1적구가 가까워 분리각이 커질 수 있다는 점에 주의를 기울여야 한다.

따라서 위 도형과 같은 대회전에서는 부드러운 롱 스트로크를 구사해야 한다.

위 도형의 경우 수구 수의 출발을 대략 60으로 보고 무회전 ¼ 두께로 쳤을 때 5쿠션
지점이 단쿠션 원 포인트 지점이라는 것을 기억하고 스트로크를 고정하면 된다.

위 도형에 표시된 것처럼 각각 1Tip ~ 3Tip을 주고 치면 도형처럼 진행된다.

Five & Half System 보다 0.5Point ~ 1Point 정도 1쿠션 지점을 길게 겨냥하여 수구의
말림 현상을 보정해 주는 것이 득점 확률을 높일 수 있다.

◆ 길게 세워치기

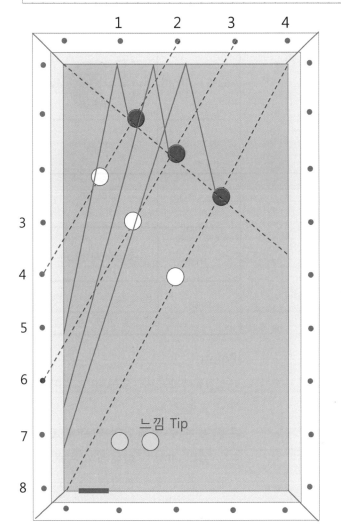

두께. 당점	1/2
회전 량	무회전
큐 스피드	2 ~ 3레일 2 ~ 3 / 10
스트로크 길이	공 한 개 통과
타법	큐 선을 짧게 쇼트 타법

[Point]

1적구와 수구를 연결했을 때 도형
처럼 2 : 1 비율이라면 무조건 ½
두께로 설정한다.
수구와 1적구의 거리 등을 고려해
당점의 위치와 스트로크의 강약을
조절한다.

[득점의 핵심]

위 도형과 같이 1적구와 수구의 기울기가 2 : 1일 경우 무조건 ½ 두께로 공략한다.
그 이유는 ½ 두께 겨냥법이 가장 쉽기 때문이다.
공의 배치에 따라 당점을 상단과 중 상단으로 조절하면 된다.
무회전으로 쳤을 때 수구는 대략 하단 단쿠션 반 포인트 지점으로 도착한다.
그 것을 기준으로 2적구의 위치에 따라 미세하게 회전으로 조절하면 된다.
우측 도형처럼 앵글이 클 경우도 기울기가 2 : 1이므로 두께 조절 없이 당점만 중 상단
으로 내려준다. 위 도형에 대한 기울기를 수치로 표현하면 기울기 4에 해당된다.
기울기가 3 이라면 ⅜ 두께로 치면 된다.
타법은 큐 선을 짧게 하는 쇼트 타법을 구사한다.

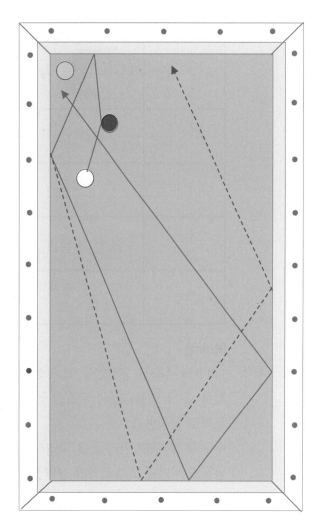

두께. 당점	⅛
회전 량	3Tip
큐 스피드	3레일 3 / 10
스트로크 길이	공 세 개 통과
타법	부드럽게 스트로크 길이로 조절

[Point]

1쿠션에서 회전이 충분히 발생하도록 하는 요령은 ~

큐 팁을 수구에 가까이 대지 말고 3cm 정도 멀리 겨냥한 상태에서 찌르면 수구를 돌려 주는 현상이 증가되어 얇은 두께로도 수구의 궤도를 짧게 만들 수 있다.

[득점의 핵심]

위 도형과 같은 배치를 만났을 경우 스트로크의 핵심을 알고 치는 사람과 모르고 치는 사람의 결과는 도형처럼 나타난다.

위와 같은 배치에서의 핵심 포인트는 큐로 수구를 겨냥할 때 3cm 정도 멀리 겨냥하고 찌르면 팽이 돌리기처럼 수구를 돌려 주는 현상을 만들 수 있어 얇은 두께로 쳐도 수구의 궤도를 짧게 만들 수 있다.

또한 도형처럼 수구를 얇게 다루어야 할 경우 수구를 1쿠션에 강하게 부딪치면 회전이 먹을 시간이 없어 적색 점선처럼 길게 동선을 그리게 된다. 그립을 가볍게 쥐고 아주 천천히 부드러운 샷을 구사해야 1쿠션에서 회전이 살아 도형처럼 득점할 수 있다.

◆ 앞돌려치기를 쉽게 치기 위한 각도 개념

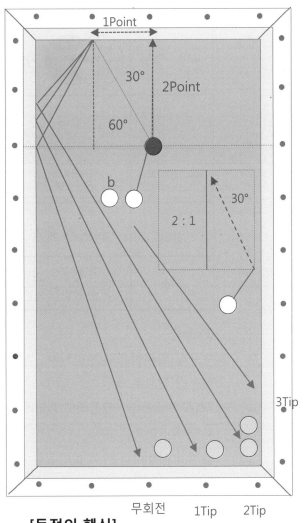

두께. 당점	
회전 량	무회전 ~ 3Tip
큐 스피드	2레일 2 / 10
스트로크 길이	공 두 개 통과
타법	부드럽게 분리각으로

[Point]
1적구 장쿠션 길이의 ½ 지점을
1쿠션으로 정하는 개념이다.
1적구의 위치가 바뀌더라도 1적구를
기준으로 정사각형을 만들고
정사각형의 ½ 지점으로 수구를 분리
시키면 된다.

[득점의 핵심]

위 도형은 2목적구의 지점에 해당 되는 회전량을 정해놓고,(무회전, 1Tip, 2Tip, 3Tip)
수구를 일정한 각도로 분리시켜 득점하는 방법이다.
도형처럼 1적구가 장쿠션 2Point Line에 걸쳐 있다면 2Point의 절반인 1Point 지점까지
수구를 분리시킨다는 뜻이다.
1적구의 위치에서 약 30° 정도로 분리시킨다는 뜻이다.
수구의 위치에 따라 물론 분리각은 달라진다.
수구가 b의 위치에 있다면 당점을 중단 쪽으로 내려주는 것이 좋다.
문제는 스트로크인데 부드러움과 경쾌함이 어울리는 분리각으로 치는 개념이다.
임펙트 속도가 과하거나 스트로크 이후에 큐를 결속하면 수구의 변화가 생길 수 있다.

◆ 회전량 만으로 득점하는 일직선 타법

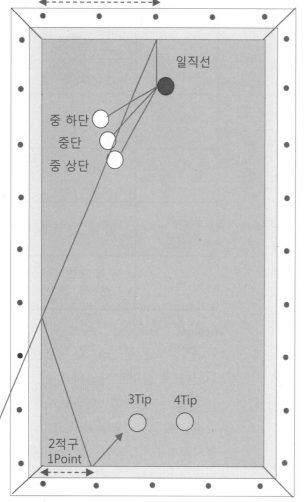

두께. 당점	1/3
회 전 량	3Tip
큐 스피드	2.5레일 5 / 10
스트로크 길이	공 두 개 통과
타법	순수 분리각과 회전량만으로

[Point]

수구를 일직선으로 분리시켜
회전량 만으로 득점하는 방법
1적구 Point 수 + 2목적구 Point 수
= 3Point 이므로 3Tip
합계가 4Point라면 4Tip이 된다.

[득점의 핵심]

위 도형처럼 공이 배치 되어 있을 때 비켜치기로도 득점이 가능하지만,
앞돌려치기 공식을 배우게 되면 더 좋은 방법이 될 수도 있다.
득점 핵심은 1적구와 수구의 기울기를 먼저 살펴보고 당점을 결정한다.
1적구와 수구의 입사각이 45°인 경우 중단 9시 방향 3Tip 주는 것을 기준으로
1적구와 수구의 입사각이 35°인 경우에는 중 상단 10시 방향 3Tip을,
1적구와 수구의 입사각이 55°인 경우에는 중 하단 당점 3Tip으로 치면 된다.
본인의 스트로크 성향에 따라 당점의 기준을 상하로 조금씩 조절해서 치면 된다.
스트로크는 적당한 강약으로 경쾌하게 부딪쳐 분리시키면 된다.
가장 중요한 것은 일정한 스트로크 강약과 스트로크 이후에 큐를 잡지 말아야 한다.

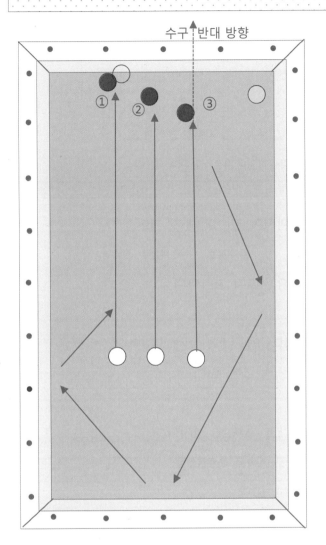

수구 반대 방향

두께. 당점	¼
회전 량	무회전 1Tip
큐 스피드	3레일 3 / 10
스트로크 길이	공 한 개 통과
타법	얇게 치는 공은 세게 치지 않아도 된다

[Point]

1적구가 단쿠션에 붙어 있을 경우와
떨어져 있을 때 스트로크의 선택이
달라져야 한다.

[득점의 핵심]

위 도형처럼 1적구와 수구가 대략 일직선상에 있고 1적구가 각각 ① ② ③ 처럼 배치
되어 있을 경우 1적구를 다루는 방법을 설명하기 위한 것이다.

① 1적구가 쿠션에 완전히 붙어 있을 경우에는 하단 당점으로 1적구를 ⅓ 두께 정도로
   맞히면서 동시에 쿠션을 부드럽게 끌어주는 느낌으로 친다.

② 1적구가 쿠션에서 약간 떨어져 있을 경우에도 하단 당점 주고 쿠션과 1적구를 동시에
   맞혀 친다는 느낌으로 부드럽게 끌어 주는 느낌으로 친다.

③ 1적구의 5시 지점을 바라보면서 예비 스트로크를 느리게 하고 그립의 힘을 빼고
   수구의 반대 방향으로 멀리 밀어서 보낸다는 느낌으로 부드럽게 밀어 치면 1쿠션에서
   수구의 반발이 생기면서 2쿠션으로의 분리각이 길어진다. (적당한 스피드와 부드러움)

횡단 샷에서 득점 확률을 높이는 방법은
일관성 있는 스트로크와 두께 설정이다.

예를 들어 자신이 편한 ¼ ~⅓ 두께로 고정하고,
수구가 일직선으로 횡단하는 기울기를 만들면 된다.

수구가 일직선으로 진행하려면 ¼ 두께인 경우
기울기 2 ~ 2.5가 무난하며, ⅓ 두께로 일직선으로 횡단
시키려면 기울기 3 정도면 무난하다.

그 기울기를 기준으로 수구를 1Point 내려 보낼 때마다
1Tip씩 증가시켜 주면 된다.

횡단 샷의 핵심은 큐를 수평으로 유지하고
비틀림 없이 짧고 빠른 스트로크를
구사해야 된다.

더블 쿠션에서 득점 확률을 높이는 방법은
타점 포인트를 정확히 이해 하는 것이다.

예를 들어 수구의 전면을 때리면 수구는
회전이 먹지 않아 내려가지 않는다.
수구의 후면을 찌르는 느낌으로 타점 포인트가
정확해야 득점 확률을 높일 수 있다.

횡단 샷 & 더블 샷

- 횡단 샷 기본도
- 기울기로 계산하는 횡단 샷
- 횡단 샷 타법
- 당점의 선택이 핵심인 횡단 샷
- 비껴치기 멕시멈 대칭 기본도
- 더블 쿠션 기본 Line 설정 방법
- 회전을 먼저 결정 하는 더블 쿠션
- 끌어 치는 더블 쿠션의 스트로크
- 더블 쿠션에서 기울기를 극복하는 방법
- 더블 쿠션 기준 잡기
- 단, 단, 장 더블 쿠션
- 단, 단, 단 더블 쿠션

◆ 횡단 샷 기본도

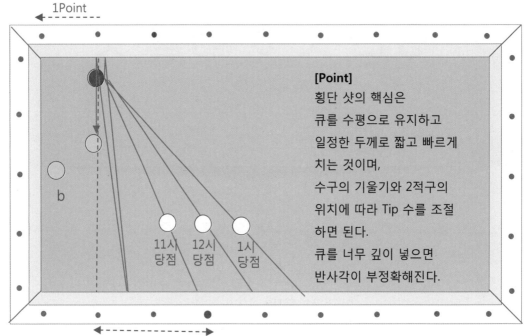

1Point

[Point]
횡단 샷의 핵심은
큐를 수평으로 유지하고
일정한 두께로 짧고 빠르게
치는 것이며,
수구의 기울기와 2적구의
위치에 따라 Tip 수를 조절
하면 된다.
큐를 너무 깊이 넣으면
반사각이 부정확해진다.

b

11시
당점 12시
당점 1시
당점

기울기 3 기준 12시 당점

[아래 도표 보는 법 66 page 참조]

두께 / 당점		회전 량	큐 스피드	스트로크 길이	타법
	¼	도형 참조	4레일 4 / 10	공 두 개 통과	짧고 경쾌하게 수평 샷

[득점의 핵심]

횡단 샷은 자신의 스트로크와 선호하는 두께에 따라 일직선으로 횡단되는 기본 기울기를 먼저 파악하는 것이 가장 중요하다.

위 도형의 경우 2목적구가 1적구와 일직선으로 배치되어 있을 경우 기울기 3 에서 ⅓ 두께에 무회전 12시 당점으로 치면 득점할 수 있다는 의미이다.

예를 들어 2목적구가 b처럼 1적구 보다 1Point 내려와 있으면 11시 1Tip을 주고 치면 된다. (기울기 3에서 칠 경우)

기울기 4에서 2목적구 b를 맞히려면 무회전 당점으로 치면 된다.

자신의 스트로크 스피드에 따라 기준 두께를 정하고 회전량으로 조절하면 된다.

(횡단 샷을 할 때는 스피드에 의해 그립에서 큐가 놀지 않도록 엄지와 검지 사이를 빈틈없이 단단히 잡아 주어야 하며, 짧고 빠른 스트로크를 구사하는 것이 핵심이다.)

◆ 기울기로 계산하는 횡단 샷

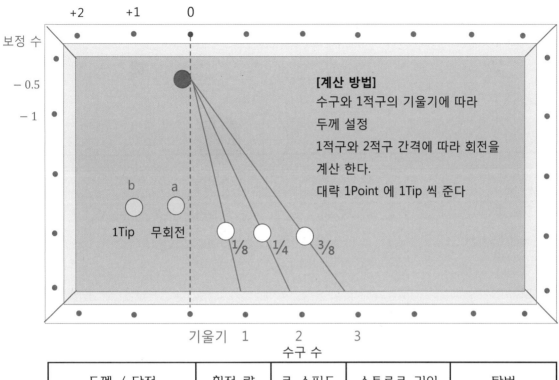

[계산 방법]
수구와 1적구의 기울기에 따라
두께 설정
1적구와 2적구 간격에 따라 회전을
계산 한다.
대략 1Point 에 1Tip 씩 준다

두께 / 당점	회전 량	큐 스피드	스트로크 길이	타법
	a : -1Tip b : 무회전	4레일 4 / 10	공 세 개 통과	큐를 수평으로 유지하고 짧고 경쾌하게

[득점의 핵심]

위 도형은 수구와 1적구의 기울기를 기준으로 두께를 선택하는 방법이다.

기울기가 1일 경우 $\frac{1}{8}$ 두께,

기울기가 2일 경우 $\frac{1}{4}$ 두께,

기울기가 3일 경우 $\frac{3}{8}$ 두께를 선택하면 수구는 대략 일직선으로 횡단한다 .

1적구와 2적구의 간격에 따라 회전을 선택한다. (1Point 당 1Tip)

횡단 샷에서는 최대 $\frac{3}{8}$ 두께 이상은 사용하지 않는다.

회전은 최대 2Tip 이상 사용하지 않으며,

가급적 $\frac{1}{4}$ 정도의 얇은 두께를 선택하고 회전량을 조절하는 것이 요령이다.

도형 좌측에 표시된 보정 수처럼 1적구가 쿠션에서 멀리 떨어져 있으면 수구는 더

내려가므로 참고해야 한다. (큐 선을 이용해 얇게 겨냥하는 요령을 터득해야 한다)

◆ 횡단 샷 타법

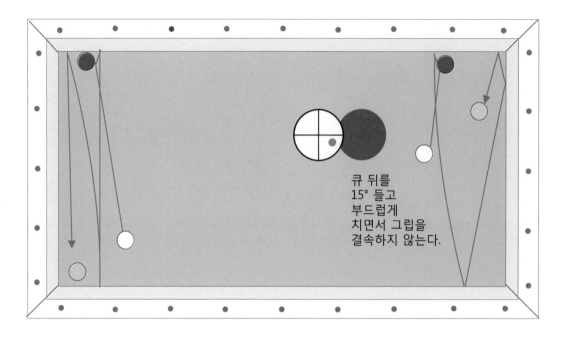

큐 뒤를
15° 들고
부드럽게
치면서 그립을
결속하지 않는다.

두께 / 당점		회전 량	큐 스피드	스트로크 길이	타법
	얇게	3Tip	4레일 4 / 10	공 두 개 통과	짧고 경쾌한 Short Shot

[득점의 핵심]

위 좌측 도형처럼 입사각이 아주 예각인 경우 큐가 깊이 들어가면 반발에 의해 수구가
밑으로 내려가지 않고 일자로 횡단하게 된다.
이 경우 득점의 핵심은 중 하단 3Tip 주고 큐가 부드러우면서 짧게 나가야 수구의
기울기가 생기면서 득점할 수 있다.
큐를 수평으로 유지하는 것도 핵심이다.

우측 도형처럼 입사각이 거의 일자로 예각인 경우에는 큐 뒤를 15° 정도 들어주고
부드럽고 짧은 Short Shot으로 치면 수구를 밑으로 내려 보내는데 도움이 된다.
1쿠션에 수구가 부드럽게 반발되어야 하며,
임펙트 이후 그립을 결속하지 말아야 한다.

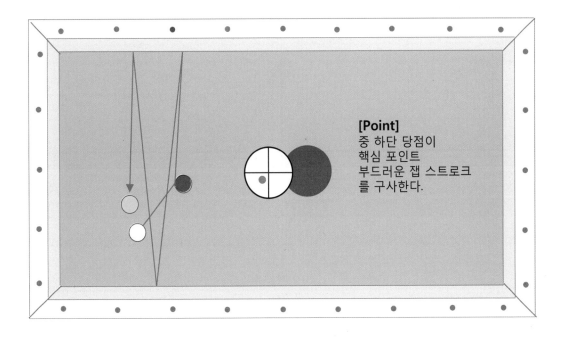

[Point]
중 하단 당점이
핵심 포인트
부드러운 잽 스트로크
를 구사한다.

두께 / 당점		회전 량	큐 스피드	스트로크 길이	타법
	얇게	3Tip	4레일 4 / 10	공 두 개 통과	짧고 빠른 Short Shot

[득점의 핵심]

위 도형은 1적구와 2목적구 사이에서 기울기를 잘게 잘게 횡단하며 득점하는 배치이다.
이러한 형태에서 수구가 일직선으로 진행하는 경우는 당점이 높게 설정되었기 때문이다.
유사한 형태에서 수구의 기울기를 만들기 위해서는 당점이 무조건 중단에서 밑으로
내려와야 한다.

위 도형의 경우는 1적구와 2목적구의 간격이 1Point 정도밖에 안되기 때문에 수구를
1적구보다 비스듬히 올려 친 다음 회전에 의해서 기울기를 만들고 그 다음부터는 남아
있는 역회전에 의해 조금씩 기울어져 3단 또는 4단으로 횡단하며 득점하는 것이다.
개인의 스트로크 성향에 따라 당점을 중하단 또는 하단 2Tip으로 치면 된다.
가장 중요한 핵심은 당점이 중 하단 보다 높아서는 득점 확률을 높일 수 없다.

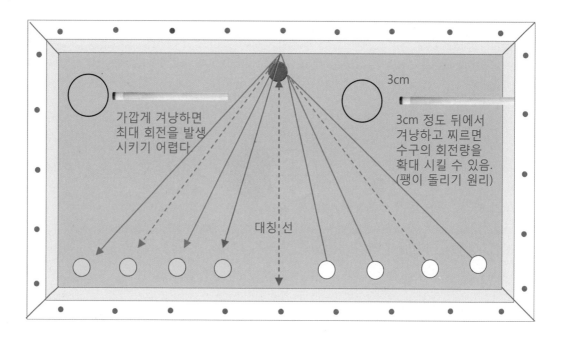

두께 / 당점	회 전 량	큐 스피드	스트로크 길이	타법
⅛	4Tip	2레일 2 / 10	공 두 개 통과	부드럽게 찌르기

[득점의 핵심]

위 도형은 4Tip을 주고 ⅛ 두께 정도로 1적구를 얇게 비껴 치면 2쿠션은 1적구를 중심
으로 수구의 대칭되는 지점으로 가는 것을 나타낸 도형이다.

이 이론을 알고 있으면 더블 쿠션에서 회전량을 정하기가 아주 쉬워진다.

예를 들어 2쿠션이 대칭 지점보다 반 포인트를 짧게 보내야 득점할 수 있다면

1Tip을 뺀 3Tip을 주면 되고. 대칭 지점보다 1Point를 짧게 보내려면 2Tip을 주면 된다.

즉 1Tip에 반 포인트씩 짧아지는 것을 응용하는 것이다.

단, 이것은 이론이며 공을 세게 다룰 경우 대칭 지점이 짧아지는 것을 잊지 말고.

평소 자신의 회전량을 파악해 두어야 한다.

멕시멈 회전을 최대한 살리는 핵심은 수구의 전면이 아닌 수구의 겨냥점 뒷부분을

예리하게 찌르는 느낌으로 큐를 부드럽고 길게 찔러야 회전을 최대한 살릴 수 있다.

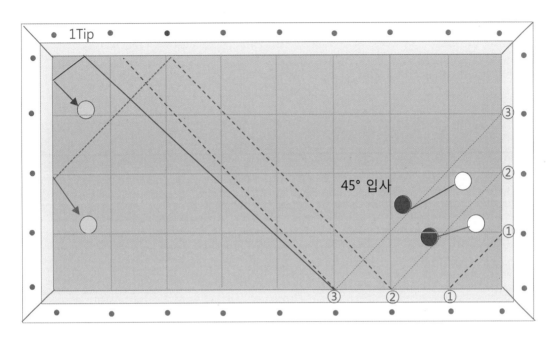

[아래 도표 보는 법 66 page 참조]

두께 / 당점	회전 량	큐 스피드	스트로크 길이	타법
	도형 참조	2레일 2 / 10	공 한 개 통과	짧고 간명하게

[득점의 핵심]

위 도형은 더블 쿠션 득점률을 높이기 위한 이미지 형성과 Line을 나타낸 장면이다.

도형에 표시된 것처럼 45°로 입사시켰을 때 바둑판 Line처럼 2쿠션 도착 지점을 파악하고 목적구의 위치에 따라 회전을 조절하면 된다.

③ Line 에서 출발한 수구가 45° 2쿠션 도착 지점보다 0.5Point 지점에 가야 한다면 1Tip을 주고 45° Line 으로 공을 굴려주면 된다.

수구의 위치가 어디에 있던 1적구의 45° Line으로 공을 굴려주면서 회전량으로 조절하는 System 이다.

무작정 감각적으로 1적구의 두께를 조절하는 것보다는 1적구가 몇 Line에 있는지를 먼저 파악하고 45° Line 을 기준으로 입사시키면 연습을 통해 득점률을 크게 향상 시킬 수 있다.

◆ 회전을 먼저 결정 하는 더블 쿠션

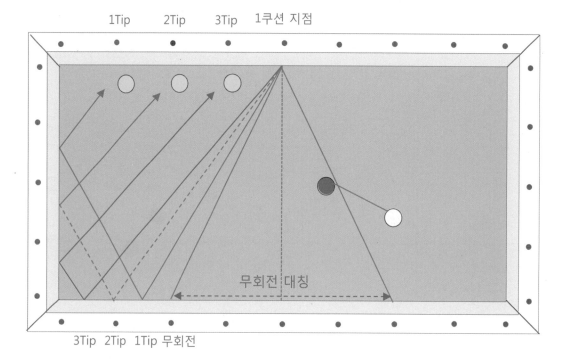

두께 / 당점		회전 량	큐 스피드	스트로크 길이	타법
	¼	1Tip 2Tip 3Tip	3레일 3 / 10	공 두 개 통과	부드러운 팔로우 샷

[득점의 핵심]

위 도형은 2적구의 위치에 따라 회전 수를 미리 정하고 치는 방법이다.
수구과 1적구가 도형처럼 편한 각도에 위치해 있을 경우, 대략 무회전으로 쳤을
때의 대칭 지점을 파악하고, 1Tip에 반 포인트씩 길어지는 이론을 활용하는 것이다.

2목적구가 3쿠션 1Point 지점에 있을 때는 1Tip,
2목적구가 3쿠션 2Point 지점에 있을 때는 2Tip,
2목적구가 3쿠션 3Point 지점에 있을 때는 3Tip 으로 공략한다.
스트로크의 힘 조절과 큐 선의 길이가 수구의 궤도에 영향이 크므로
평소 큐 선의 길이와 스트로크의 힘 조절에 익숙하도록 연습해 두어야 한다.
2적구의 위치에 따라 회전 수를 미리 정할 수 있는 편리한 System이다.

◆ 끌어 치는 더블 쿠션의 스트로크

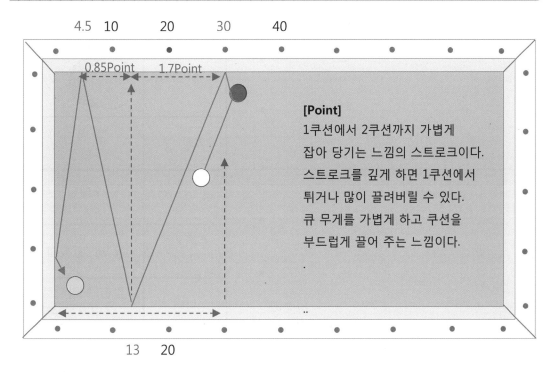

[Point]
1쿠션에서 2쿠션까지 가볍게
잡아 당기는 느낌의 스트로크이다.
스트로크를 깊게 하면 1쿠션에서
튀거나 많이 끌려버릴 수 있다.
큐 무게를 가볍게 하고 쿠션을
부드럽게 끌어 주는 느낌이다.

두께 / 당점	회전 량	큐 스피드	스트로크 길이	타법
⅛	1Tip	2.5레일 2.5 / 10	공 두 개 통과	큐 무게로 부드럽게 끌어치기

[득점의 핵심]

위 도형은 더블 쿠션으로 득점하는 장면이다.

득점 요령은 1쿠션 지점의 선택과 스트로크 요령이다.

2쿠션 지점을 선택하는 요령은 1적구와 2목적구의 간격 (30)의 약 55% ~ 60% 정도로
잡으면 된다. 도형처럼 1적구 지점 30에서 2쿠션 13까지 1.7Point가 내려왔다면
2쿠션에서 3쿠션으로 반사될 때는 1.7Point의 절반인 0.85Point 정도로 반사된다.
3쿠션에서 목적구 방향으로 반사 될때는 그의 절반인 0.4Point 정도로 줄어들어
반사된다. 수구의 회전이 1쿠션에서 2쿠션까지의 역할만 하고 자동적으로 소멸되기
때문이다. 결론적으로 1쿠션에서 4쿠션으로 가는 과정은 4 : 2 : 1의 비율 정도로
줄어들면서 반사된다는 것을 기억하면 된다.

공의 두께는 하단 회전 당점임을 고려해 비교적 얇은 두께로 구사하는 것이 바람직하다.

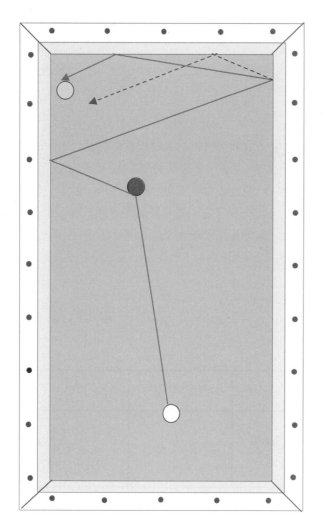

두께. 당점		2/3
회전 량	중 하단 무회전	
큐 스피드	8레일 8 / 10	
스트로크 길이	공 세 개 통과	
타법	강한 브리지로 분리각으로 찌르기	

[Point]
중 하단 무회전 당점으로 1쿠션 까지
분리각을 설정
강한 브리지로 공의 밀림 현상
방지

[득점의 핵심]

위 도형과 같이 기울기가 큰 더블 쿠션 배치를 만나게 되면 대부분 역회전을 주고 공략
하는 것을 많이 보게 된다.
역회전을 주고 칠 경우 기울기에 의한 전진력으로 수구는 적색 점선처럼 짧아지기 쉽다.
당점을 중단에서 1Tip 정도 낮추고 정직하게 1쿠션 까지 분리만 시킨다는 이미지로
스트로크를 하면 된다. 스트로크가 비교적 약하다고 생각되는 분들은 브리지의 작용을
이용하면 보다 쉽게 득점률을 높일 수 있다.
브리지를 단단히 바닥에 붙이고 임펙트 이후에도 브리지를 바닥에서 떼지 않는다.
스트로크는 중 하단 당점을 믿고 1쿠션 기울기만 생각하면서 찌르면 된다.
한번 더 강조하면 정확한 당점과 견고한 브리지만 유지하면 된다.

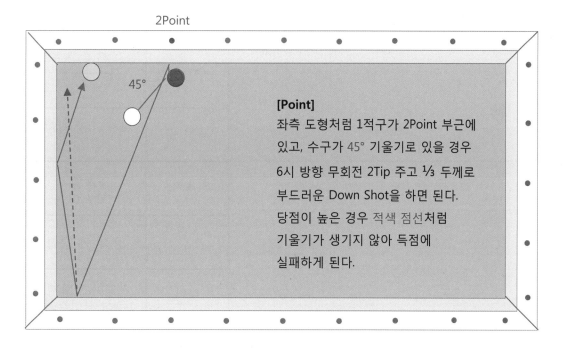

2Point

45°

[Point]
좌측 도형처럼 1적구가 2Point 부근에
있고, 수구가 45° 기울기로 있을 경우
6시 방향 무회전 2Tip 주고 ⅓ 두께로
부드러운 Down Shot을 하면 된다.
당점이 높은 경우 적색 점선처럼
기울기가 생기지 않아 득점에
실패하게 된다.

두께 / 당점	회전 량	큐 스피드	스트로크 길이	타법
⅓	중 중하단 무회전	2레일 2 / 10	공 한 개 통과	짧고 부드러운 Down Shot

[득점의 핵심]

위 도형은 제각돌리기가 어려운 경우 더블 쿠션으로 득점하는 장면이다.
2목적구가 도형처럼 배치되어 있는 경우 당점이 중단 이상 높으면 기울기가 만들어지지
않아 적색 점선처럼 득점에 실패하기 쉽다.
하단 당점을 사용할 경우 자칫 끌림 현상이 생겨 득점에 실패할 수 있으므로,
위 45° 입사각을 기준으로 ⅓ 두께로 자신의 스트로크를 고정한 다음,
각도가 조금씩 변할 때 약간씩 두께 조절을 하면 된다.
큐 뒤를 15° 정도 살짝 들어주면 생각보다 기울기가 쉽게 만들어 진다.
스트로크는 절대적으로 짧고 간명하게 Down Short으로 찔러주면 된다.
1적구가 2Point 보다 좌측으로 내려와 있을 경우에는 스트로크를 밀어 쳐서 수구가
끌리는 것을 방지하면 된다.

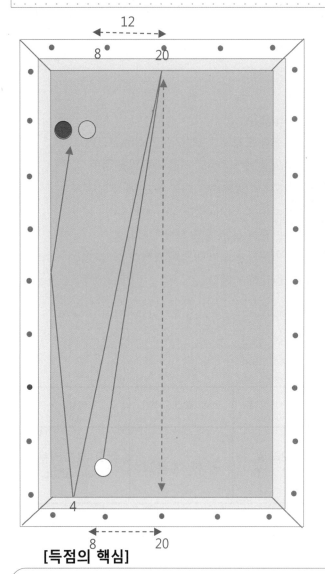

[득점의 핵심]

두께. 당점	
회전 량	7시 30분 방향 2Tip
큐 스피드	3레일 3 / 10
스트로크 길이	공 두 개 통과
타법	경쾌하고 짧게 1쿠션 끌어주기

[계산 방법]

(28 − 4) ÷ 2 = 12

제자리 되오기 기본 수치

14 × 2 = 28을 적용한다면

28에서 2쿠션 4를 뺀 24를 2로

나눈 다음 7시 30분 하단 당점으로

12를 올려 치면 4지점으로 돌아와

득점하게 된다.

위 도형은 빈 쿠션 횡단 샷으로 득점하는 장면이다.

도형을 이해하는 방법은 먼저 자신의 역회전 제자리 수치를 고정해야 한다.

다시 말해 28 이란 수치는 역회전 중 하단 2Tip 주고 1.4Point를 올려 치면 제자리로

돌아온다는 의미이며, 개개인에 따라서는 제자리로 돌아오는 수치를 30으로 정하고

15를 올려 쳐 제자리로 돌아오게 할 수도 있다.

위 도형처럼 득점하기 위해서는 제일 먼저 예상 2쿠션 지점을 먼저 정해야 한다.

위 도형의 경우 4로 정했기 때문에 제자리보다 수구가 좌측으로 0.4Point 만큼

더 기울어서 와야 하기 때문에 28에서 4만큼 빼고 24의 절반인 12를 올려 친 것이다.

역회전 횡단 샷은 중 하단 또는 하단 당점으로 경쾌하면서 짧게 1쿠션에 반사시킨다.

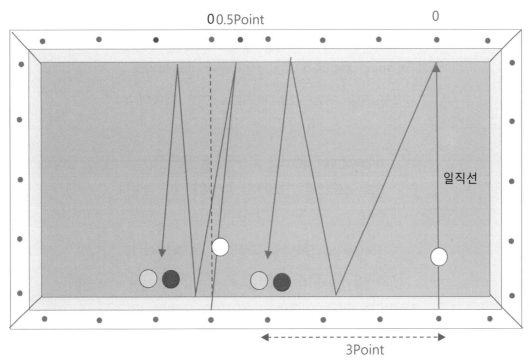

두께 / 당점	회전 량	큐 스피드	스트로크 길이	타법
	도형 참조	3레일 3 / 10	공 두 개 통과	짧고 간명하게 부드러운 잽 샷

[득점의 핵심]

위 도형은 더블 횡단 샷으로 득점하는 방법이다.

이 System의 기준은 중 하단 2Tip 주고 일직선으로 경쾌하게 부딪치면 우측 도형 Line 처럼 3Point가 내려온다.

좌측 도형처럼 일직선에서 0.5Point를 올려 치면 1Point 가 내려온다.

만일 2Point가 내려오게 치려면 일직선에서 0.25Point를 올려 치면 된다.

(스트로크는 모두 일정하다)

당점은 반드시 하단 7시 30분 (4시 30분)방향에 주어야 하며,

1쿠션을 강하게 부딪치면 회전력을 살릴 수 없어 일직선 비슷하게 횡단하며,

너무 부드럽게 쳐도 반사각이 늘어져서 길어질 수있다.

1쿠션에 일정하게 부딪치는 스트로크를 연습을 통해 익혀야 한다. (2.5 ~ 3레일)

Reverse &의 의미는 반전이라는 뜻으로,
처음에는 역회전을 주고 1쿠션에서 출발하지만
2쿠션부터는 정회전으로 반전되는 것을 의미한다.

Reverse Shot을 구사할 줄 안다면
어느 정도 스트로크를 깨우치는 단계가 된 것이다.

Reverse Shot을 구사하기 위해서는
역회전을 끝까지 살려줄 수 있는 타격 없는
스트로크가 어떤 의미인지 이해하고 있어야 한다.

일반적으로 Reverse Shot은 밀어치는 것으로
대부분 이해하고 있지만, 실제로는 쇼트 타법을
구사해서 득점해야 하는 경우도 많다.

두께는 대부분 ½ 두께로 고정 하는 것이
이상적이며, ⅓ 두께로 치면
쿠션의 반발로 Reverse가 잘 되지 않는다.

Reverse Shot의 비밀은 수구의 진행 반대 방향으로
큐를 비틀어 치면 두께를 약간 얇게 쳐도
회전이 끝까지 살아 수구의 움직임을 활발하게
만들 수 있는 것이 비밀이다.

Reverse & System

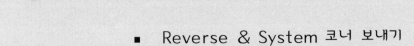

- Reverse & System 코너 보내기
- Reverse & System 기준 Line
- 짧게 부딪쳐 치는 Reverse Shot
- 밀어 치는 Reverse Shot
- Reverse 스트로크의 비밀
- Reverse Spin Shot
- Reverse ½ 두께로 공략하기
- Reverse System 곡구의 응용

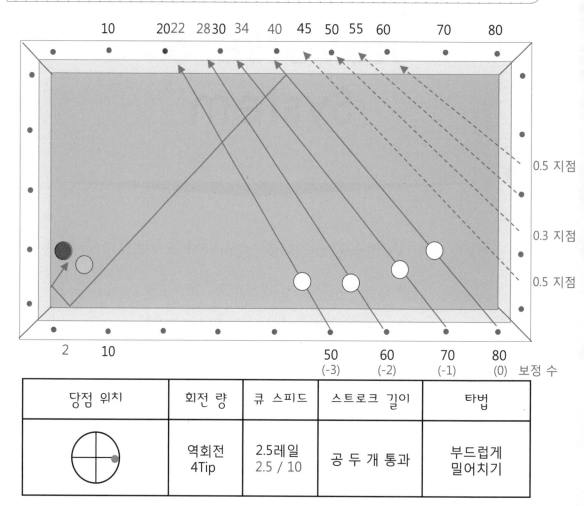

당점 위치	회전 량	큐 스피드	스트로크 길이	타법
	역회전 4Tip	2.5레일 2.5 / 10	공 두 개 통과	부드럽게 밀어치기

[득점의 핵심]

위 도형은 각각의 위치에서 Reverse &로 좌측 하단 코너로 보내는 장면이다.

1쿠션 위치는 수구 숫자의 절반 지점에서 보정 수 만큼 빼 주면 된다.

예를 들어 수구 수 80에서 칠 경우 보정 수 없이 수구 수의 절반인 1쿠션 40를 치고,

수구 수 60에서 칠 경우 보정 수 (-2)를 해서 30이 아닌 28를 쳐야 한다는 뜻이다.

수구가 단 쿠션에서 출발할 경우는 위 도형의 출발지점을 외워두면 편리하다.

1쿠션은 반 포인트 씩 이동된 것이다.

당구대의 쿠션 상태에 따라서 Reverse가 먹는 쿠션이 있고 잘 먹히지 않는 쿠션이

있으므로 이 점을 먼저 파악하고, 역회전이 먹히지 않는 쿠션에서는 Reverse Shot을

시도하지 않는 것이 현명한 방법이다.

스트로크는 역회전 멕시멈 살리면서 부드럽게 천천히 밀어 치면 된다.

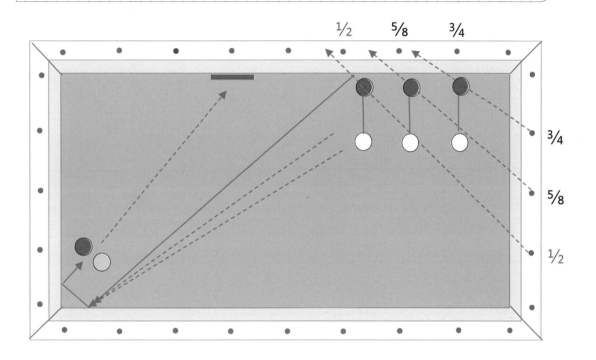

당점 위치	회전 량	큐 스피드	스트로크 길이	타법
½	역회전 4Tip	3레일 3 / 10	공 두 개 통과	역회전 주지만 제각돌리기와 마찬가지 타법

[득점의 핵심]

위 도형은 역회전으로 좌측 하단 코너 가까이 보내는 Reverse System 기준 Line 이다.

4쿠션 연장선은 적색 표시 지역이며, 당구대의 특성에 따라 약간의 차이가 있다.

역회전을 주고 Ball First로 칠 때는 길게 밀어 치는 타법이 아니라 쇼트 타법으로 1적구를 살짝 눌러 치는 느낌으로 부딪쳐 분리시켜 치면 된다.

위 도형의 Line을 외워두면 Ball First로 칠 경우에 1쿠션 선택이 아주 쉬워진다.

Reverse 샷을 할 때 공의 두께는 대부분 ½ 또는 ⅝ 두께를 사용해야 한다.

1적구의 두께를 ½ 두께보다 얇게 사용하게 되면 수구가 1쿠션에서 반발이 생겨 득점 확률이 낮아질 수 있다.

다시 한번 강조하면 밀어치는 타법이 아니라 짧고 적당하게 (쇼트 스트로크)부딪쳐 수구를 분리시킨 다음 기다리면 수구는 알아서 Line을 찾아간다.

169

◆ 짧게 부딪쳐 치는 Reverse Shot

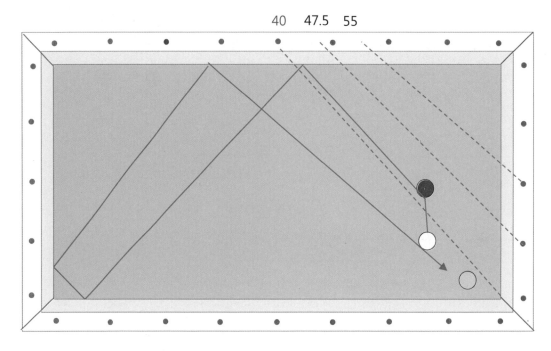

40   47.5   55

[아래 도표 보는 법 66 page 참조]

당점 위치	회전 량	큐 스피드	스트로크 길이	타법
3/8	중 상단 2Tip	6레일 6 / 10	공 세 개 통과	짧게 부딪쳐 분리각으로 치기

[득점의 핵심]

위 도형은 1적구와 수구가 가까이 있으면서 약간 예각으로 있을 경우 득점하는 방법을
나타낸 도형이다.

이 경우 1적구의 두께를 두껍게 잡으면 2쿠션이 단쿠션부터 맞게 되고,

얇게 치면 수구가 1쿠션에서 튕기면서 수구는 짧게 반사된다.

이 경우 도형에 표시된 것처럼 중 상단 2Tip 주고 짧고 단단하게 눌러 쳐서 수구가

1쿠션에서 2쿠션으로 반발될 때 튀지 않고 최대의 반사각이 이루어 지도록 일정한

스피드를 유지하는 연습이 필요하다.

Ball First로 치는 경우 대부분의 득점 실패 이유는 큐 선을 너무 길게 밀어 쳐서 수구가
길게 진행되기 때문이다.

1적구를 쇼트 타법으로 단단하게 눌러 쳐서 수구를 분리 시키는 연습을 해야 한다.

◆ 밀어 치는 Reverse Shot

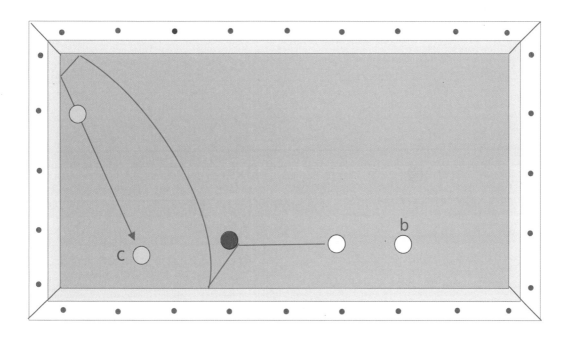

두께 / 당점	회전 량	큐 스피드	스트로크 길이	타법
½	3Tip	3레일 3 /10	공 두 개 통과	짧고 경쾌하게 밀어치기

[득점의 핵심]

위 도형은 Reverse &의 기본 형태이다.

1적구가 장쿠션 3Point, 단쿠션 1Point의 지점에 놓여있고, 목적구는 좌측 상단 코너에 위치해 있을 경우의 공략 방법이다.

수구가 도형처럼 1직선 후방에 위치해 있을 경우 ½ 두께로 짧고 경쾌하게 밀어 치면 득점 확률을 높일 수 있다.

2목적구가 c의 지점에 있어도 마찬가지 Line이므로 위 형태의 모양을 완벽하게 익혀 두면 실력 향상에 도움이 될 수 있다

수구가 b처럼 1적구와의 거리와 멀어지면 밀림 현상이 더 발생하기 때문에 당점을 반 Tip 정도 낮추어 주어야 한다.

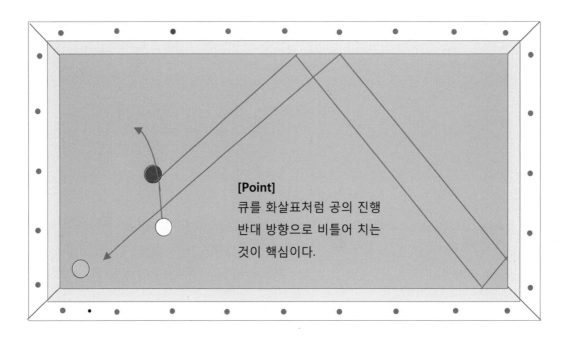

[Point]
큐를 화살표처럼 공의 진행
반대 방향으로 비틀어 치는
것이 핵심이다.

두께 / 당점		회전 량	큐 스피드	스트로크 길이	타법
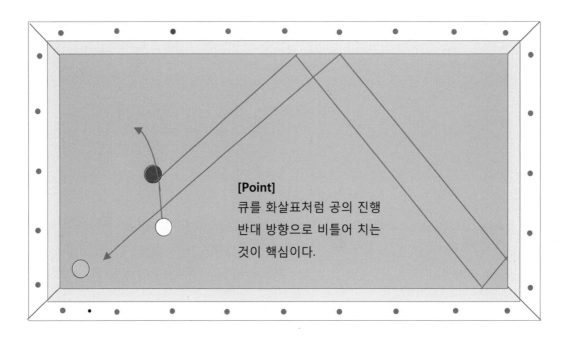	3/8	중단 4Tip	8레일 8 / 10	공 세 개 통과	반대로 비틀면서 밀어치기

[득점의 핵심]

위 도형과 같이 수구가 1적구와 약간 엇각으로 있는 리버스 배치에서 수구를 대회전
시키는 것은 특별한 요령 없이 1적구를 두껍게 맞혀서는 쉽지 않을 것이다.
이 경우 절반보다 약간 얇은 40% 정도의 두께로 겨냥하면서 임펙트와 동시에 큐를
화살표처럼 공의 진행 반대 방향으로 비틀면서 밀어 치면 얇은 두께로 인해 수구의
힘이 살아 있으며, 반대 방향으로 비틀어 친 영향으로 수구의 역회전을 최대한 살려
나갈 수 있어 수구를 2목적구 까지 도달할 수 있다.
이 스트로크의 비밀은 대부분의 고점자도 접해보지 못한 기술로서 많지 않은 연습을
통해 쉽게 터득할 수 있다.
(1적구와 수구가 일직선으로 배치되어 있는 경우, 위 설명처럼 비틀어 치면 너무 많이
끌려 수구가 2쿠션이 단쿠션부터 맞아 득점에 실패할 수 있으므로 연습이 필요하다)

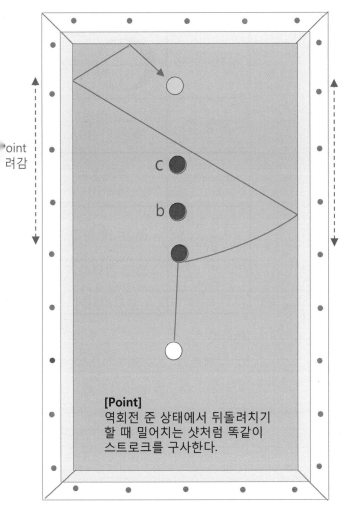

두께. 당점	¾
회전 량	3시 당점 3Tip
큐 스피드	5레일 5 / 10
스트로크 길이	공 세 개 통과
타법	길게 밀어치기

[Point]
¾의 두꺼운 두께와 완벽하게
밀어 치는 스트로크를 구사하고
도형 b와 c처럼 위치가 바뀌었을
때는 당점만 내려주고 같은 두께
같은 타법을 사용한다.

[Point]
역회전 준 상태에서 뒤돌려치기
할 때 밀어치는 샷처럼 똑같이
스트로크를 구사한다.

[득점의 핵심]

위 도형은 Reverse Spin Shot 으로 득점하는 장면이다.

도형처럼 1적구를 맞힌 수구가 3Point 정도 내려가야 득점할 수 있다면 ¾ 두께에 3시
3Tip 당점을 사용하는 것이 기준이다.

이 형태의 득점 핵심은 ¾ 두께에 완벽한 밀어치기 샷을 구사 하는 것이다.

그 이유는 ¾ 의 두꺼운 두께로 일단 옆으로 분리됐다가 길게 밀어친 샷에 의해 전진력
으로 수구가 도형처럼 동선을 그리며 득점하게 된다.

절반 정도의 얇은 두께를 사용하거나 밀어 치는 스트로크가 생략된다면 전진력이 약해
득점에 실패하게 된다.

Reverse Shot은 회전은 반대이지만 뒤돌려치기 밀어치는 샷과 같은 이미지로 한다.

◆ Reverse ½ 두께로 공략하기

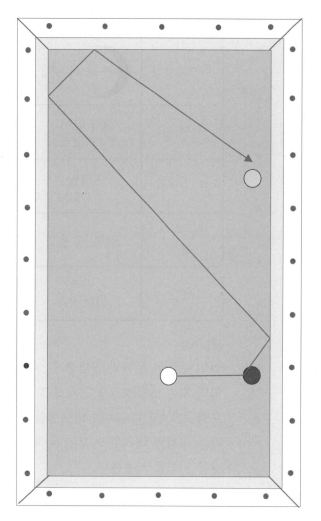

두께. 당점	3/4
회전 량	4시 당점 중 하단 3Tip
큐 스피드	4레일 4 / 10
스트로크 길이	공 두 개 통과
타법	짧고 간명하게 부딪쳐서 분리시키기

[Point]

½ 두께로 짧고 경쾌하게 1적구를
부딪쳐서 수구를 분리시킨다.

[득점의 핵심]

위 Reverse 도형은 ½ 두께로 공략하여 득점하는 장면이다.

일반적으로 Reverse 형태는 ½ 두께로 공략하는 것이 수구의 변화가 가장 적어 득점
확률이 높다.

예를 들어 ⅓ 두께에서는 1쿠션으로의 입사각이 작기 때문에 수구가 불규칙하게 반사
될 확률이 아주 높다.

또한 ⅝ 이상의 두꺼운 두께에서는 강한 스트로크로 인해 수구가 길게 반사각이 형성
되기 쉽다.

따라서 Reverse는 45°로 입사 반사 되는 ½ 두께에서 득점 확률이 가장 높다.

◆ Reverse System 곡구의 응용

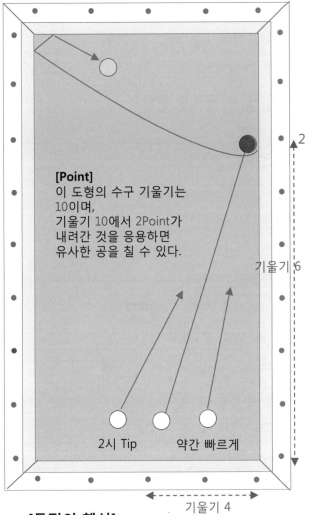

[Point]
이 도형의 수구 기울기는
10이며,
기울기 10에서 2Point가
내려간 것을 응용하면
유사한 공을 칠 수 있다.

기울기 6

2시 Tip   약간 빠르게

기울기 4

[득점의 핵심]

두께. 당점	◐	5/8
회전 량	3Tip	
큐 스피드	3레일 3 / 10	
스트로크 길이	공 두 개 통과	
타법	눌러 쳐놓고 기다리기	

[Point]
이 도형의 득점 포인트는 스트로크의
강약 조절이다..
중단 역회전으로 60% 정도의 두께로
맞혀 수구가 잠시 놀래 뒤로 밀리는
듯하다가 살아 있는 전진력에 의해
곡구를 그리며 득점하는 이미지를
머릿속에 그려보는 것이 중요하다.

이 도형은 곡구를 이용한 Reverse Shot의 가장 기본이 되는 형태이다.
이 형태를 어느 정도 마스터하게 되면 유사한 배치에서 쉽게 응용할 수 있다.
1적구가 2Point 지점에 있고 2목적구는 코너 가까이 보내야 하는 Line에 있다.
수구는 단쿠션 중앙 부근에 위치해 있을 때를 기준으로 60% 정도의 두께에 2레일 정도
의 스피드로 1적구를 살짝 눌러놓고 기다리면 수구는 도형처럼 곡구를 그리게 된다.
스트로크의 이미지는 수구를 1적구에 얹어 놓는 느낌이면 된다.
절대 인위적으로 곡구를 만들기 위해 밀어 치면 안 된다.
수구가 1적구에 부딪치면서 잠시 물러섰다가 남아 있는 전진력에 의해 저절로 곡구가
만들어지면서 득점하는 것이다.

안으로 넣어치기와 밖으로 걸어치기는
3쿠션 게임 중에 자주 등장 하는 실속 있는 종목이다.
특히 2점제 경기에서는
반드시 성공하여 득점할 수 있어야 한다.

안으로 넣어치기와 밖으로 걸어치기에서
가장 중요한 핵심은
1쿠션 겨냥 지점과 타법이다.

안으로 넣어치기의 타법은
손목 사용을 억제하면서 부드럽고 약하게 굴리면
수구의 동선을 길게 만들 수 있고,
손목 스냅을 사용하면서 중 하단 당점으로 강하게 치면
수구의 동선을 짧게 만들 수 있다.
하지만 강하게 또는 약하게 칠 경우
겨냥 지점이 다소 변하게 한다.

반대로 밖으로 걸어치기의 경우에는 상단 당점으로 부드럽게
밀어 치면 수구의 동선을 길게 만들 수 있으며,

하단 당점 주고 빠르게 칠 수록 수구의 동선이
짧아지는 점들을 활용해서 그때 그때
적절한 당점과 스트로크를 선택하는 것이 핵심이다.
물론 스피드에 따라 겨냥 지점도 변해야 한다.

넣어치기 & 걸어치기 System

- 안으로 넣어치기 겨냥점
- 안으로 넣어치기 Point별 회전량
- 역회전 안으로 넣어치기
- 안으로 끌어 치면서 넣어치기
- 앞으로 걸어치기 겨냥점
- 앞으로 걸어치기 기본 Line
- 앞으로 걸어치기 당점 계산법
- 앞으로 짧게 걸어 치는 요령
- 앞으로 길게 걸어 치는 요령
- 당점을 이용한 앞으로 걸어치기

◆ 안으로 넣어치기 겨냥점

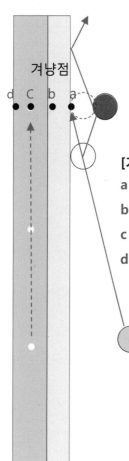

겨냥점

d c b a

[겨냥 지점]
a : 공 한 개 떨어져 있을 때.
b : 공 한 개 반 떨어져 있을 때.
c : 공 두 개 떨어져 있을 때.
d : 공 두 개 반 떨어져 있을 때.

두께. 당점	
회전 량	중 상단 2Tip
큐 스피드	3레일 3 / 10
스트로크 길이	공 두 개 통과
타법	각도에 따라

[Point]
안으로 넣어치기에서 수구의 분리각을 크게 만들 때는
손목의 스냅을 사용하거나 임펙트시 타격의 양으로
분리각을 조절한다 (타격이 강할 때는 좀 더 깊이 겨냥 함)
분리각을 작게 만들어야 할 때는 하단 당점으로 스냅 없이
천천히 부드럽게 미끄러뜨려 수구가 1쿠션을 가볍게
스치도록 굴려 쳐야 된다.

[도형의 핵심]

위 도형은 안으로 넣어치기에서 1적구가 쿠션과 떨어져 있는 거리에 따른 겨냥 지점을
나타낸 것이다.
공 한 개가 떨어져 있을 때 쿠션 날을 향해 적당히 굴려 치면 ⅜정도의 두께가 맞는다.
공 한 개 반이 떨어져 있을 경우 프레임과 쿠션의 경계선에서 약간 안쪽으로 친다.
공 두 개가 떨어져 있을 경우 프레임 포인트 Line을 향해 부드럽게 밀어 치면 된다.
안으로 넣어치기 할 때는 회전을 1Tip ~ 2Tip 정도로 통제하는 것이 좋다.
1.5 Tip만 주더라도 공끼리 부딪치면 자연 회전이 증가되기 때문이다.
안으로 넣어치기에서의 자연 분리각은 대략 30°에서 40° 정도 분리각이 생긴다.
위 도형을 기준으로 스트로크의 강약에 따라 겨냥점은 조금씩 달라져야 된다.

◆ 안으로 넣어치기 Point별 회전량

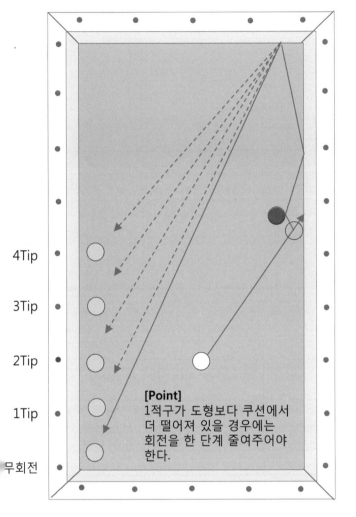

4Tip

3Tip

2Tip

1Tip

무회전

[Point]
1적구가 도형보다 쿠션에서
더 떨어져 있을 경우에는
회전을 한 단계 줄여주어야
한다.

[아래 도표 보는 법 66 page 참조]

두께. 당점	¼
회전 량	도형 참조
큐 스피드	4레일 4 / 10
스트로크 길이	공 세 개 통과
타법	경쾌하게 밀어치기

[Point]

생각보다 깊숙이 치는 것이 핵심
이며, 스피드의 강약으로 수구의
동선을 조절할 수 있다.
빠르게 치면 단쿠션에서 회전 먹을
시간 없이 튀어 올라와 길어지고,
느리게 치면 자연 회전이 발생해
짧아진다.

[득점의 핵심]

위 도형은 1적구가 쿠션에서 공 한 개 ~ 한 개 반 정도 떨어져 있을 때를 기준으로
3쿠션 지점별로 회전량을 표시한 것이며, 수구의 입사각이 대략 30° 전 후라고 전제하고
좌측 4쿠션에 보내는 회전량을 나타낸 것이다.
2목적구가 좌측 하단 코너에 있을 때 무회전으로 치는 것을 기준으로 원 포인트가
짧아질 때마다 1Tip씩 증가 시키면 된다.
만일 1적구가 쿠션에서 공 2개 정도 떨어져 있다면 회전을 1Tip씩 줄여 주어야 한다.
그 이유는 간격이 넓을 경우 수구가 진행하면서 자연 회전량이 증가하기 때문이다.
득점의 핵심은 빠르게 밀어쳐서 3쿠션에서 수구가 스피드에 의해 회전을 먹을 시간
없이 솟아 오르게 하는 것이 핵심이다.

◆ 안으로 넣어치기 Point별 회전량

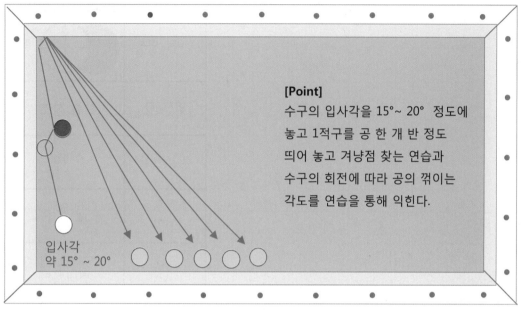

[Point]
수구의 입사각을 15°~ 20° 정도에
놓고 1적구를 공 한 개 반 정도
띄어 놓고 겨냥점 찾는 연습과
수구의 회전에 따라 공의 꺾이는
각도를 연습을 통해 익힌다.

입사각
약 15° ~ 20°

무회전 1Tip 2Tip 3Tip   4Tip

두께 / 당점	회전 량	큐 스피드	스트로크 길이	타법
도형 참조	도형 참조	2레일 2 / 10	공 두 개 통과	부드럽게 밀어치기

[득점의 핵심]

위 도형은 앞 페이지와는 달리 단. 단. 장. 장으로 득점하는 장면이다.
이론은 마찬가지이며 무회전으로 쳤을 때 2Point 지점에 도착하는 것을 기준으로
반 포인트에 1Tip씩 증가시켜 주면 된다.
무회전 지점에 있는 목적구를 맞히려면 겨냥 지점도 아주 깊어야 하지만 스트로크도
아주 느리면서 부드럽게 굴려쳐야 한다.
1Tip 지점 ~ 4Tip 지점으로 올라갈수록 스트로크의 강도를 조금씩 높여 준다.
안으로 넣어치기에서 가장 중요한 것은 겨냥 지점이다.
특히, 1적구가 단쿠션에 위치해 있을 경우에는 장쿠션에 위치해 있을 경우보다 약간 깊
이 넣어 쳐야 득점 확률이 높아질 수 있다. 연습을 통해 감각을 키워보자
(수구의 회전을 최대한 억제 시키려면 백 스윙 크기를 아주 작게 하는 것이 요령이다.)

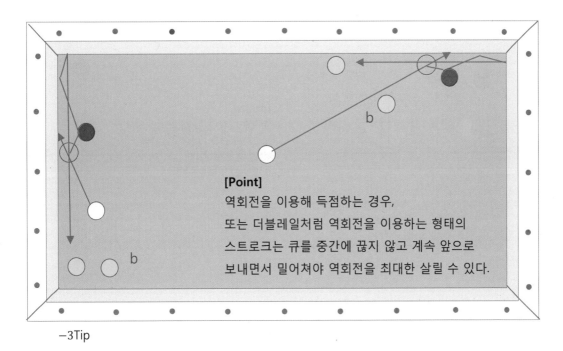

−3Tip

두께 / 당점	회전 량	큐 스피드	스트로크 길이	타법
(당점 그림)	− 4Tip	2레일 2 / 10	공 세 개 통과	큐 무게로 느리면서 길게 밀어치기

[득점의 핵심]

위 도형은 역회전 주고 더블레일 방식으로 득점하는 장면이다.
이러한 역회전 넣어치기 형태에서의 득점 핵심은 절대적으로 스트로크에 달려 있다.
이 배치에서 득점에 실패하는 경우의 첫 번째는 1쿠션 지점을 깊이 넣어 쳐야 하는데
너무 앞쪽을 쳐서 1적구가 두껍게 맞아 역회전이 소멸되는 경우이고,
두 번째는 스트로크가 빠르면서 큐를 잡아버리기 때문에 회전력을 끝까지 못 살리기
때문이다. 아주 부드러우면서 느린 속도로 큐 무게만으로 길게 밀어 쳐야 한다.
세 번째로 중요한 것은 부드럽게 밀어 치면서 마지막에 그립을 잡지 않는 것이 핵심이다.
그립을 잡는 순간 역회전은 대부분 사라진다.

2목적구가 b의 지점에 있을 경우에는 회전량을 −2Tip 정도로 줄여 주고 쳐야 된다.

◆ 안으로 끌어 치면서 넣어치기

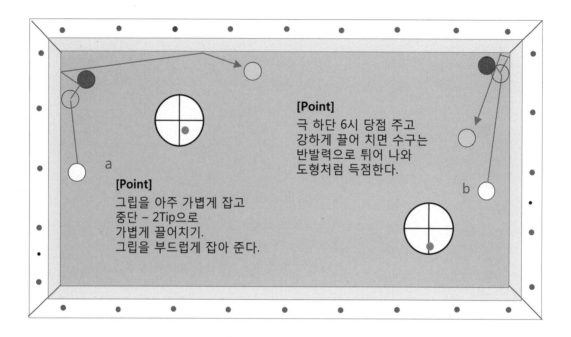

[Point]
극 하단 6시 당점 주고
강하게 끌어 치면 수구는
반발력으로 튀어 나와
도형처럼 득점한다.

[Point]
그립을 아주 가볍게 잡고
중단 – 2Tip으로
가볍게 끌어치기.
그립을 부드럽게 잡아 준다.

두께 / 당점	회전 량	큐 스피드	스트로크 길이	타법
	a : – 2Tip b : 무회전	3레일 3 / 10	공 세 개 통과	도형 참조

[득점의 핵심]

좌측 도형처럼 수구를 많이 끌어 쳐야 하는 경우에는 – 2Tip을 주고 부드럽게 넣어 치면
된다.
정회전을 주고 깊은 스트로크로 끌어 치는 방법도 있지만 – 2Tip 주고 치는 방식으로
치는 것이 보다 더 실패 확률을 줄일 수 있다.

우측 도형의 경우는 1적구가 공 한 개 정도 약간 안되게 쿠션에 붙어 있는 경우이다.
이 경우의 득점 핵심은 6시 방향 극 하단 주고 강하게 끌어 치는 것이다.
하단 당점 사용과 강한 끌어치기로 수구는 3쿠션을 먹은 뒤 도형처럼 튀어나와 득점
하게 된다. 다시 말해 수구가 회전 먹을 시간 없이 튀어나오게 강하게 끌어 치는
스트로크가 득점의 핵심이다.

◆ 안으로 끌어 치면서 넣어치기

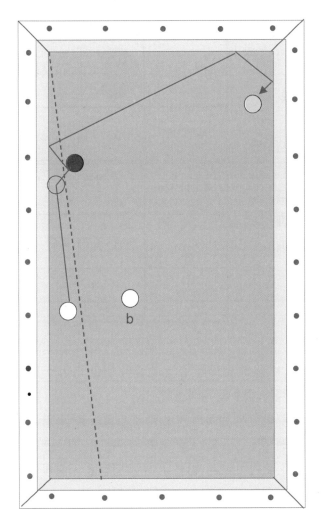

두께. 당점	
회전 량	2Tip
큐 스피드	4레일 4 / 10
스트로크 길이	공 두 개 통과
타법	강한 Cut Shot

[Point]
1. 하단 당점을 사용한다.
2. 왼손 브리지를 강하고 짧게
   잡는다.
3. 임펙트와 동시에 그립을 빠르게
   잡아 준다.
4. 1쿠션을 끌어주는 느낌으로.

[득점의 핵심]

위 도형처럼 넣어치기로 1적구를 많이 꺾어 쳐야 득점이 되는 경우 득점의 핵심은
다음과 같다.
1. 왼손 브리지를 짧고 강하게 잡는다.
2. 하단 당점을 사용한다.
3. 임펙트와 동시에 강한 Cut을 해준다 (빠르게 그립을 잡아 준다)
4. 빠르게 스트로크를 한다.
5. 오른손 그립에 미리 힘이 들어가 있으면 밀림 현상이 생겨 득점에 실패하기 쉽다.

만일 수구가 도형처럼 b 지점에 있을 경우에는 넣어치기를 하면 득점할 수 없다.

◆ 앞으로 걸어치기 겨냥점

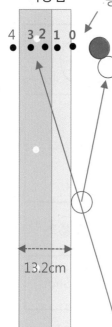

겨냥점

공 한 개 간격

4 3 2 1 0

[겨냥 지점]

0 : 1적구가 쿠션에 붙어 있고
   절반 두께로 맞힐 때
1 : 1적구가 쿠션에 붙어있을 때
   얇게 걸어치기 할 때
2 : 공 반 개 떨어져 있을 때
3 : 공 한 개 떨어져 있을 때
4 : 공 두 개 떨어져 있을 때

13.2cm

회전 : 1Tip ~ 2Tip
스피드 : 2.5 레일

두께. 당점	¼
회전 량	1Tip
큐 스피드	3레일 3 / 10
스트로크 길이	공 두 개 통과
타법	부드럽게 밀어치기

앞으로 걸어치기에서 수구의 궤도를 길게 만들기 위한 요령은 ~
상단 당점에 회전을 적게 줄수록 길어진다.
좀더 수구의 동선이 길어지게 만들려면 느린 스트로크로 큐 끝을
임펙트 이후 살짝 올려 주는 Up Shot을 하면 수구는 더 길어진다.
반대로 수구의 동선을 짧게 만드는 방법은 하단 당점을 사용하면서
빠르게 치면 수구가 늘어질 틈이 없이 짧게 동선을 그리며,
회전을 많이 줄수록 수구의 동선은 짧아진다.

[도형의 핵심]

위 도형은 앞으로 걸어치기에서 1적구가 쿠션과 떨어져 있는 거리에 따른 겨냥 지점을
나타낸 것이다.
1적구의 두께는 대략 ¼ 두께 정도로 걸어 치는 것을 기준으로 한 것이다.
위에 적색 숫자로 43210은 1적구가 쿠션에서 떨어져 있는 거리에 따른 겨냥점이다.
예를 들어 1적구가 쿠션에서 공 한 개 정도 떨어져 있을 경우의 겨냥점은 프레임 포인트
약간 왼쪽이라는 뜻이다.

수구의 입사각이 크게 변하지 않는 한 위의 겨냥점 방식을 그대로 적용해도 된다.

◆ 앞으로 걸어치기 기본 Line

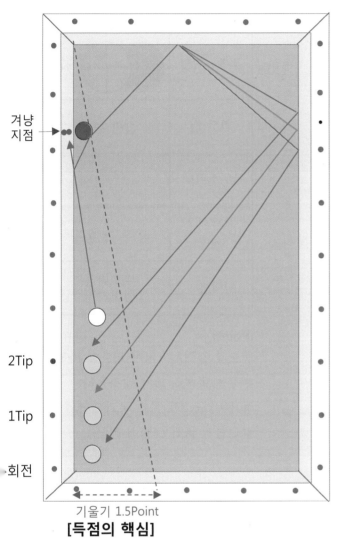

겨냥
지점

2Tip

1Tip

회전

기울기 1.5Point

[득점의 핵심]

두께. 당점	¼
회전 량	1Tip
큐 스피드	2.5레일 2.5 / 10
스트로크 길이	공 두 개 통과
타법	부드럽게 관통 샷

[Point]

1적구가 쿠션에 붙어 있을 경우에는
쿠션 ½ ~ ⅔ ● 지점 정도를 겨냥하고,
1적구가 쿠션에서 반 개 떨어져 있을
때는 기준점에서 공 반개 만큼 좌측을
겨냥한다. 단 유의할 점은 공이 떨어져
있을 경우 밀림 현상이 적어 수구의
진로가 짧아질 수 있다.

위 도형은 1적구가 쿠션에 붙어 있거나 약간 떨어져 있고 수구의 기울기가 1.5 Point
이내에 있을 경우 앞으로 걸어치기 기본 Line을 나타낸 것이다.
도형처럼 2목적구가 좌측 하단 2Point에 있을 경우 2Tip을 주고 친다.
도형처럼 2목적구가 좌측 하단 1Point 지점에 있을 경우 1Tip을 주고 친다.
도형처럼 2목적구가 좌측 하단 코너에 있을 경우 무회전을 주고 친다.
위와 같은 배치에서 가장 많이 실수하는 경우를 보면 얇게 걸어야 한다는 생각에
1적구에서 너무 멀리 겨냥점을 정해 1적구를 맞히지 못하는 경우이다.
이와 같은 배치에서는 눈에 보이는 이미지보다 공의 반지름 만큼 미리 쿠션에서 튄다는
것을 생각하고 간격에 따른 겨냥점을 평소 익혀 두어야 한다.

185

◆ 앞으로 걸어치기 당점 계산법

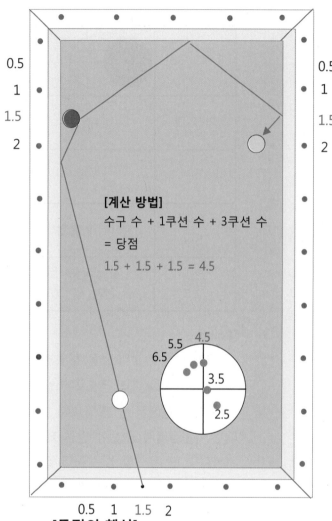

0.5
1
1.5
2

[계산 방법]
수구 수 + 1쿠션 수 + 3쿠션 수
= 당점

1.5 + 1.5 + 1.5 = 4.5

5.5   4.5
6.5
3.5
2.5

0.5   1   1.5   2

[득점의 핵심]

두께. 당점	¼
회전 량	상단 1Tip
큐 스피드	2레일 2 / 10
스트로크 길이	공 두 개 통과
타법	부드럽게 밀어치기

[Point]
앞으로 걸어치기는 스피드에 따라
수구의 동선이 크게 달라진다.
큐 선이 공 2개 정도 통과하면서
부드럽게 굴리듯 밀어 친다.

위 도형은 수구 위치, 1쿠션 위치, 3쿠션 위치에 각각 숫자를 정해 놓고 그 숫자를 모두
더한 다음 해당되는 당점을 쳐서 득점하는 방법이다.
수구 수, 1쿠션 수, 3쿠션 수 모두 반 포인트 간격에 0.5씩 늘어나며,
1쿠션 겨냥 지점은 얇게 걸어 치는 기준이므로 앞 페이지에 나온 앞으로 걸어치기
겨냥점 찾는 법을 참고하면 된다.
스트로크는 부드럽게 굴려 치는 타법이며, 빠르게 치면 짧아지고 느리게 치면 길어진다.
위 도형의 경우, 수구 위치, 1쿠션 위치, 3쿠션 위치가 각각 1.5Point 임을 기억하고
스트로크의 강약을 조절하면서 기준 스트로크를 익혀 두면 나머지 배치는 보다 쉽게
득점할 수 있다.

◆ 앞으로 짧게 걸어 치는 요령

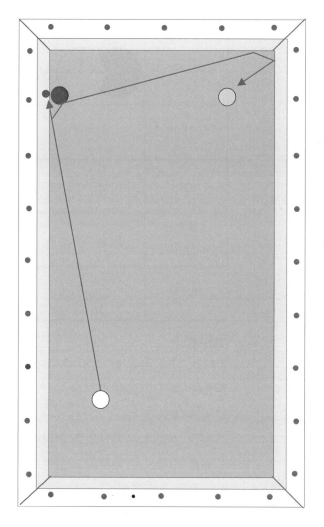

두께. 당점		5/8
회전 량	하단 2Tip	
큐 스피드	4레일 4 / 10	
스트로크 길이	공 두 개 통과	
타법	경쾌하고 약간 빠르게	

[Point]
이 도형의 득점 핵심은 당점을
내리고 약간 빠르게 분리각으로
걸어 치면 된다.
비거리가 멀다고 끌어 치는 행위를
별도로 가하지 않아도 된다.
하단 당점 주고 스피드만 올려 주면
도형처럼 진행될 수 있다.

[득점의 핵심]

위 도형은 앞으로 걸어치기 짧은 각으로 득점하는 요령이다.
1적구와 수구의 거리가 먼 경우 수구가 밀리는 것이 염려되어 끌어 주는 스트로크를
하는 경우를 흔히 볼 수 있다.
이러한 배치에서는 당점만 하단 2Tip 정도 주고 어느 정도 스피드만 가해주면 수구는
도형처럼 낮게 동선을 그리며 득점하게 된다.
또한 공부터 맞을 염려 때문에 1적구에서 너무 먼 지점을 겨냥하는 경향이 있는데,
멀리 겨냥할 경우 공의 크기 때문에 공이 쿠션에 미리 맞고 반사되어 1적구를 맞히지 못
하거나 너무 얇게 걸릴 수 있다.
도형처럼 1적구가 쿠션에 붙어 있을 경우 공이 쿠션과 닿은 지점을 향해 겨냥하면 된다.

◆ 앞으로 길게 걸어 치는 요령

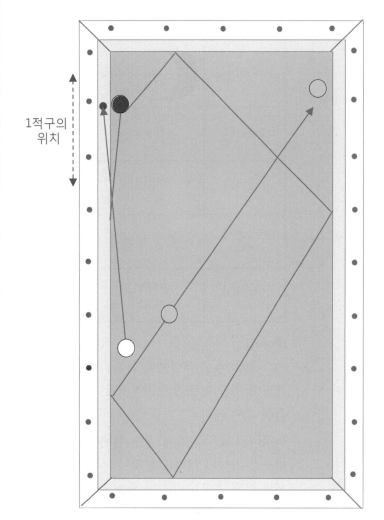

1적구의
위치

두께. 당점		¼
회전 량	느낌 Tip	
큐 스피드	4레일 4 / 10	
스트로크 길이	공 세 개 통과	
타법	부드럽게 밀어치며 Up Shot	

[Point]
앞으로 길게 걸어 칠 경우 수구의
동선을 길게 만드는 핵심은~
1. 얇게 걸어 친다.
2. 상단 당점에 무회전으로 친다.
3. 큐를 수평으로 유지하고 관통 샷
4. 스트로크 이후에 큐를 잡지 않는다.

[득점의 핵심]

위 도형은 길게 앞으로 걸어 쳐서 득점하는 장면이다.
1적구가 쿠션 가까이 있는 경우는 쿠션과 프레임 경계선에서 약간 안쪽이 겨냥점이
되며, 만일 1적구가 약간 더 떨어져 있다면 기준점에서 약간씩 더 왼쪽을 겨냥하면 된다.
앞으로 걸어치기 할 경우 상단 당점에 회전이 적을수록 수구의 동선은 길어진다.
부드러운 스트로크로 밀어 쳐야 하는 이유는 수구가 2쿠션에서 최대한 솟아오르도록
하기 위함이다. (Up shot을 하면 2쿠션에서 보다 길게 반사된다)
위 도형과 같은 배치에서 약간의 역회전을 준다면 우측 상단에 있는 2목적구도 대회전
으로 득점할 수 있다. 만일 중 상단 당점 또는 2Tip정도의 회전을 주거나 빠른 스트로크
를 구사하면 수구는 짧게 짧게 진행된다.

◆ 당점을 이용한 앞으로 걸어치기

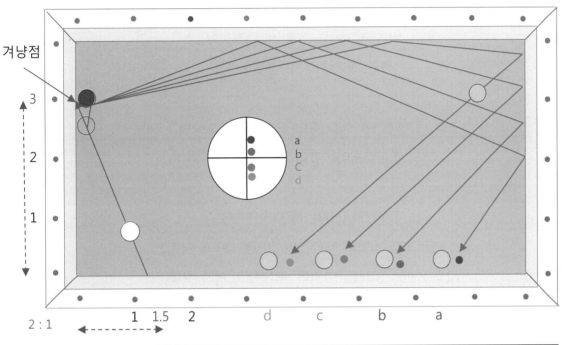

두께 / 당점	회전 량	큐 스피드	스트로크 길이	타법
도형 참조	1Tip	3레일 3 / 10	공 두 개 통과	부드럽게 밀어치기

[Point]

위 도형은 당점의 위치를 조절하며 득점하는 앞으로 걸어치기 방식이다.
1적구가 쿠션에 붙어 있을 경우 1쿠션 겨냥점은 1적구가 닿은 쿠션날 지점이 되며,
1적구와 수구의 기울기 비율은 2 : 1 비율 기준이다 (3Point : 1.5Point)
만일 1적구와 수구의 위치가 달라도 1적구와 수구의 기울기 비율이 2 : 1인 경우라면
마찬가지 공식을 적용하면 된다.
1적구와 수구의 기울기 비율이 2 : 1 이 아니라 다를 경우 장쿠션 반 포인트에 당점을
한 단계씩 상하로 조절해 주면 된다. 예를 들어 1적구는 3인데 수구가 1.5Point 지점이
아니라 2지점이라면 당점을 반Tip 올리고, 수구 위치가 1이라면 당점을 하나 내리면
된다. 스트로크는 부드럽게 밀어치는 타법이며, 수구의 동선은 당점에 의해 자동으로
조절되므로 별도의 동작 없이 일정하게 밀어 치는 감각만 유지하면 된다.

비껴치기에는 가로 비껴치기와
세로 비껴치기 두 종류가 있다.

가로 비껴치기는 많은 동호인들이 현재 활용하고 있는
일출 System으로 정확도가 아주 뛰어나다.

문제는 세로 비껴치기이다.
1적구와 수구의 입사각이 그때 그때 다르고
1쿠션에서 3쿠션 까지의 비거리가 멀기 때문에
스트로크에 따라 오차가 발생하기 때문이다.

비껴치기에서 가장 중요한 것은 스트로크인데
회전을 억제하는 스트로크와 회전을 살리는
스트로크의 원리를 먼저 이해하고 접근해야 한다.

당점을 관통 샷으로 빠르게 찌르면
수구는 회전이 많이 발생하고,
손목을 사용하지 않고 큐와 하박이 하나가 되어
느리게 스트로크를 하거나,
쇼트 타법을 사용하면 회전량을 억제할 수 있다.

비껴치기 System

- 비껴치기 기본도
- 비껴치기 4쿠션 연장 Line
- 비껴치기 기준점 갖기
- 세로 비껴치기 기본도
- 기울기 2 원리를 이용한 비껴치기 득점 방법
- 45°를 기준으로 공략하는 방법
- Five & Half System을 이용한 득점 방법
- 기울기를 이용한 대회전 득점 방법
- 제자리치기 법칙
- 세로 비껴치기 ½ 공략법
- 세로 비껴치기 40 System
- 기울기의 법칙
- 비껴치기를 이용한 더블 쿠션

◆ 비껴치기 기본도

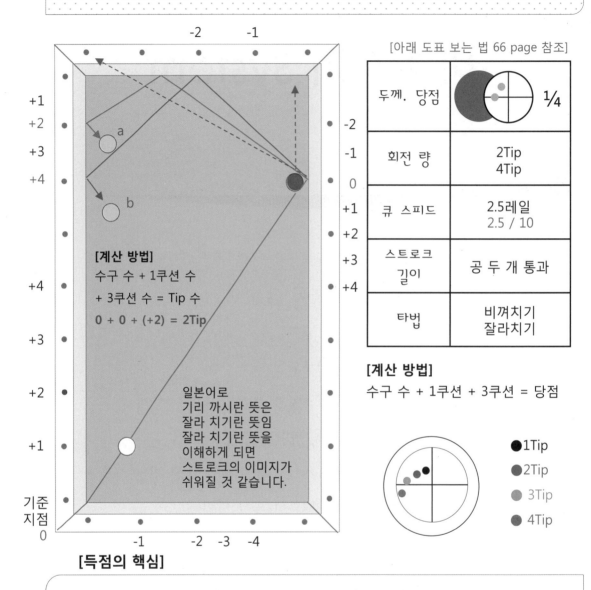

[아래 도표 보는 법 66 page 참조]

Table markings (top): -2, -1

Left side markings: +1, +2, +3, +4, +4, +3, +2, +1, 기준 지점 0

Right side markings: -2, -1, 0, +1, +2, +3, +4

Bottom markings: -1, -2, -3, -4

Points labeled: a, b

[계산 방법]
수구 수 + 1쿠션 수
+ 3쿠션 수 = Tip 수
0 + 0 + (+2) = 2Tip

일본어로
기리 까시란 뜻은
잘라 치기란 뜻임
잘라 치기란 뜻을
이해하게 되면
스트로크의 이미지가
쉬워질 것 같습니다.

[득점의 핵심]

		1/4
두께. 당점	◐	1/4
회전 량		2Tip 4Tip
큐 스피드		2.5레일 2.5 / 10
스트로크 길이		공 두 개 통과
타법		비껴치기 잘라치기

[계산 방법]
수구 수 + 1쿠션 + 3쿠션 = 당점

●1Tip
●2Tip
●3Tip
●4Tip

위 도형의 System 명은 쿠션에 붙어 있는 적색 공이 마치 해가 뜨는 모습과 같다고 하여
Rising Sun (일출)System이라고 부르기도 한다.

계산 방법은 수구 수와 1적구 수와 3쿠션 수를 합한 수가 Tip 수가 된다.

위 도형의 경우 수구와 1적구가 기준점인 0에 있으므로 ~

a는 +2Tip, b는 +4Tip을 주고 치면 된다. 1적구의 두께는 무회전으로 쳤을 때 도형에
표시된 것처럼 수구와 1적구가 적색 점선처럼 이동하는 두께 기준이다.

다시 말해 도형처럼 기울기 6에서 1적구를 얇게 맞혀 2Point가 내려가는 스트로크 이다.

회전을 많이 주고 칠 경우 느린 속도에 의해 커브 현상이 생기는 것을 유의해야 한다.

당점은 위 우측에 표시된 것처럼 각각의 위치에 회전을 주고 치면 된다.

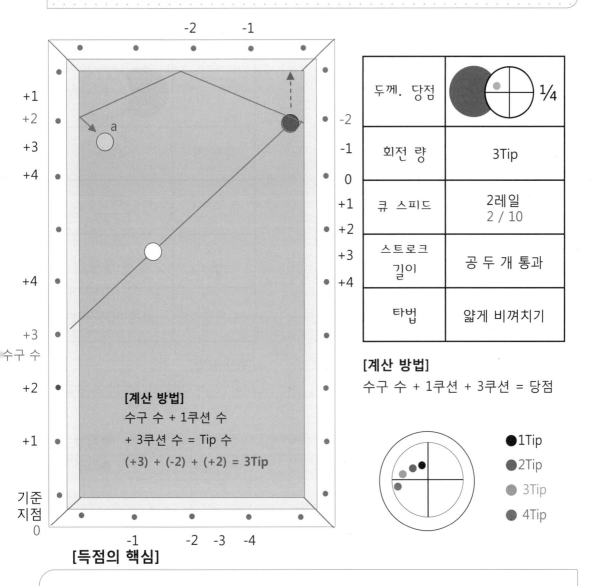

◆ 비껴치기 기본도

두께. 당점	¼
회전 량	3Tip
큐 스피드	2레일 2 / 10
스트로크 길이	공 두 개 통과
타법	얇게 비껴치기

[계산 방법]

수구 수 + 1쿠션 + 3쿠션 = 당점

●1Tip
●2Tip
●3Tip
●4Tip

[계산 방법]

수구 수 + 1쿠션 수

+ 3쿠션 수 = Tip 수

(+3) + (−2) + (+2) = 3Tip

[득점의 핵심]

위 도형은 1적구가 우측 상단 1Point 지점에 있고 수구는 좌측 하단 코너에서 3Point

짧아진 형태이다.

계산 방법은 마찬가지로 수구 수와 1적구 수와 3쿠션 수를 합한 수가 Tip 수가 된다.

위 도형의 경우 수구의 위치는 +3, 1적구의 위치는 −2, 3쿠션의 위치는 +2이므로

이를 합하면 +3이므로 3Tip을 주고 치면 된다.

1적구의 두께는 도형에 표시된 적색 점선처럼 1적구가 단쿠션에 맞도록 얇게 맞히는

기준이다. 그립을 부드럽게 감싸고 큐가 비틀리지 않도록 스트로크 하는 것도 중요하다.

회전을 많이 주고 칠 경우 느린 속도에 의해 커브 현상이 생기는 것을 유의해야 하며,

당점은 위에 표시된 것처럼 각각의 위치에 회전을 주고 치면 된다.

◆ 비껴치기 기본도

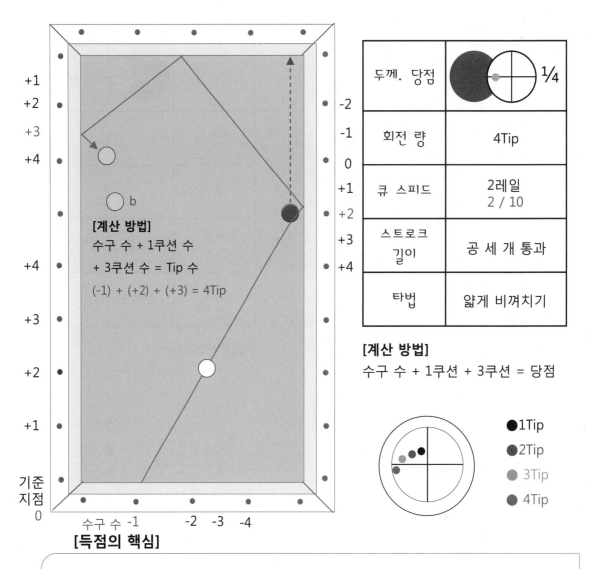

두께. 당점	¼
회전 량	4Tip
큐 스피드	2레일 2 / 10
스트로크 길이	공 세 개 통과
타법	얇게 비껴치기

[계산 방법]
수구 수 + 1쿠션 + 3쿠션 = 당점

●1Tip
●2Tip
●3Tip
●4Tip

[계산 방법]
수구 수 + 1쿠션 수
+ 3쿠션 수 = Tip 수
(-1) + (+2) + (+3) = 4Tip

[득점의 핵심]

위 도형은 수구가 단쿠션 -1 Line에 있고, 1 적구는 +2 지점에 있으며, 목적구는 +3 지점에 있다.

계산 방법은 마찬가지로 수구 수와 1적구 수와 3쿠션 수를 합한 수가 Tip 수가 된다.

따라서 수구의 위치 -1, 1적구의 위치는 +2, 3쿠션의 위치 +3을 합하면 +4 이므로 4Tip을 주고 치면 된다.

위 도형의 형태는 멕시멈 형태이므로 4Tip이 완벽하게 구사 되면서 얇은 두께가 유지 되어야 하지만 두께와 회전력에 자신이 없다면 1적구를 밀어 치는 방법도 있다.

2목적구가 b의 위치에 있다면 1적구를 ⅔ 두께 정도로 두껍게 밀어치는 방법 밖에 없다.

◆ 비껴치기 기본도

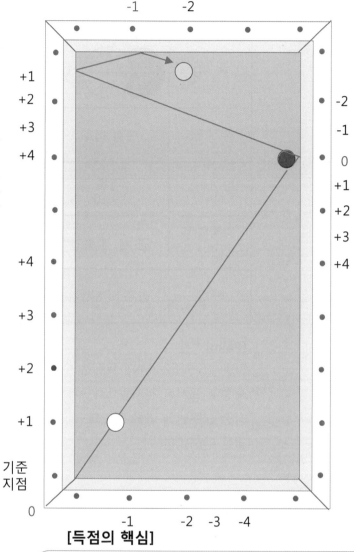

[득점의 핵심]

두께. 당점	¼
회전 량	– 1Tip
큐 스피드	2.5레일 2.5 / 10
스트로크 길이	공 두 개 통과
타법	얇게 겨냥하고 1쿠션을 부드럽게 밀어치는 느낌

[계산 방법]

수구 수 + 1쿠션 + 3쿠션 = Tip 수

Rising Sun System의 모든 계산법은
수구 수와 1쿠션 수와 3쿠션 수를
더하면 Tip수가 된다.
단 1적구가 쿠션에서 1Point 떨어진
경우는 –1Tip을 더해 주어야 한다.

위 도형은 비껴치기 기본 System을 이용해 득점하는 방법이다.

앞 페이지에서 알아본 것처럼 좌측 하단 코너 (0)에서 우측 장쿠션 2Point (0) 지점에
있는 공을 무회전으로 치면 수구는 좌측 상단 코너를 돌아 나가는 경우와는 달리
2목적구가 단쿠션에 있을 경우 – 회전을 이용해 더블 쿠션으로 득점하는 방법이다.
상단에 표기된 것처럼 1Point 지점이 – 1, 2Point 지점이 –2 계산하면 된다.
위 도형의 경우 수구와 1쿠션은 기준점인 0에 있고 3쿠션 수치만 –1이므로 –1Tip을
주고 치면 된다.

◆ 비껴치기 4쿠션 연장 Line

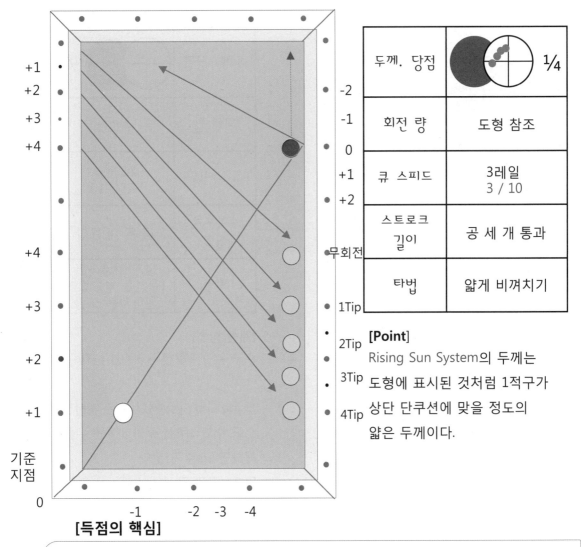

[득점의 핵심]

두께. 당점		1/4
회전 량		도형 참조
큐 스피드		3레일 3 / 10
스트로크 길이		공 세 개 통과
타법		얇게 비껴치기

[Point]

Rising Sun System의 두께는

도형에 표시된 것처럼 1적구가

상단 단쿠션에 맞을 정도의

얇은 두께이다.

위 도형은 비껴치기 System에서 4쿠션 연장 Line을 나타낸 것이다.
1적구가 우측 장쿠션 2Point 지점에서 출발한 경우를 기준으로 한 것이며,
1적구의 위치에 따라 4쿠션 연장 Line은 약간씩 달라질 수 있다.
무회전으로 쳤을 경우 좌측 상단 코너를 돌아 4쿠션 4Point 지점에 도착하는 것을
기준으로, 1Tip ~ 4Tip까지는 도형을 참고하면 된다.
특히 2목적구가 공중에 떠 있을 경우 위 도형의 3쿠션에서 4쿠션으로 연결되는 Line을
참고하면 된다.
Rising Sun System은 프로 선수 대부분이 활용하는 세계 표준 System으로 반드시
스트로크를 익혀두고 System을 활용해야 한다.

◆ 비껴치기 기준점 갖기

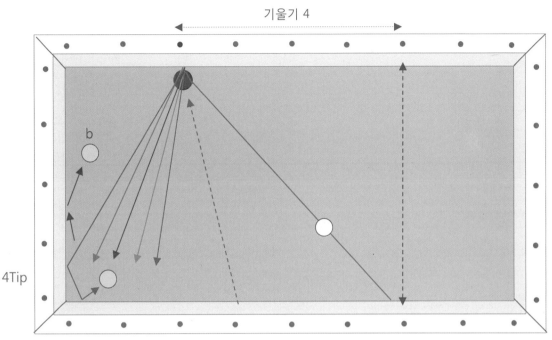

3Tip 2Tip 1Tip 무회전

두께 / 당점		회전 량	큐 스피드	스트로크 길이	타법
	⅓	1Tip	2레일 2 / 10	공 두 개 통과	부드럽게 밀어치기

[득점의 핵심]

위 도형은 기울기 4에서 ⅓정도의 편한 두께로 비껴치기 했을 때 수구의 동선을 나타낸
도형이다.

무회전을 주었을 때 일직선에서 반 포인트 정도 내려가는 것을 기준으로 1Tip이 증가할
때마다 대략 반 포인트씩 더 내려간다.

4Tip을 주면 도형처럼 3쿠션으로 득점하는 것을 알 수 있다.

이 도형의 Line과 두께를 기억해 두면 더블 쿠션을 칠 때 Tip수 조절에 응용할 수 있다.

예를 들어 2목적구 b의 공을 3쿠션으로 맞히려면 2Tip이라는 것을 알 수 있다.

비껴치기를 할 경우에는 일정한 공의 두께와 회전력에 집중해야 하며,

대부분의 타법은 부드럽고 짧게 밀어 치는 타법을 사용해야 득점률을 높일 수 있다.

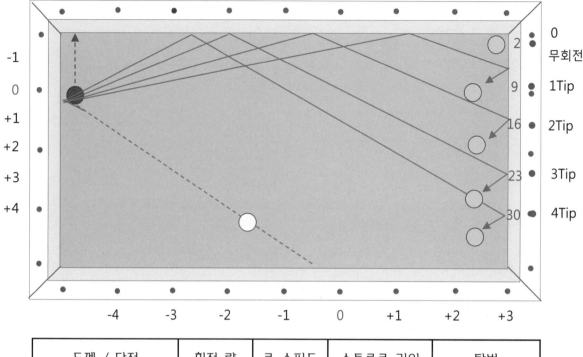

두께 / 당점	회전 량	큐 스피드	스트로크 길이	타법
¼	도형 참조	2.5레일 2.5 / 10	공 세 개 통과	부드럽게 비껴치기

[득점의 핵심]

위 도형은 세로 비껴치기 기본 도형이다. 수구 수는 아래 장쿠션 3Point 지점이
기준점 (0)이 되고, 1쿠션은 좌측 단쿠션 원 포인트 지점이 기준 점(0)이 된다.
3쿠션 지점은 0.7Point 간격으로 되어 있다.
1적구의 두께는 수구가 일직선으로 입사되는 비교적 얇은 두께로 치는 기준이다.
만일 수구와 1적구의 기준점 0에서 우측 단쿠션 3Tip 지점에 있는 공을 맞히려면
3Tip을 주고 치면 되며 무회전으로 치면 우측 단쿠션 2 지점에 도착하는 기준이다.
계산 방법은 수구 수 + 1쿠션 수 + 2목적구 해당되는 Tip수를 더한 수가 Tip 수이다.
만일 2Tip 지점에 있는 공을 맞히는데 수구가 −3 지점에 있다면 −1Tip으로 치면 된다.
스트로크의 핵심은 타점 포인트가 수구의 전면이 아닌 후면이 되어야 한다.
다시 말해 부드럽게 찌르는 스트로크를 구사해야 한다는 의미이다.

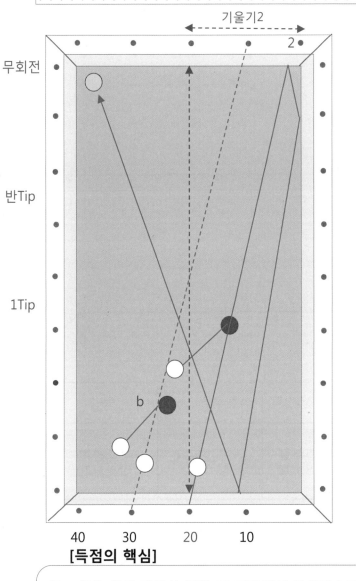

두께. 당점	
회전 량	무회전
큐 스피드	3레일 3 / 10
스트로크 길이	공 세 개 통과
타법	부드럽게 밀어치기

[Point]
수구에 자연 회전이 발생되지 않도록
하는 타법은 여러 가지 방법이 있다.
1. 쇼트 타법
2. 굴려 치는 타법
3. 하박과 큐를 고정하고 손목의
스냅을 전혀 사용하지 않는 스트로크
방법 등이 있다.

[득점의 핵심]

위 도형은 하단 단쿠션 중앙 20 지점에서 무회전으로 우측 상단 2를 치면 (기울기2
Point) 4쿠션은 좌측 상단 코너가 되는 기울기 2의 법칙을 나타낸 도형이다.
만일 1적구의 위치가 b지점에 있어도 위치에 상관없이 기울기 2가 되는 지점을 1쿠션
지점으로 정하고 무회전으로 수구를 보내면 마찬가지로 좌측 상단 코너로 간다.
또한 1Tip, 반Tip을 각각 주고 기울기 2로 수구를 보내면 도형처럼 진행된다.
도형과 같이 세로로 길게 비껴치기 할 경우 가장 어려운 것은 역시 스트로크이다.
1적구를 때려 치면 곡구가 발생되면서 자연 회전 증가로 대부분 짧게 수구가 진행
된다. 따라서 1적구를 때려 치지 말고 1적구에 얹어 치는 느낌으로 굴려 치거나 또는
쇼트 타법으로 큐 선의 길이를 짧게 통제하면 회전을 억제할 수 있다.

199

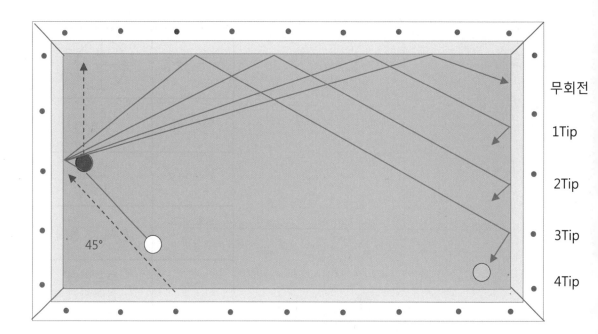

무회전

1Tip

2Tip

3Tip

4Tip

45°

두께 / 당점		회전 량	큐 스피드	스트로크 길이	타법
	1/3	도형 참조	2.5레일 2.5 / 10	공 두 개 통과	부드럽게 비껴치기

[득점의 핵심]

위 도형은 1적구와 수구의 입사각이 대략 45° 정도일 경우에 활용하는 수치이다.

45°의 입사각은 기울기 4에 해당하는 입사각으로 반드시 감각을 익혀 두어야 한다.

1적구의 두께는 도형의 적색 선처럼 1적구가 장쿠션으로 분리되는 얇은 두께이며,

3쿠션은 우측 단쿠션에 표시된 지점이다.

큐 선을 강하거나 길게 가져갈 경우 2쿠션에서 3쿠션으로의 진행이 길어질 수 있으므로,

부드럽고 짧게 밀어 치는 타법을 사용해야 수구의 동선을 짧게 만들 수 있다.

연습을 통해 2Tip 지점과 3Tip 지점을 정확하게 알아두면 활용도가 높은 System이다.

만일 입사각이 45°에서 약간 벗어나면 두께나 회전을 약간씩 조절해서 치면 된다.

자신이 편한 자연스러운 두께와 큐 선의 길이로 45°로 입사 시켰을 때의 회전에 따른

Line을 익혀두면 아주 유용한 System 이다.

◆ **Five & Half System을 이용한 득점 방법**

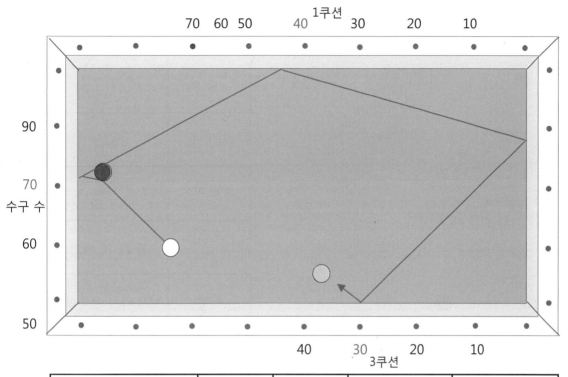

두께 / 당점		회전 량	큐 스피드	스트로크 길이	타법
	⅓	1.5Tip	3레일 3 / 10	공 두 개 통과	백 스윙은 작게 부드럽게 밀어치기

[득점의 핵심]

위 도형은 Five & Half System을 이용해 득점하는 방법이다.

세로 비껴치기에서 Five & Half System을 활용할 경우에는 공의 전체적인 배치를 살펴야 한다.

특히 1적구와 수구의 입사각이 심한 둔각일 경우에는 곡구 현상이 생기기 때문에 Five & Half System 계산 방법을 활용하면 오차가 많이 발생된다.

위 도형의 경우에는 수구의 입사각이 1적구를 얇게 맞히는 각이기 때문에 System 활용이 용이하다.

도형처럼 수구 수 70에서 수구를 정확하게 1쿠션 40까지 굴리면 곡구 현상 없이 3쿠션 30으로 진행 되도록 연습을 한다.

◆ 기울기를 이용한 대회전 득점 방법

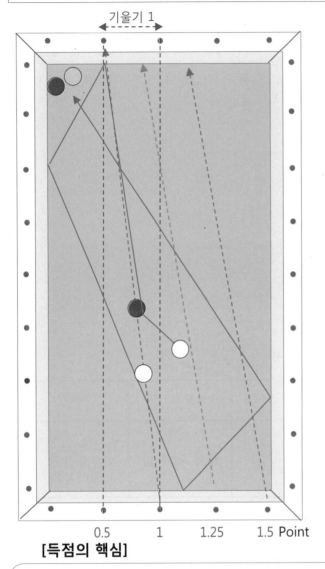

기울기 1

두께. 당점	
회전 량	3.5Tip
큐 스피드	4레일 4 / 10
스트로크 길이	공 세 개 통과
타법	백스윙은 작게 부드러운 등속으로 Long Shot

[Point]

뱅크 샷으로 칠 경우 아래 수치

기울기 대로 3.5Tip을 주면 좌측

상단 코너로 진행하고,

Ball First로 칠 경우에는 수구의

위치에 따라 곡구 현상에 주의를

기울여야 한다.

0.5　　1　　1.25　　1.5 Point

[득점의 핵심]

위 도형은 기울기를 이용해 세로 비껴치기 대회전으로 득점하는 방법이다.

도형 아래 표시해 놓은 숫자 0.5, 1, 1.25, 1.5Point 는 그 지점에서 그 기울기 숫자 만큼

수구를 보내면 대회전으로 돌아 좌측 상단 코너로 진행된다는 뜻이다.

위 도형의 경우 하단 단쿠션 중앙에서 상단 좌측 원 포인트로 연결하면 기울기 1이 된다.

만일 수구가 12.5의 지점에서 출발한다면 기울기 12.5Point를 내려치고,

1.5 지점인 코너에서 수구가 출발한다면 기울기 1.5 Point를 내려쳐야 좌측 상단 코너로

대회전 한다는 의미이다.

가장 중요한 것은 뱅크 샷 연습을 통해 회전력을 일정하게 고정하는 것이 중요하다.

Ball First의 경우 스트로크에 따라 곡구가 날 수 있으므로 충분한 연습이 필요하다.

◆ 제자리치기 법칙

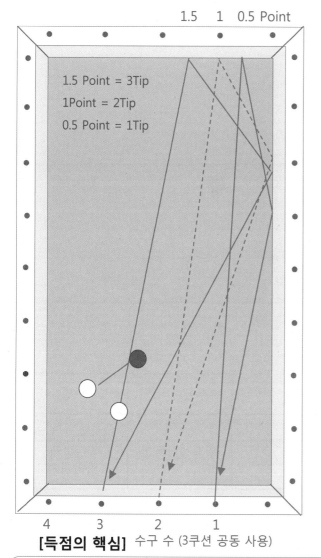

1.5   1   0.5 Point

1.5 Point = 3Tip
1Point = 2Tip
0.5 Point = 1Tip

[득점의 핵심] 수구 수 (3쿠션 공동 사용)

4   3   2   1

두께. 당점	도형 참조
회전 량	1Tip 2Tip 3Tip
큐 스피드	3레일 3 / 10
스트로크 길이	공 두 개 통과
타법	부드럽게 밀어치기

[Point]

수구의 위치에 관계없이 1Tip을 주고
0.5 Point 지점을 치면 출발 지점으로,
2Tip을 주고 1Point 지점을 치면 출발
지점으로, 3Tip을 주고 1.5Point 지점을
치면 각각 출발 지점으로 되돌아 온다.

위 도형은 Tip수로 제자리치기 하는 도형이다.

수구 수 3에서 3Tip 주고 1.5Point를 치면 수구 출발 지점 3으로 돌아 오며,

수구 수 2에서 2Tip 주고 1Point을 치면 수구 출발 지점 2로 되돌아 온다.

수구 수 1에서 1Tip 주고 0.5Point를 치면 수구 출발 지점 1로 되돌아 온다.

만일 수구 수 3에서 2Tip으로 제자리로 돌아오게 하려면 1쿠션 1을 치면 되며,

수구 수 2에서 수구 수 3 지점에 돌아오게 하려면 2Tip 주고 1쿠션 0.5를 치면 된다.

수구 수 3에서 1에 오게 하려면 1Tip 주고 1쿠션 15를 치면 된다.

다시 정리하면 1쿠션 0.5Point에 3쿠션 1Point씩 차이가 난다.

위 도형을 당구대의 ¼ 로 상상하고 Line의 의미를 이해 해보면 또 다른 활용도가 있다.

◆ 세로 비껴치기 ½ 공략법

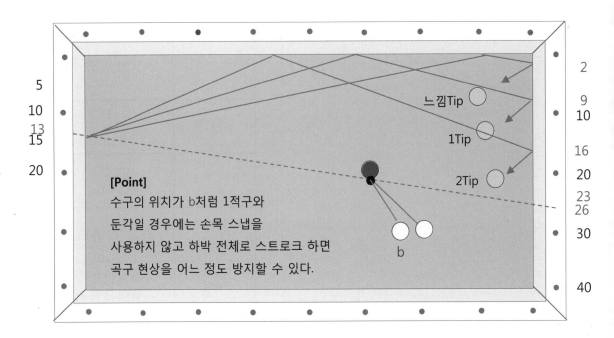

두께 / 당점	회전 량	큐 스피드	스트로크 길이	타법
도형 참조	느낌Tip 1Tip 2Tip	2.5레일 3 / 10	공 두 개 통과	백스윙은 작게 부드럽게 밀어치기

[득점의 핵심]

위 도형과 같은 형태에서 간단하게 계산하는 방법은 ?

1. 1적구의 ●지점을 중심으로 큐를 움직여 우측 단쿠션 수구의 수치와 좌측 단쿠션 1쿠션의 수치를 2 : 1로 맞춘다.

2. 이 도형의 경우 점선처럼 수구 수 26과 1쿠션 13을 맞추면 2 : 1이 된다.

3. 2목적구의 배치에 따라 회전 수를 정한다.

즉 무회전으로 치면 입사각과 반사각이 1 : 1로 진행되고,

느낌 Tip을 주고 치면 0.2Point에 도착하는 것을 기준으로 1Tip당 0.7Point씩 계산한다.

1Tip을 주고 치면 0.7Point 짧아진 0.9 Point 지점으로 ~

2Tip을 주고 치면 1.4Point 짧아진 1.6Point 지점으로 ~

3Tip을 주고 치면 2.1Point 짧아진 2.3Point 지점으로 도착하도록 스트로크를 고정한다.

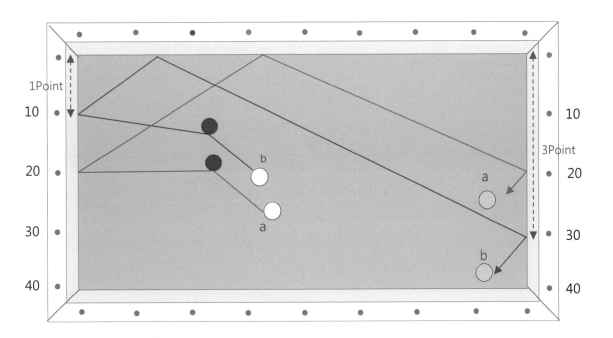

두께 / 당점		회전 량	큐 스피드	스트로크 길이	타법
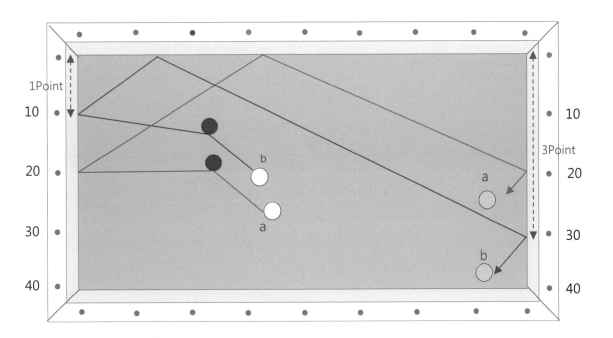	1/3	a 4Tip b 3Tip	3레일 3 / 10	공 두 개 통과	경쾌한 느낌으로 분리각으로 치기

[득점의 핵심]

위 배치는 경기 중에 수시로 나타나는 비껴치기 형태이다

비껴치기는 1적구와 수구의 각도에 따라 수구의 진행 동선에 변화가 생기기 쉽다.

따라서 수구의 변화를 스트로크의 길이로 조절하는 방법과 당점으로 조절하는 방법을

모두 이해하고 있어야 한다.

위 도형 a의 경우처럼 1적구가 장쿠션으로부터 2Point 떨어져 있고, 2목적구는 3쿠션

에서 2Point 떨어져 있다면 합계 4Point가 된다.

이 경우 3시 방향 3.5Tip 주고 일직선으로 타구하면 대략 득점할 수 있다.

b의 경우는 1적구가 1Point, 3쿠션은 3Point로 합계 4Point를 나타낸 것이다.

마찬가지로 수구를 대략 일직선으로 분리시켰을 때 수구의 이동 거리 합계가 4Point가

될 수 있도록 당점과 회전을 익혀두면 된다.

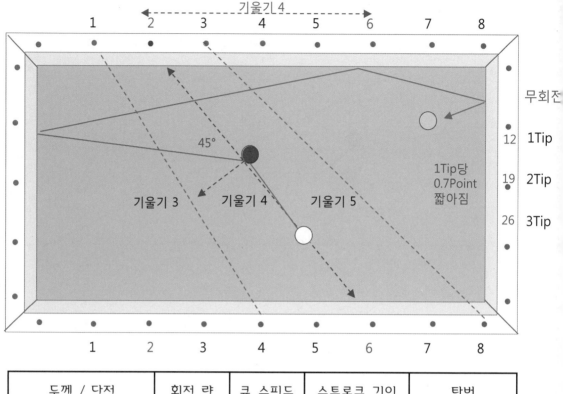

두께 / 당점	회전 량	큐 스피드	스트로크 길이	타법
½	무회전	2.5레일 2,5 / 10	공 두 개 통과	느린 속도로 엎어치기

[득점의 핵심]

위 도형은 비껴치기에서 기울기와 Tip수를 조절해 득점하는 방식이다.

계산 방법은 1적구와 수구를 일직선으로 연결해 기울기를 확인하고, 정해진 Tip수를 사용하면 된다. (이 도형의 기울기는 적색 Line 2와 6을 연결한 기울기 4이다)

1적구와 수구의 위치가 변하더라도 기울기 4만 유지하면서 ½ 두께에 무회전으로 치면 도형과 같이 수구가 진행된다.

만일 기울기가 3 또는 5로 1씩 차이 나면 회전을 1Tip씩 증감하면 된다.

1적구의 두께는 무조건 ½ 두께이므로 정확하게 겨냥하기가 아주 쉽다.

1적구에 타격을 가하지 않고 도형 표시처럼 수구가 45°로 분리 되도록 엎어 치는 타법을 구사해야 한다. 엎어 치는 타법의 느낌이란 1적구를 때려 치는 타법이 아니라, 수구가 1적구를 허공으로 지나가는 느낌의 타법을 말한다.

◆ 비껴치기를 이용한 더블 쿠션

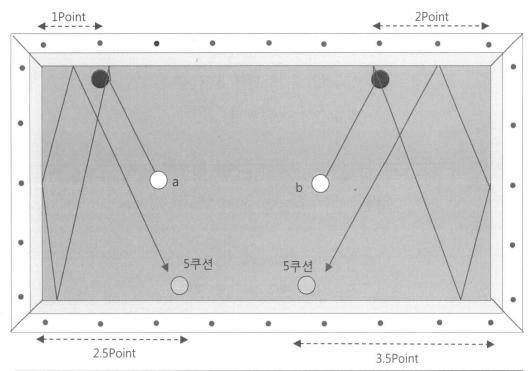

두께 / 당점	회전 량	큐 스피드	스트로크 길이	타법
¼	2Tip	5레일 5 / 10	공 두 개 통과	짧고 경쾌하게

[득점의 핵심]

위 도형의 형태는 1적구와 2목적구가 모두 쿠션에 가까이 있어 제각돌리기도 득점이
쉽지 않고, 비껴치기도 득점이 불가능한 상황이다.

이 경우 비껴치기로 더블 쿠션을 시도하면 된다.

도형 a처럼 1적구가 코너에서 1Point 정도 떨어져 있을 경우 5쿠션 목적지는 대략
2.5Point 전후가 된다.

도형 b처럼 1적구가 코너에서 2Point 정도 떨어져 있을 경우 5쿠션 목적지는 대략
3.5Point 전후가 된다.

득점의 핵심은 수구의 후면을 찌르는 느낌으로 경쾌하게 찌르고 기다리면 된다.

5쿠션까지 공을 보내야 한다는 부담을 갖게 되면 자신도 모르게 강한 스트로크를
하게 되며 그 결과는 일자로 횡단만 하는 결과를 갖게 될 수도 있다.

더블레일 System은
한 쿠션을 두 번 맞혀 3쿠션으로
득점 하는 System을 말한다.

미국에서는 수구의 동선이 뱀처럼
진행된다 하여 Snake Shot이라고도 부르며,

유럽에서는 Reverse Back Out
System이라고 부르기도 한다.

더블 레일 샷에서 가장 중요한 것은
스트로크 이후에 그립을 잡지 말고
수구의 정면이 아닌 겨냥점의 뒷부분을 찌르는 느낌으로
큐를 부드럽고 길게 찔러야 한다

또한 모든 더블 레일 샷은 큐의 무게만을 이용해
부드럽게 찌르는 스트로크를 하는 것이 가장 중요하다.

특히 Ball First로 공을 먼저 맞히고 칠 경우
자신이 원하는 회전력을 유지하는 비결은
큐를 1쿠션 까지 보내는 느낌으로 부드럽고
길게 밀어 쳐야 회전력이 끝까지
산다는 것을 잊어서는 안 된다.

더블 레일
System

- 더블 레일 16 System

- 회전량으로 치는 더블 레일 System

- 더블 레일 32 System

- 더블 레일 밀어 치는 득점 방법

- 더블 레일 타격 없이 치는 득점 방법

- 되돌려치기 (Plate System)

- 되돌려치기 (Plate System) 스트로크

- 미러 법칙을 이용한 득점 방법

◆ 더블 레일 16 System

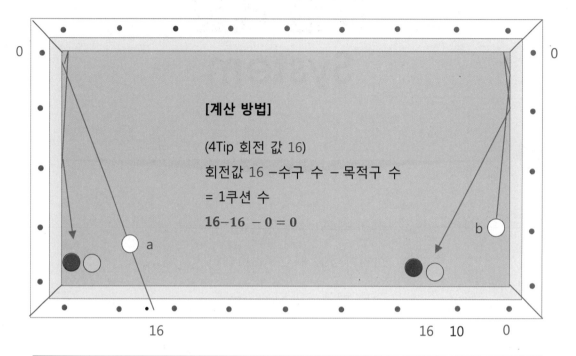

[계산 방법]

(4Tip 회전 값 16)

회전값 16 −수구 수 − 목적구 수

= 1쿠션 수

16−16 − 0 = 0

두께 / 당점	회전 량	큐 스피드	스트로크 길이	타법
	4Tip	1.5레일 2 / 10	공 세 개 통과	큐 무게로 천천히 길게 밀어치기

[득점의 핵심]

위 도형은 되돌려치기 System으로 자신의 멕시멈 역회전 값을 이용해 득점하는 방법이다.

a의 경우처럼 1.6 Point 지점에서 반대편 코너를 쳐서 단쿠션 코너에 있는 목적구를 편하게 맞힐 수 있다면 나에게 맞는 4Tip 역회전 값은 16으로 계산하면 된다.

b의 경우는 반대로 코너 0에서 반대편 코너 0을 쳐서 1.6 Point 지점에 있는 목적구를 맞힐 수 있다면 마찬가지로 나의 멕시멈 회전 값은 16으로 계산하면 된다.

당구대의 특성 또는 각자의 스트로크의 회전량 따라 멕시멈 (4Tip) 회전 값을 16으로 계산하든, 15로 계산하든, 18로 계산하든 본인의 자유이다.

다만 항상 일관되게 회전량을 유지할 수 있는 스트로크를 관리해야 한다.

참고로 길게 늘어지는 당구대 또는 막 세팅을 시작한 당구대에서는 회전이 잘 먹지 않고 길게 퍼진다는 것을 참고해야 한다.

◆ 더블 레일 16 System

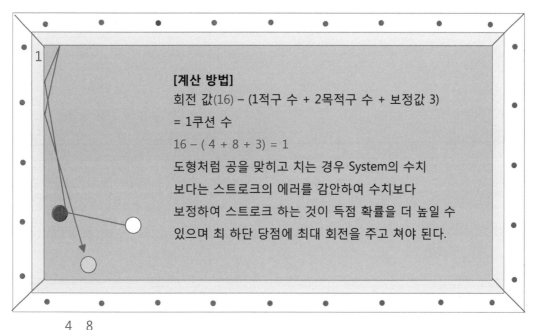

[계산 방법]

회전 값(16) – (1적구 수 + 2목적구 수 + 보정값 3)

= 1쿠션 수

16 – (4 + 8 + 3) = 1

도형처럼 공을 맞히고 치는 경우 System의 수치
보다는 스트로크의 에러를 감안하여 수치보다
보정하여 스트로크 하는 것이 득점 확률을 더 높일 수
있으며 최 하단 당점에 최대 회전을 주고 쳐야 된다.

4   8

[아래 도표 보는 법 66 page 참조]

두께 / 당점	회전 량	큐 스피드	스트로크 길이	타법
2/3	하단 3Tip	4레일 4 / 10	공 네 개 통과	큐 무게로 길게 밀어치기

[득점의 핵심]

위 도형은 되돌려치기에서 공을 먼저 맞히고 Ball First로 득점하는 장면이다.

Ball First로 치는 경우 Rail First로 치는 것보다 1적구의 두께와 회전이 아주 민감하다.

특히 스트로크가 끊기거나 두께를 잘 못 맞혔을 경우 득점을 기대하기는 어렵다.

위 도형의 경우는 System 수치 상으로는 1쿠션 4가 되어야 하나, 스트로크의 에러를
감안하여 3을 보정하여 1쿠션 4가 아닌 1을 겨냥한 것이다.

더블 레일 Ball First 스트로크에서 가장 중요한 것은 큐 선의 길이를 부드럽고 깊게
찌르는 것이며, 큐 뮤게로만 스트로크 하는 것을 기억해야 한다.

큐의 무게를 이용해 부드러우면서 송곳처럼 깊게 찌르는 것이 득점의 핵심이다.

마치 큐를 1쿠션까지 보내 주는 느낌으로 깊게 찌른다.

득점에 실패하는 사례를 보면 당점이 높고 회전을 적게 주는 경우가 대부분이다.

◆ 회전량으로 치는 더블 레일 System

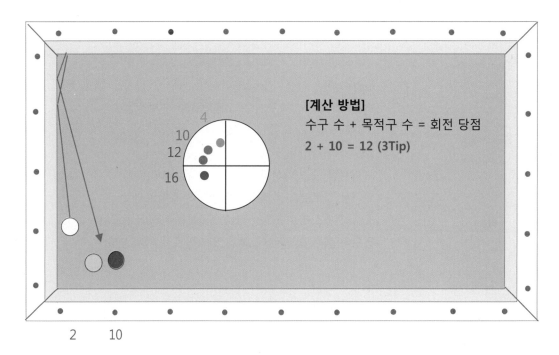

[계산 방법]
수구 수 + 목적구 수 = 회전 당점
2 + 10 = 12 (3Tip)

4
10
12
16

2   10

두께 / 당점	회전 량	큐 스피드	스트로크 길이	타법
도형 참조	도형 참조	1.5레일 2 / 10	공 세 개 통과	큐 무게로 부드럽고 길게 밀어치기

[득점의 핵심]

위 도형은 되돌려치기 System에서 미리 당점의 위치에 숫자를 정해 놓고 공의 배치에
맞는 회전을 선택하고 무조건 코너를 치는 방식이다.
예를 들어 도형처럼 수구의 수치가 2이고, 목적구의 수치가 10이라면 그 합계는 12이다.
결론적으로 12에 부여된 당점을 주고 코너를 치면 득점할 수 있다.
더블 레일에서 득점에 실패하는 이유는 크게 두 가지이다.
첫 번째는 System 수치에 맞는 회전의 량을 몰랐었기 때문이고,
두 번째는 스트로크를 이해하지 못하고 있기 때문이다.
특히 더블 레일처럼 회전력이 생명인 공은 대부분 큐 무게로만 스트로크 해야 한다.
더 중요한 것은 당점의 겨냥점을 치는 것이 아니라 겨냥점 (공의 뒷부분)의 뒷부분을
부드럽게 찌르는 느낌의 스트로크 이어야 하며 임펙트 이후 절대 그립을 잡으면 안 된다.

◆ 더블 레일 32 System

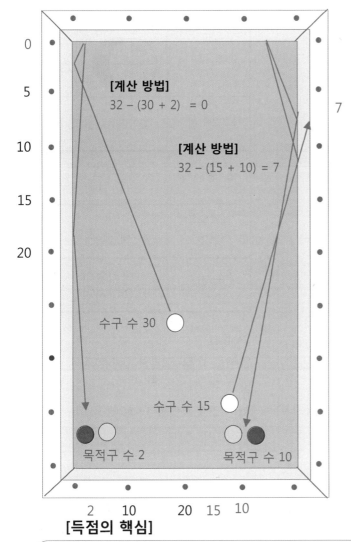

[계산 방법]
32 – (30 + 2) = 0

[계산 방법]
32 – (15 + 10) = 7

7

수구 수 30

수구 수 15

목적구 수 2

목적구 수 10

0
5
10
15
20

2   10   20 15 10

[득점의 핵심]

두께. 당점	
회전 량	4Tip
큐 스피드	2.5레일 2.5 / 10
스트로크 길이	공 세 개 통과
타법	Point 설명 참조

[Point]
더블 레일을 칠 때는 브리지를
아주 견고히 하고 큐가 마치
바늘이라는 생각으로 부드럽고
깊게 그리고 천천히 찔러 준다.
스트로크가 빠르거나 임펙트 이후
그립을 잡으면 회전력이 감소되어
득점하기 어렵다.

위 도형은 장, 단, 장 쿠션을 이용해 되오기치기로 득점하는 장면이다.
단, 장, 단에서 되오기치기의 4Tip 회전값을 16으로 계산했다면 장, 단, 장은 길이가
두 배이므로 대략 32로 계산하는 것이다.
장, 단, 장은 단, 장, 단에 비해 비거리가 멀기 때문에 스트로크에 많은 집중도가 요구
된다.
1쿠션은 1Point 가 5, 2포인트가 10으로 계산하면 된다.

계산 방법은 수구 수와 목적구 수를 먼저 더한 다음 본인의 4Tip 최대 회전값(32)에서
빼면 1쿠션 수가 된다.

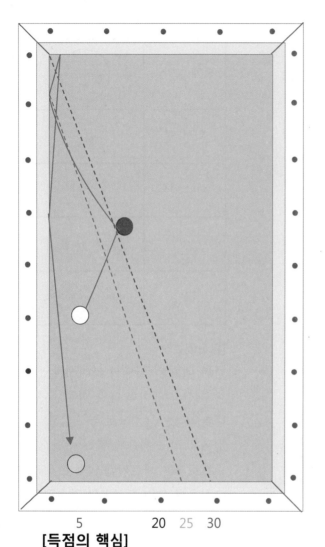

두께. 당점	2/3	
회전 량	2.5Tip ~ 3Tip	
큐 스피드	3레일 3 / 10	
스트로크 길이	공 세 개 통과	
타법	타격없이 밀어치기	

[Point]
임펙트 이후 그립을 결속하지
않고 큐 무게로 타격 없이 밀어
치는 스트로크를 하는 것이
핵심이다.

5   20 25 30

[득점의 핵심]

위 도형은 수구 수치가 30 Line이며 2목적구는 5 Line에 있으므로 수구 수와 2목적구
수를 합치면 35가 된다. 수치적으로는 득점이 어려운 장면이다.
하지만 부드러운 롱 스트록으로 밀어 치면 수구는 도형처럼 곡구를 그리며 진행하게
되므로 실제로는 수구 수 25 에서 치는 결과가 된다.
또 한가지 득점 요인은 수구가 1적구에 두껍게 부딪치는 순간 수구에는 최대 회전이
발생되어 득점하게 되는 것이다.
큐를 길게 밀어 치는 Follow Shot 이어야 회전력을 끝까지 살릴 수 있다.
(공과 공이 두껍게 부딪치면 회전이 1Tip 이상 늘어나는 것을 기억한다)
결론적으로 수구 수와 3쿠션 수를 합한 수보다 0.5Tip ~ 1Tip 정도 적게 주고 쳐야 된다.

◆ 더블 레일 타격 없이 치는 득점 방법

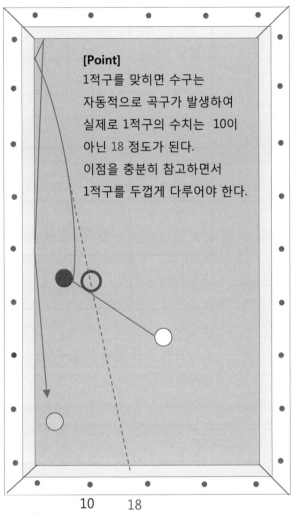

[Point]
1적구를 맞히면 수구는
자동적으로 곡구가 발생하여
실제로 1적구의 수치는 10이
아닌 18 정도가 된다.
이점을 충분히 참고하면서
1적구를 두껍게 다루어야 한다.

10   18

[득점의 핵심]

두께. 당점	5/8
회전 량	3Tip
큐 스피드	2.5레일 2 / 10
스트로크 길이	공 세 개 통과
타법	등속으로 타격 없이 천천히 밀어치기

[Point]

1적구를 때려 치면 자연적으로
회전이 발생된다.
큐 무게만으로 천천히 등속으로
타격 없이 쳐야 3Tip을 주더라도
꺾이지 않고 수구는 퍼져서 길게
내려온다.

위 도형은 3Tip 회전을 다 주고 큐 무게만을 이용해 타격 없는 스트로크로 2쿠션
이후 꺾이지 않고 도형처럼 길게 퍼져 내려와 득점하는 장면이다.
위 도형과 같은 배치를 만났을 때 타격을 주는 스트로크는 자연 회전 발생량이 크기
때문에 득점하기가 그리 쉽지 않다.
큐 무게만을 이용해 수구를 코너 깊숙이 천천히 보내면 회전을 넉넉히 주더라도 수구는
도형처럼 길게 퍼져 내려와 득점할 수 있다.
큐를 부드럽게 감싸고 큐 무게만을 이용해 등속으로 천천히 굴려 치는 연습을 통해
수구의 꺾이는 정도를 파악해 본다.

215

◆ 되돌려치기 (Plate System)

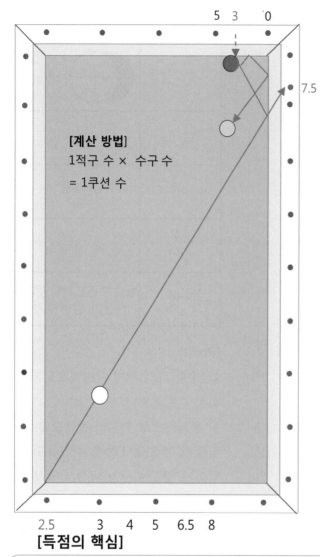

5 3   0

7.5

[계산 방법]
1적구 수 × 수구 수
= 1쿠션 수

[득점의 핵심]

2.5   3   4   5   6.5   8

두께. 당점	
회전 량	2Tip
큐 스피드	1.5레일 2 / 10
스트로크 길이	공 한 개 통과
타법	부드럽게 굴려치기

[Point]
도형처럼 쇼트 앵글인 경우에는
생각보다 약하게 굴려 치는 것이
핵심이며,
수구의 당점을 부드럽게 찌른다.

위 도형의 명칭은 Plate System으로 되돌려치기라고 부른다.
코너에서 한 곳에 담아 득점한다는 취지로 접시라는 용어를 사용하게 되었다고 한다.
1적구의 수치는 도형에 표시된 것처럼 1적구의 중심이 아닌 수구가 닿는 면을 1적구의
수치로 계산하며 1쿠션 겨냥점은 프레임 포인트로 계산한다.
좁은각에서는 생각보다 천천히 굴려 쳐야 된다. 공과 공이 부딪치면 자연 분리각이
생기므로 별도의 스트로크를 더하지 않아도 된다.
만일 수구의 각도가 꺾여야 한다면 수구의 당점을 좀더 빠르게 찌르면 좀 더 꺾임 현상을
만들 수 있으며,
수구를 더 많이 꺾어야 할 때는 임펙트와 동시에 그립을 부드럽게 잡아주면 된다.

◆ 되돌려치기 (Plate System)

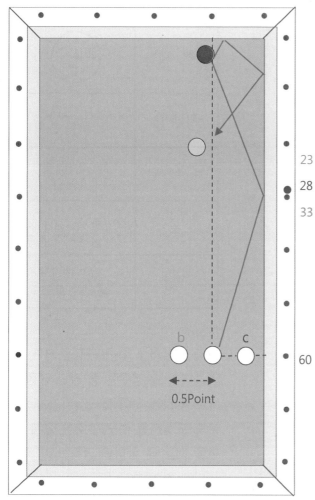

두께. 당점	⊕
회전 량	2Tip
큐 스피드	2레일 2 / 10
스트로크 길이	공 두 개 통과
타법	설명 참조

[Point]

위 도형과 같은 경우 일반적인 생각
으로는 역회전을 주기 때문에
더 길게 쳐야 할 것 같지만,
실제로는 역회전이 크게 작용하지
않는 점을 참고하면서 연습을 통해
감각을 익혀 두어야 한다.

[득점의 핵심]

위 도형은 1적구와 수구가 거의 나란히 있는 경우 사용하는 계산 방법이다.

계산하는 방법은 ~

1. 1적구와 수구의 거리를 확인한다. (6Point)

2. 확인된 거리의 ½ 지점에서 0.2Point 정도만 길게 친다. (0.2Point는 역회전 값임)

3. 수구의 위치가 b처럼 1적구의 위치보다 0.5Point 가 짧은 각인 경우에는
   수구와 1적구가 일직선으로 있는 경우보다 0.5Point 만큼 길게 치면 된다. (23)

4. 만일 수구가 b와 반대로 c처럼 긴각에 있다면 반대로 짧게 33을 치면 된다.

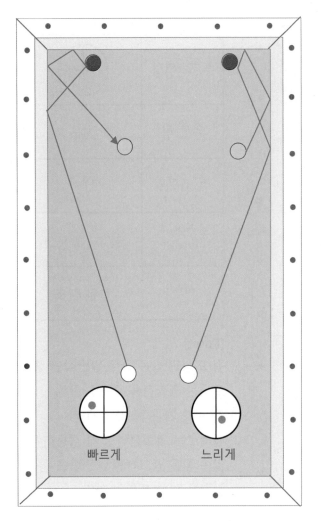

두께. 당점	
회전 량	좌 : 상단 : 3Tip 우 : 중 하단 느낌Tip
큐 스피드	좌 : 2.5레일 우 : 1레일
스트로크 길이	좌 : 공 두 개 통과 우 : 공 한 개 통과
타법	부드러운 롱 스트로크

[Point]
좌측 도형처럼 수구의 각을 크게
만들어야 할 경우는 중 상단 당점
으로 빠르게 쳐야 짧아진다.
우측 도형처럼 수구의 각을 좁게
만들 때는 중 중하단 당점으로
느리게 쳐야 한다.

[득점의 핵심]

위 도형은 되돌려치기에서 당점과 스피드에 대한 중요성을 나타내기 위한 것이다.
좌측 도형처럼 수구의 각을 크게 만들어야 할 경우에는 중 상단 당점으로 빠르게
밀어 쳐야 1쿠션에서 2쿠션으로 곡구가 생기면서 각이 크게 형성된다.
단, 스피드에 따라 1쿠션에서 분리각이 짧아 진다는 것을 감안하여 느낌보다 조금 길게
쳐야 한다. 앞페이지의 System을 기준으로 연습을 통하여 보정치를 익혀 두어야 한다.
우측 도형의 경우처럼 수구의 진행을 길게 만들 때는 중앙에서 약간 내린 당점을 사용
하는 것이 안전하며, 느린 등속 샷으로 느낌 Tip만 주고 쳐야 득점 확률을 높일 수 있다.
공은 쿠션을 지날 때마다 회전이 저절로 발생되는 점을 감안해야 하며,
겨냥점도 속도가 느린 것을 감안하여 System 수치보다 약간 짧게 겨냥해야 한다.

◆ 미러 법칙을 이용한 득점 방법

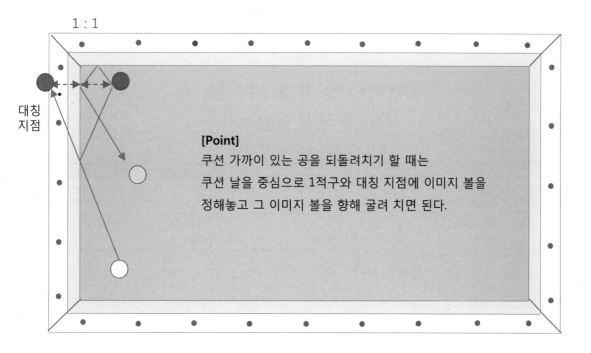

1 : 1

대칭
지점

[Point]
쿠션 가까이 있는 공을 되돌려치기 할 때는
쿠션 날을 중심으로 1적구와 대칭 지점에 이미지 볼을
정해놓고 그 이미지 볼을 향해 굴려 치면 된다.

두께 / 당점	회전 량	큐 스피드	스트로크 길이	타법
	중 하단 1Tip	1.5레일 1.5 / 10	공 반 개 통과	굴려치기

[득점의 핵심]

위 도형과 같은 쇼트 앵글의 Plate System은 미러 법칙을 활용하는 것이 가장 편리한
방법이다.
미러 법칙 활용 방법은 쿠션 날을 기준으로 1적구의 맞혀야 할 부분의 거리 만큼
반대편 1 : 1 지점에 이미지 볼을 그려 놓고 그 이미지 볼을 향해 굴려 치면 된다.
중 하단 당점 1Tip 이면 충분하며 절대 강한 스트로크를 구사하면 안 된다.
공이란 부딪치면 자연 분리각이 30° ~ 40° 정도가 저절로 생기므로 천천히 굴려 쳐도
자동적으로 꺾인다.
수구의 입사각도 또는 스트로크의 강약에 따라 대칭 지점이 약간 변할 수 있으므로,
연습을 통해 대칭 기준을 조금씩 보정해서 치면 된다.

3쿠션에서 가장 핵심을 이루고 있는
Five & Half System의
득점 확률을 높이는 방법은
정확한 Point 숫자의 인지와 스트로크이다.

수구 수에서 3쿠션에 있는 공을 계산하는
방법은 누구나 쉽게 배울 수 있지만,

수구 위치에 따라 3쿠션에서
4쿠션으로의 진행 Line에 대한 보정 수는
정확히 알고 있어야 한다.

또한 스트로크는 항상 2.5 ~ 3레일 정도의
일정한 스피드로 관리해야 하며,

큐 무게를 이용해 1쿠션 겨냥점을 향해 일직선으로
밀어 치는 연습을 많이 해야 한다.

또한 입사각도에 따라 회전량을
달리해야 하는 점도 알아 두어야 한다.

Five & Half
System

- Five & Half System 기본도 / 연장 Line

- Five & Half System 수구 수 찾는 방법 / 스피드와 회전량

- 2.5레일이란 ? / 테이블 파악 방법

- Five & Half System 20, 30, 50, 70, 90각 Line

- 4쿠션 원 포인트 지점 수치에 대한 이해

- Five & Half System 보정 수 / 코너각 보정 수 / 4쿠션 보정 수

- Five & Half System 짧은 각 보정 방법

- 35 & ½ System 회전량 기준 잡기 / 기본 형태

- 35 & ½ System 4쿠션 연장 Line / 7.5 법칙

- Five & Half System 멕시멈 계산법

- Five & Half System을 이용한 뒤돌려치기 / 제각돌리기

- Five & Half ½ System / 회전 수를 이용해 득점하는 방법

- Five & Half System 짧은각 코너 보내기

- Five & Half System 30(3Point)대칭 법칙

- Five & Half System을 이용한 엄브렐러 System

- Five & Half -5 System

3쿠션 Lesson 완전정복

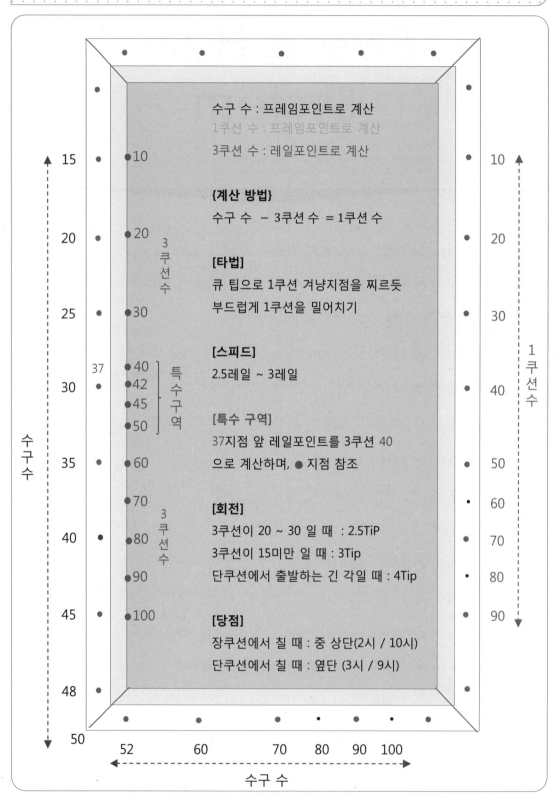

수구 수 : 프레임포인트로 계산

1쿠션 수 : 프레임포인트로 계산

3쿠션 수 : 레일포인트로 계산

{계산 방법}

수구 수 − 3쿠션 수 = 1쿠션 수

[타법]

큐 팁으로 1쿠션 겨냥지점을 찌르듯
부드럽게 1쿠션을 밀어치기

[스피드]

2.5레일 ~ 3레일

[특수 구역]

37지점 앞 레일포인트를 3쿠션 40
으로 계산하며, ● 지점 참조

[회전]

3쿠션이 20 ~ 30 일 때 : 2.5TiP

3쿠션이 15미만 일 때 : 3Tip

단쿠션에서 출발하는 긴 각일 때 : 4Tip

[당점]

장쿠션에서 칠 때 : 중 상단(2시 / 10시)

단쿠션에서 칠 때 : 옆단 (3시 / 9시)

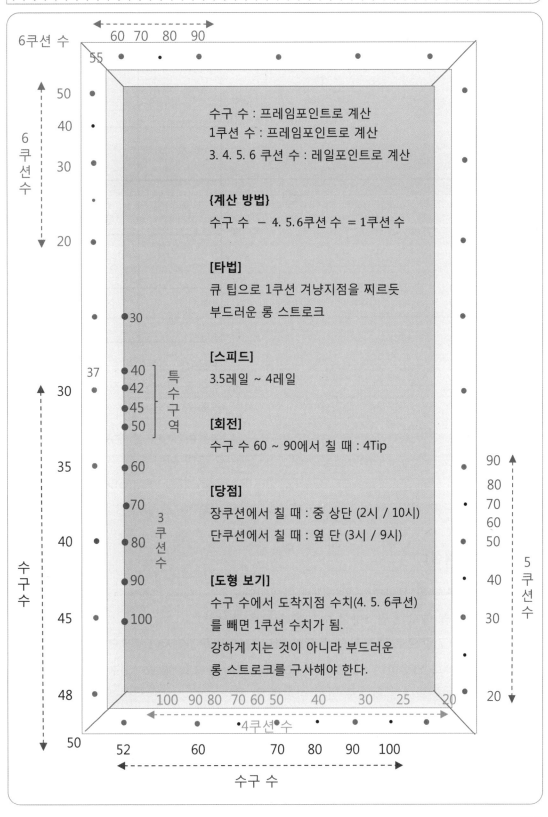

6쿠션 수

60 70 80 90

55

6 쿠션 수

50
40
30

20

수구 수 : 프레임포인트로 계산
1쿠션 수 : 프레임포인트로 계산
3. 4. 5. 6 쿠션 수 : 레일포인트로 계산

{계산 방법}
수구 수 − 4. 5.6쿠션 수 = 1쿠션 수

[타법]
큐 팁으로 1쿠션 겨냥지점을 찌르듯
부드러운 롱 스트로크

[스피드]
3.5레일 ~ 4레일

[회전]
수구 수 60 ~ 90에서 칠 때 : 4Tip

[당점]
장쿠션에서 칠 때 : 중 상단 (2시 / 10시)
단쿠션에서 칠 때 : 옆 단 (3시 / 9시)

[도형 보기]
수구 수에서 도착지점 수치(4. 5. 6쿠션)
를 빼면 1쿠션 수치가 됨.
강하게 치는 것이 아니라 부드러운
롱 스트로크를 구사해야 한다.

30

37
30
35
40
45
48
50

30
40
42
45
50

특수구역

60
70
80
90
100

3쿠션수

90
80
70
60
50
40
30
20

5쿠션수

수구수

100 90 80 70 60 50 40 30 25 20

4쿠션 수

52 60 70 80 90 100

수구 수

◆ Five & Half System 수구 수 찾는 방법

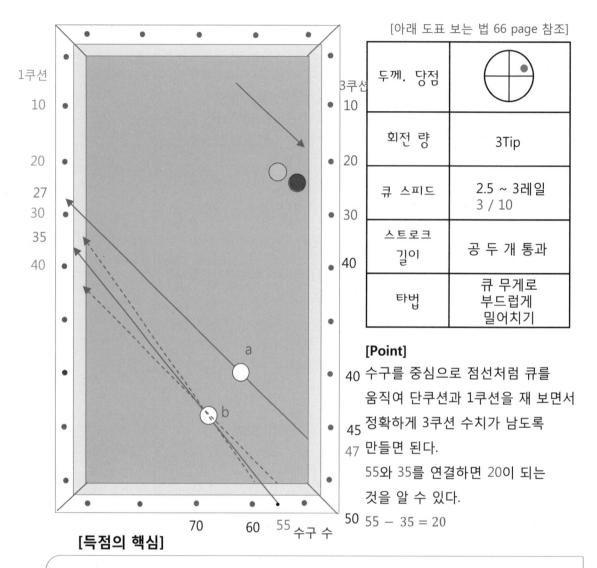

[아래 도표 보는 법 66 page 참조]

두께. 당점	(circle diagram)
회전 량	3Tip
큐 스피드	2.5 ~ 3레일 3 / 10
스트로크 길이	공 두 개 통과
타법	큐 무게로 부드럽게 밀어치기

[Point]

수구를 중심으로 점선처럼 큐를
움직여 단쿠션과 1쿠션을 재 보면서
정확하게 3쿠션 수치가 남도록
만들면 된다.
55와 35를 연결하면 20이 되는
것을 알 수 있다.
55 − 35 = 20

[득점의 핵심]

위 도형은 수구 수를 정확하게 알아내는 방법이다.
수구 b의 경우를 예로 들면 3쿠션 수치를 20으로 계산하고,
수구의 중심을 기준으로 점선처럼 큐를 움직여 보면 단쿠션에서 1쿠션으로 연결되는
숫자가 55와 35로 연결하면 3쿠션 20에 보낼 수 있다는 것을 알 수 있다.
따라서 수구 수를 절대 임의대로 먼저 정하면 안 된다.
Five & Half System을 정확하게 치는 동호인들이 마지막에 큐의 뒷부분이 어느 지점에
닿는지 최종 확인하기 위해 힐끔 뒤를 바라 보는 것도 최종 수구 수와 1쿠션 수가 정확
하게 55 −35 = 20이 맞는지 확인하는 과정이다.

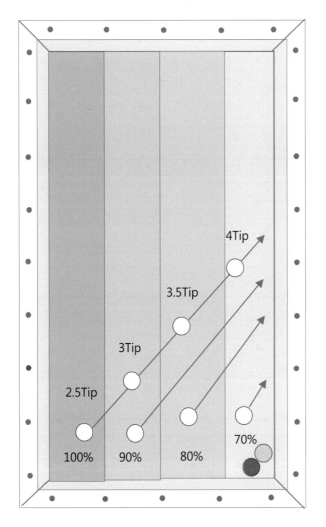

두께. 당점	⊙
회전 량	설명 참조
큐 스피드	설명 참조
스트로크 길이	공 두 개 통과
타법	부드럽게 밀어치기

[Point]

1적구가 1쿠션에 가까울수록 약하게 치고, 1적구가 1쿠션에서 멀수록 약간 강하게 친다.

1적구가 1쿠션에서 가까울수록 회전을 많이 주고, 멀수록 약간 줄여준다.

[득점의 핵심]

위 도형은 Five & Half System 빈쿠션치기에서 수구의 스피드와 회전량을 나타낸 도형이다. %로 표시된 수치는 수구의 위치에서 칠 때 스피드를 나타낸 것이며 Tip 수로 표시된 것은 수구의 위치에서 칠 때 회전량을 나타낸 것이다.

위 수치는 System 계산법대로 칠 경우 도형과 같이 스피드와 회전량을 사용해야 득점률을 높일 수 있다는 의미이다.

수구가 좌측 코너에서 칠 때를 100으로 기준한다면 ¼ 칸씩 수구가 1쿠션과 가까워질수록 스피드를 줄여준다는 뜻이고, 수구가 1쿠션과 가까울수록 최대 회전을 줘야 한다는 의미이다. 각자의 연습을 통해 스피드와 회전량에 대한 감각을 익혀 본다.

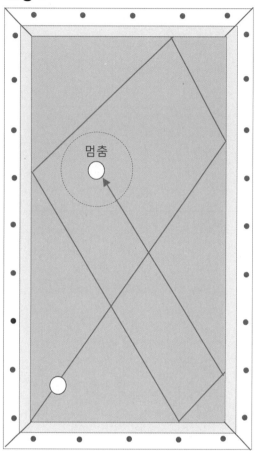

도형 a 3레일 2.5레일 1레일   도형 b

멈춤

[도형의 핵심]

Five & Half System에서 말하는 2.5레일이란 ?

도형 a : 공이 맞은편 쿠션을 맞고 굴러와 다시 올라간 공이 3번째 쿠션에 다시 맞지 않는
정도의 스피드를 말한다. (중간 그림)

도형 b : 공이 한 바퀴 돈 다음 6번째 쿠션에 닿지 않고 멈추는 정도의 스피드를 말한다.

빈쿠션 돌리기는 대부분 2.5레일 ~ 3레일 스피드에 계산법이 맞추어져 있으므로 빈쿠션
돌리기를 잘하려면 2.5레일 ~ 3레일 스피드를 먼저 익혀야 한다.

중대의 경우 멕시멈 회전을 주면 3레일 ~ 3.5레일 스피드로 쳐도 큰 변화가 안 생기지만
대대의 경우에는 쿠션의 반발이 커서 반드시 스피드를 지켜야 정확도를 보장받을 수 있다.
수구가 1쿠션에서 멀 때는 3레일 정도의 스피드로 치는 것이 무난하다.

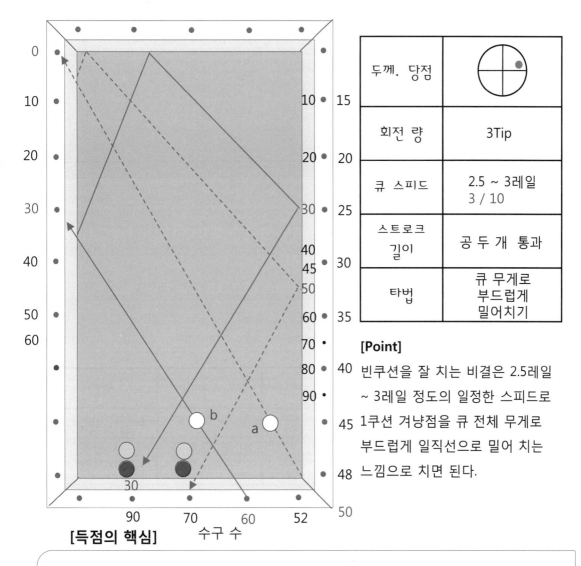

두께. 당점	(그림)
회전 량	3Tip
큐 스피드	2.5 ~ 3레일 3 / 10
스트로크 길이	공 두 개 통과
타법	큐 무게로 부드럽게 밀어치기

[Point]

빈쿠션을 잘 치는 비결은 2.5레일 ~ 3레일 정도의 일정한 스피드로 1쿠션 겨냥점을 큐 전체 무게로 부드럽게 일직선으로 밀어 치는 느낌으로 치면 된다.

[득점의 핵심]

위 도형은 테이블 상태를 파악할 때 굴려 보는 Line 이다.

a Line은 수구 수 50에서 1쿠션 코너 0을 쳐서 4쿠션 단쿠션 중앙에 있는 공을 맞히는 것이며,

b Line은 수구 수 60에서 1쿠션 30을 쳐서 하단 단쿠션 원 포인트(30) 지점에 있는 공을 맞히는 것이다.

도형처럼 수구가 Line대로 진행되면 정상적인 테이블로 보고 자신 있게 공을 치면 된다.

수구 수는 프레임 포인트로 계산하고, 1쿠션도 프레임 포인트로 계산한다.

3쿠션과 4쿠션은 레일 포인트로 계산하면 된다.

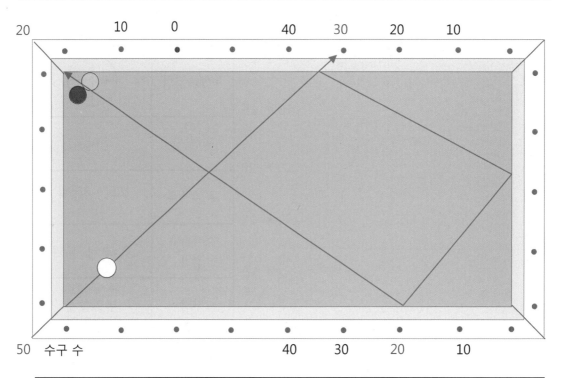

두께 / 당점	회전 량	큐 스피드	스트로크 길이	타법
	2.5Tip ~ 3Tip	2.5 ~ 3레일 3 / 10	공 두 개 통과	큐 무게로 부드럽게 밀어치기

[득점의 핵심]

위 도형은 Five & Half System의 가장 기초가 되는 20각이다 (50 – 30 = 20)
누구나 당구에 입문하여 빈쿠션 돌리기를 처음 배울 때 위 도형을 배우게 되는데,
이 도형을 이해해야 하는 중요성은 좌측 상단 코너로 보내는 정확한 진행 Line 파악과
더불어 빈쿠션 돌리기의 긴 각과 짧은 각의 중심이 되기 때문이다.
대부분 모르는 당구장에 처음 가면 위 도형대로 수구를 굴려보고 당구대가 긴지
짧은지를 먼저 파악하는 이유도 50 - 30 = 20이 가장 기준점이 되기 때문이다.
일반적으로 수구 50각은 코너를 기준으로 4쿠션 코너로 돌아오면 정상적인 당구대로
간주하며, 장쿠션 첫 번째 포인트에서 1쿠션 30을 쳐서 장쿠션(4쿠션) 첫 번째 포인트로,
단쿠션 코너 첫 번째 점에서 1쿠션 30을 쳐서 단쿠션(4쿠션) 첫 번째 포인트로 돌아오면
정상적인 당구대로 간주하고 경기를 하면 된다.

◆ Five & Half System 30각 Line

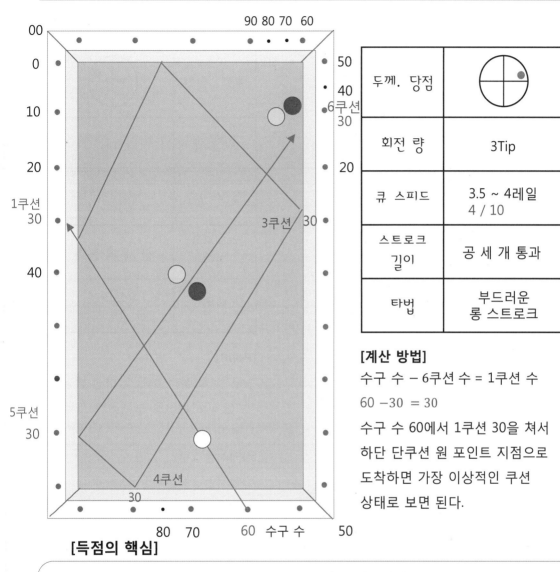

두께. 당점	⊕
회전 량	3Tip
큐 스피드	3.5 ~ 4레일 4 / 10
스트로크 길이	공 세 개 통과
타법	부드러운 롱 스트로크

[계산 방법]

수구 수 − 6쿠션 수 = 1쿠션 수

60 −30 = 30

수구 수 60에서 1쿠션 30을 쳐서
하단 단쿠션 원 포인트 지점으로
도착하면 가장 이상적인 쿠션
상태로 보면 된다.

[득점의 핵심]

Five & Half System을 이용해 대회전으로 득점하는 장면이다.

앞 페이지에서 설명한 바와 같이 부드러운 롱 스트로크로 비거리를 확보해야 한다.

System을 간단하게 이용하는 방법은 마지막 6쿠션 수치만 외워 두면 된다.

그 다음에는 수구 수에서 마지막 6쿠션 수치를 빼면 1쿠션 수치가 된다.

수구 수의 출발 위치에 따라 약간씩의 차이는 있지만 수구 수 60에서 1쿠션 30을

쳤을 때 4쿠션부터 원 포인트 30 Line을 타고 도형처럼 동선을 그린다는 것을 알아 두자.

도형처럼 목적구가 중간에 떠 있을 경우 위에서 말한 5쿠션 원 포인트 Line에서

6쿠션 원 포인트Line을 확인하면 보다 쉽게 빈쿠션 돌리기 득점률을 높일 수 있다.

단, 스트로크가 강할 경우 점진적으로 짧아질 수 있으므로 부드러운 롱스트로크를 한다.

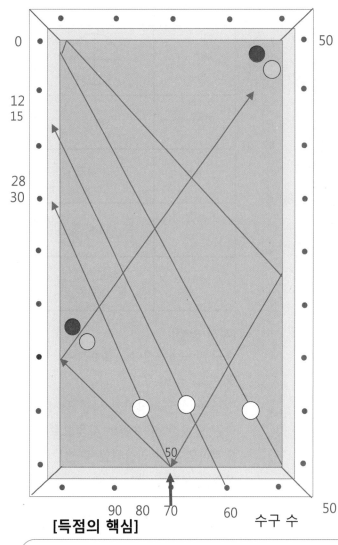

[득점의 핵심]

두께. 당점	◯
회전 량	3Tip
큐 스피드	3.5 ~ 4레일 4 / 10
스트로크 길이	공 세 개 통과
타법	부드러운 롱 스트로크

[Point]

수구 수 50에서 하단 단쿠션 중심인 4쿠션 50지점으로 보내려면 코너를 치면 되고,

60에서는 1쿠션 12를

70에서는 1쿠션 28~30을 각각 치면 된다.

위 도형은 하단 단쿠션 적색 화살표 지점으로 공을 보낼 때 계산하는 요령이다.

수구 수 50에서 칠 경우에는 적색 화살표 지점을 4쿠션 50으로 계산하고 수구 수 50에서 4쿠션 50을 빼면 1쿠션 수는 0이므로 좌측 상단 코너 0을 치면 된다.

문제는 수구의 위치가 60 부근에서 출발할 경우 보정 수를 얼마나 계산하는 가이다.

수구가 60에 있을 경우는 보정 수 2를 미리 계산해 10에서 2를 더한 12를 치면 되며,

수구 수 70에서 칠 경우에는 30 대칭 원리를 적용해 30을 그대로 치면 된다.

약간 짧아지는 당구대의 경우 레일 포인트 30, 또는 28정도를 치면 된다.

수구가 단쿠션에서 출발할 경우 3시(9시) 당점을 확실하게 주는 것이 요령이다.

긴 각에서 중 상단 당점을 사용할 경우 자칫하면 회전 부족으로 길어질 수 있다.

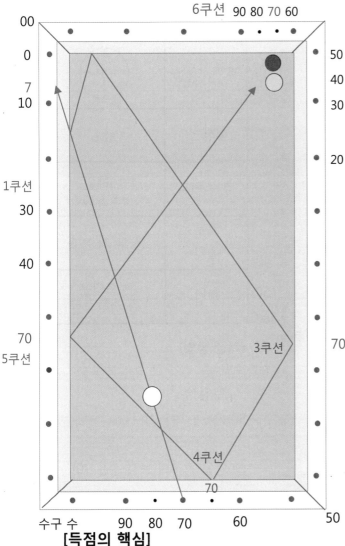

[득점의 핵심]

두께. 당점	
회전 량	3.5Tip
큐 스피드	3.5 ~ 4레일 4 / 10
스트로크 길이	공 세 개 통과
타법	부드러운 롱 스트로크

[계산 방법]

수구 수 − 6쿠션 수 + 보정 수= 1쿠션 수

70 −70 + 7 = 7

수구가 하단 단쿠션에서 출발하는
긴 각인 경우의 스트로크 핵심은
1쿠션을 부드럽게 스친 다음
2쿠션에서 회전이 최대로 먹도록
회전을 살려 주어야 한다.

위 도형은 Five & Half System을 이용해 대회전으로 득점하는 장면이다.

빈쿠션으로 대회전을 칠 경우에는 스트로크를 강하게 쳐서 비거리를 만드는 것이 아니라 부드러운 롱 스트로크로 비거리를 확보해야 한다.

강하게 칠 경우 쿠션 반발로 짧아지는 것을 방지하기 위함이다.

1쿠션을 부드럽게 스치듯 큐 선의 길이를 길게 해주면 비거리가 확보된다.

계산 방법은 목적구 수치를 확인하고 수구 수에서 목적구 수를 뺀 다음 보정 수를 더한 숫자를 치면 된다.

목적구가 6쿠션에 있을 경우에는 당구대의 쿠션 상태에 따라 짧아지는 경향이 있으므로 보정 수를 적용하지 않고 쳐야 되는 경우도 있다.

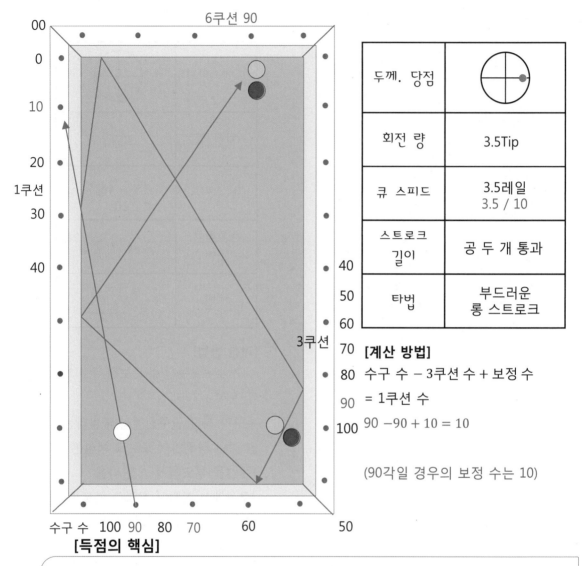

두께. 당점	
회전 량	3.5Tip
큐 스피드	3.5레일 3.5 / 10
스트로크 길이	공 두 개 통과
타법	부드러운 롱 스트로크

[계산 방법]

수 구 수 − 3쿠션 수 + 보정 수

= 1쿠션 수

90 −90 + 10 = 10

(90각일 경우의 보정 수는 10)

[득점의 핵심]

위 도형은 수구 수 90에서 3쿠션 90에 있는 목적구를 맞히는 장면이다.

수구 수 90에서 3쿠션 90에 있는 공을 맞히려면 수치상으로는 코너 0을 쳐야 하나
수구가 70 ~ 100까지 단쿠션에서 출발하는 긴 각인 경우에는 대략 수구 수의 10%
정도를 보정해서 짧게 치는 것이 가장 무난하며 득점 확률을 높일 수 있다.

따라서 위 도형에서는 90 − 90 = 0이 아닌 10% 보정한 1쿠션 10을 친 것이다.

쿠션의 상태가 조금씩 다르기는 하지만 이와 같은 보정 원리를 적용하며 자신만의
회전량을 고정하면 된다. 스트로크 요령은 1쿠션을 부드럽게 스친 다음 2쿠션에서 회전
을 먹이는 느낌으로 부드럽게 굴려 쳐야 한다. 긴 각인 경우 회전이 일정치 않으면 수구
의 동선도 일정치 않으므로 회전 당점인 3시 (9시) 당점을 사용한다.

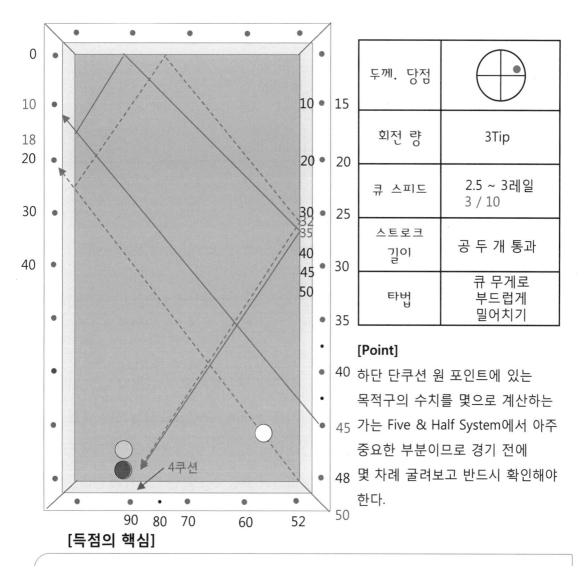

[득점의 핵심]

두께. 당점	(그림)
회전 량	3Tip
큐 스피드	2.5 ~ 3레일 3 / 10
스트로크 길이	공 두 개 통과
타법	큐 무게로 부드럽게 밀어치기

[Point]

하단 단쿠션 원 포인트에 있는

목적구의 수치를 몇으로 계산하는

가는 Five & Half System에서 아주

중요한 부분이므로 경기 전에

몇 차례 굴려보고 반드시 확인해야

한다.

위 도형은 목적구가 하단 단쿠션 원 포인트에 있을 경우 4쿠션의 수치를 몇으로 계산
해야 하는가의 중요성을 나타낸 도형이다.

원 포인트 수치를 기준으로 당구대의 상태를 파악하고 전체적으로 운영하면 된다.

예를 들어 수구 수 50에서 1쿠션 20을 쳐서 목적구가 맞는다면 이 테이블은 약간
부드럽고 긴 테이블로 간주해야 한다. (4Tip을 주고 쳤다면 맞힐 수 있지만)

하지만 요즈음 유행하는 테이블의 상태를 보면 목적구를 33 정도로 보고 코너 50에서
18을 치면 대부분 득점할 수 있다. 만일 수구 수 45에서 친다면 1쿠션 10을 쳐야 하는
데 이 경우 4쿠션 수치는 34 정도가 된다. 원 포인트 수치를 정확히 알아야 하는 이유는
3뱅크샷 대부분이 원 포인트 주변을 중심으로 계산하게 되는 경우가 많기 때문이다.

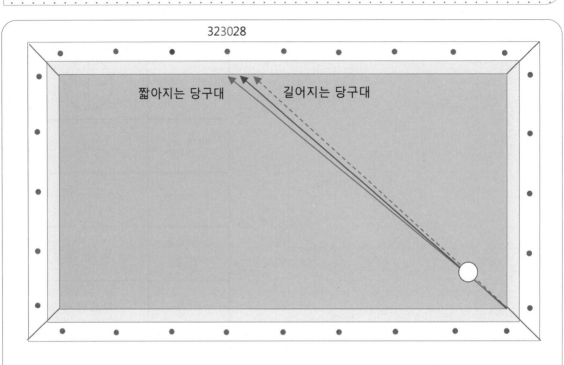

323028

짧아지는 당구대   길어지는 당구대

수구 수	4쿠션 보정 수
25	-5
30	-5
35	-4
40	-3
45	-2
50 (장쿠션)	-1
코너	0
55	+1
60	+2
65	+3.5
70	+5
80	+7
90	+10

좌측 도표는 정상적인 당구대로 간주하고
각 수구 위치별로 보정 수를 나타낸 것이다.
3쿠션으로 보낼 경우에는 보정 수를 적용
하지 않으며, 4쿠션으로 보낼 경우 보정 수를
적용하면 된다.
예를 들어 수구 수 30에서 코너(20)에 있는
목적구를 맞히기 위해서는 30 – 20 = 10이
아니라 보정 수 5를 뺀 5를 쳐야 한다.

당구대가 짧아지는 경우 도표보다 0.15Point
정도 길게 치고,
당구대가 길게 늘어지는 경우 도표보다
0.15Point 정도 짧게 치는 것이 요령이다.

당구대란 제조메이커, 주변의 습도, 날씨,
세팅 시간의 경과 등에 따라 입사각과
반사각이 달라지기 때문이다.

이러한 환경을 빨리 파악하고 적응하는
것도 당구의 실력이라 할 수 있다.

수구 수 50을 기준으로 45 ~ 25까지는
짧은 각으로 분류하고,
수구 수 60 ~ 90까지는 긴 각으로 분류한다

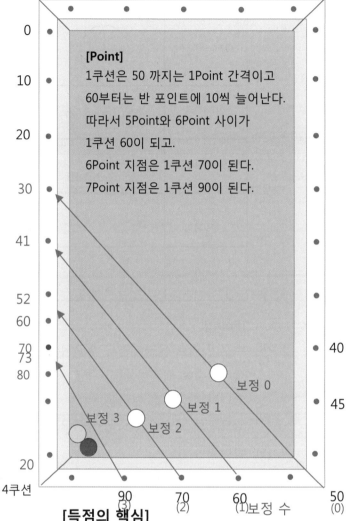

두께. 당점	
회전 량	3Tip
큐 스피드	2.5 ~ 3레일 3 / 10
스트로크 길이	공 두 개 통과
타법	큐 무게로 부드럽게 밀어치기

[Point]
1쿠션은 50 까지는 1Point 간격이고
60부터는 반 포인트에 10씩 늘어난다.
따라서 5Point와 6Point 사이가
1쿠션 60이 되고.
6Point 지점은 1쿠션 70이 된다.
7Point 지점은 1쿠션 90이 된다.

[Point]
1Plus System이란 ?
단쿠션 포인트 수보다 장쿠션
포인트를 +1을 해서 치면
코너로 돌아 오는 System 이다.
(수구가 도형처럼 단쿠션에서
출발할 경우에만 해당된다)

[득점의 핵심]

위 도형은 수구 수 (50 ~ 90) 에서 4쿠션 (좌측 하단 코너) 20에 있는 공을 맞히기 위한 보정 수를 나타낸 도형이다.

이 도형에서 나타내고자 하는 의미는 1Plus System을 이용해 좌측 코너에 있는 목적구를 맞힐 경우, 50에서 30을 치면 정확히 코너로 돌아 오는데 수구 수 60에서 90까지 1Plus System으로 치면 수구 수가 커질 수록 조금씩 길어지는 경향이 있는 것을 미리 보정해서 치는 방법이다.

수구 수 60에서 보정 (0.1), 수구 수 70에서 보정 (0.2), 수구 수 90에서 보정(0.3) Point 이다. 0.1 ~ 0.3 Point 수치의 기준은 1쿠션 수치상의 수를 기준으로 한다.

다시 말해 Five & Half System 상의 수치로 52는 50에서 0.1Point 아래란 뜻이다.

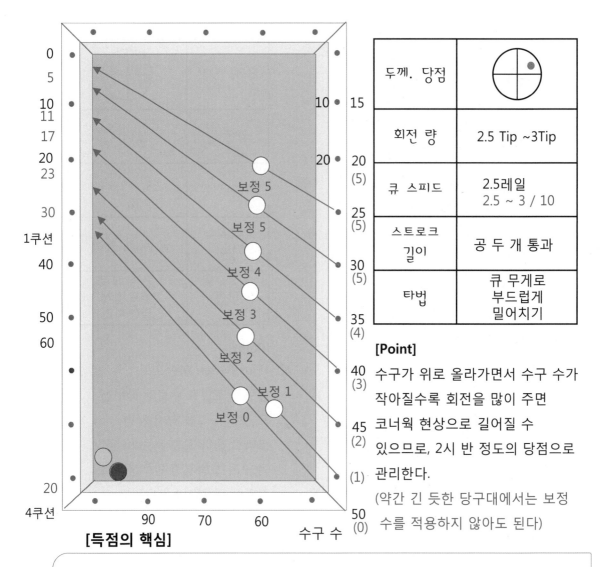

두께. 당점	◯
회전 량	2.5 Tip ~3Tip
큐 스피드	2.5레일 2.5 ~ 3 / 10
스트로크 길이	공 두 개 통과
타법	큐 무게로 부드럽게 밀어치기

[Point]

수구가 위로 올라가면서 수구 수가 작아질수록 회전을 많이 주면 코너웍 현상으로 길어질 수 있으므로, 2시 반 정도의 당점으로 관리한다.

(약간 긴 듯한 당구대에서는 보정 수를 적용하지 않아도 된다)

[득점의 핵심]

수구 수

위 도형은 각각의 수구 위치에서 좌측 하단 코너에 있는 공을 맞히기 위한 보정 수를 나타낸 도형이다.

수구가 우측 하단 코너에서 출발할 경우에는 보정이 없으며, 우측 하단 코너 장쿠션 포인트에서 출발할 경우 보정 (1)을 계산해 29를 치면 된다.

1Point씩 짧은 각으로 위로 올라가면서 보정 수가 1씩 더 늘어난다. (1. 2. 3. 4. 5로)

좌측 하단 코너에 있는 목적구를 맞히기 위해 쉽게 계산하는 방식은 수구 수에서 일단 코너 값 20을 뺀 후 보정 수 만큼 길게 치면 된다.

만일 약간 긴 경우에는 회전을 줄이고, 약간 짧아지면 회전을 더 주고 보완하면서 자신에 맞는 회전량을 찾아내는 것이 3뱅크 실력을 높이는 비결이다.

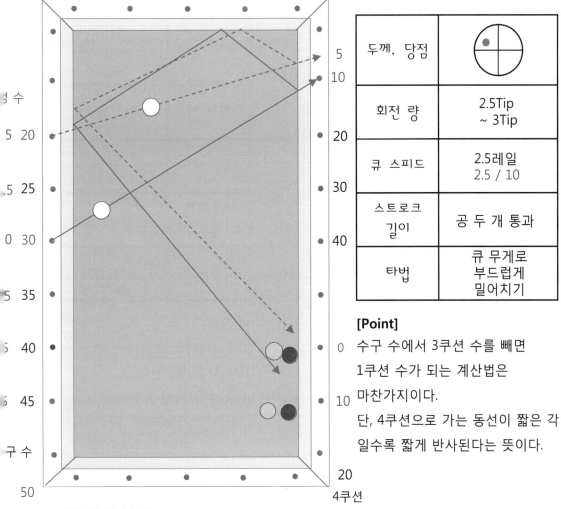

두께. 당점	(figure)
회전 량	2.5Tip ~ 3Tip
큐 스피드	2.5레일 2.5 / 10
스트로크 길이	공 두 개 통과
타법	큐 무게로 부드럽게 밀어치기

[Point]

수구 수에서 3쿠션 수를 빼면
1쿠션 수가 되는 계산법은
마찬가지이다.
단, 4쿠션으로 가는 동선이 짧은 각
일수록 짧게 반사된다는 뜻이다.

[득점의 핵심]

위 도형은 Five & Half System에서 수구 출발 위치에 따라 4쿠션이 짧아지는 것에 대한
보정 수를 나타낸 것이다.

위 도형의 경우 수구 수 30에서 1쿠션 10을 치면 우측 하단 코너 20이 아닌 보정 수
10이 짧아진 4쿠션 10 지점으로 도착한다는 뜻이다.

수구 수 50을 기준으로 45부터 수구 수가 원 포인트 짧아지면 4쿠션이 0.25Point 씩
짧아진다. 따라서 수구 수 30이면 4Point 이므로 4Point × 0.25 = 1Point다.

수구 수 20에서 4쿠션 0에 보내려면 1쿠션 20을 치는 것이 아니라 수구 수 20에 대한
보정 수 15(2.5 × 6)를 뺀 1쿠션 5를 치면 된다.

회전은 비틀어 치지 않으며 System에서 사용하는 2.5 ~3Tip 정도의 회전을 주면 된다.

◆ Five & Half System 짧은 각 보정 방법

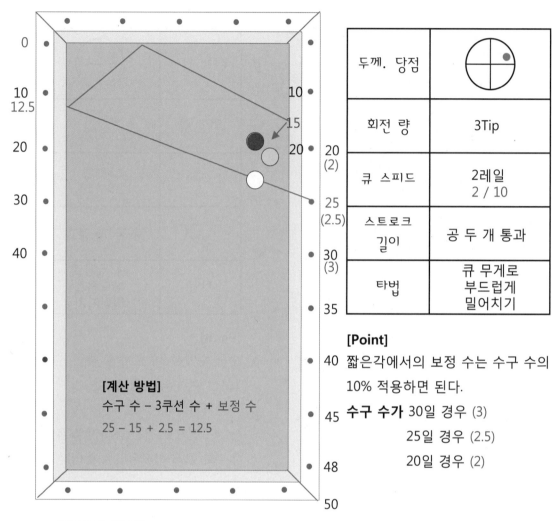

두께, 당점	⊕
회전 량	3Tip
큐 스피드	2레일 2 / 10
스트로크 길이	공 두 개 통과
타법	큐 무게로 부드럽게 밀어치기

[Point]
짧은각에서의 보정 수는 수구 수의
10% 적용하면 된다.
수구 수가 30일 경우 (3)
　　　　 25일 경우 (2.5)
　　　　 20일 경우 (2)

[계산 방법]
수구 수 – 3쿠션 수 + 보정 수
25 – 15 + 2.5 = 12.5

[득점의 핵심]

위 도형은 Five & Half System 수치에 보정 수를 더해 쉽게 계산하는 방법이다.
보정 수를 활용하는 이유는 빈쿠션 돌리기에서 수구 수가 30 이하의 짧은 각일 경우
수구 수가 40 아래에서 칠 때보다 코너웍 현상이 심해 길어지는데 이를 보완하기 위해
보정 수치를 미리 정해 놓고 자신이 익숙한 System 계산법에 따라 같은 3Tip 회전량으
로 치는 방법이다. 보정 수는 수구 수의 10% 를 적용한 만큼 짧게 치면 된다.
짧은 각에서의 득점 계산 방법은 여러 가지가 있지만 실제로 경기 중에 가장 빠르고
쉽게 계산할 수 있으며 득점률도 높아 적극 권장한다.
짧은 각에서의 스트로크 방법은 1쿠션에서 3쿠션 까지의 동선을 머릿속에 그리면서
스트로크를 강하지 않고 해당 Tip을 주고 1쿠션에 굴려 놓고 기다리면 된다.

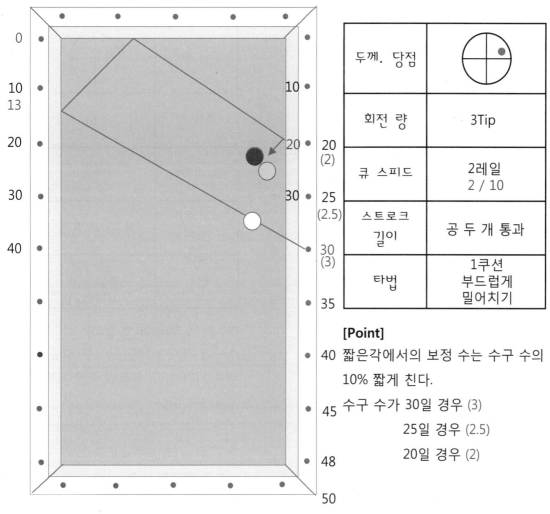

두께. 당점	
회전 량	3Tip
큐 스피드	2레일 2 / 10
스트로크 길이	공 두 개 통과
타법	1쿠션 부드럽게 밀어치기

[Point]
짧은각에서의 보정 수는 수구 수의
10% 짧게 친다.
수구 수가 30일 경우 (3)
　　　　　25일 경우 (2.5)
　　　　　20일 경우 (2)

[득점의 핵심]

빈쿠션 돌리기 짧은 각인 경우 코너웍 현상으로 인해 수구가 Five & Half System 보다
조금씩 길어지는 현상을 감안해 보정 수를 정해 놓고 수구 수 50에서 칠 때와 마찬가지
회전량으로 치는 방법이다.
짧은 각일 경우 수구가 코너에서 생각보다 크게 도는 현상을 트랙의 변환이라고 하는데
대략 수구 수의 10% 정도의 수치 만큼 짧게겨냥하면 득점률이 아주 높다.
쇼트 앵글에서 보다 득점률을 높이는 방법은 정확한 당점을 주고 1쿠션에 수구를
부드럽게 굴려 놓고 여유 있게 기다리는 것이 요령이다. 목적구를 맞힌다는 생각이
강하면 아무래도 스트로크가 강해져서 득점에 실패할 확률이 높다.

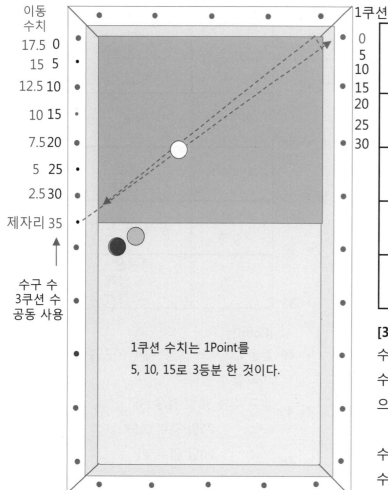

이동
수치

17.5 0
15 5
12.5 10
10 15
7.5 20
5 25
2.5 30
제자리 35

↑

수구 수
3쿠션 수
공동 사용

1쿠션 수치는 1Point를
5, 10, 15로 3등분 한 것이다.

1쿠션

0
5
10
15
20
25
30

당점 위치	
회전 량	3.5Tip
큐 스피드	2레일 2 / 10
스트로크 길이	공 두 개 통과
타법	1쿠션에 굴려놓고 기다리기

[35 & ½ System의 법칙}

수구가 어디에 있든 코너를 치면
수구 지점과 35 지점의 중간 지점
으로 도착한다.

수구 수는 Five & Half System
수치를 적용하지 않고,
도형과 같이 적용한다.

[득점의 핵심]

위 도형은 수구 수 35 미만에서 운영하는 System으로 아주 유용한 System 이다.
스트로크는 위 도형에 표시된 점선처럼 수구 수 35에서 코너를 쳐서 35 제자리로 돌아
오는 회전력을 일관되게 유지하는 것이 핵심이다.
좌측 상단에 적색으로 적혀 있는 숫자는 각각의 수구 수에서 코너를 쳤을 때 수구 수
에서 더해져서 도착하는 만큼의 숫자이다.
다시 정리하면 수구 수 5에서 코너를 치면 15가 더해져 수구 위치 5로부터 15가 더해진
3쿠션 20에 도착한다는 의미이며, 수구 수 20에서 코너를 치면 수구 위치 20에서 7.5가
더해진 3쿠션 27.5 지점에 도착한다는 의미이다.

◆ 35 & ½ System 기본 형태

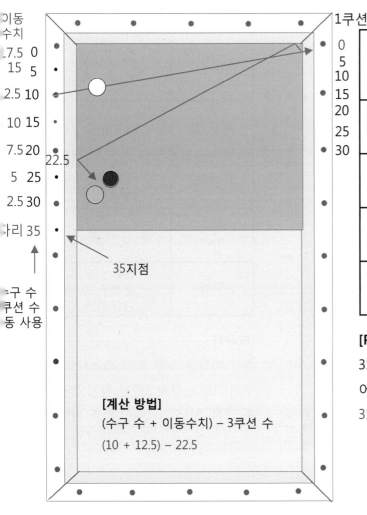

당점 위치	
회전 량	3.5Tip
큐 스피드	2레일 2 / 10
스트로크 길이	공 두 개 통과
타법	1쿠션에 굴려놓고 기다리기

[Point]

35 & ½ System의 특징은 수구가 어디에 있든 코너를 치면 수구 지점과 35 지점의 중간 지점으로 도착한다.

[계산 방법]
(수구 수 + 이동수치) – 3쿠션 수
(10 + 12.5) – 22.5

[득점의 핵심]

위 도형은 수구 수 10에서 코너를 치면 12.5가 이동되는 것을 이용해 22.5에 있는 목적구를 맞혀 득점하는 장면이다.

도형 좌측에 표시되어 있는 것처럼 수구 위치에서 코너를 쳤을 때 이동되는 수치를 알면 쇼트 앵글에서 유용하게 활용할 수 있다.

또한 35 & ½ System에서 잊어서 안 되는 것은 1쿠션 수치이다.

1쿠션은 1Point가 3등분으로 나누어져 있다.(원 포인트 지점이 10이 아닌 15)

Short 앵글에서의 스트로크 방법은 해당되는 당점을 정확히 주고 1쿠션에 부드럽게 굴려 놓고 기다리면 알아서 3쿠션 지점으로 정확하게 찾아온다.

◆ 35 & ½ System 기본 형태

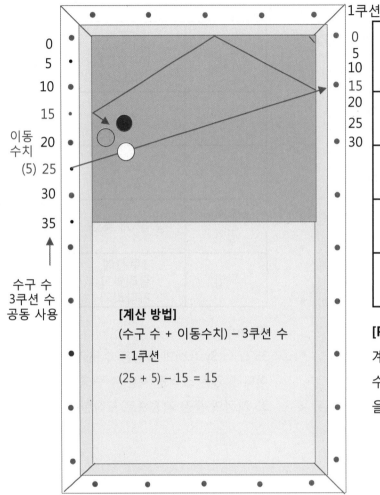

당점 위치	⊕
회전 량	3.5Tip
큐 스피드	2레일 2 / 10
스트로크 길이	공 두 개 통과
타법	1쿠션에 굴려놓고 기다리기

[계산 방법]
(수구 수 + 이동수치) – 3쿠션 수
= 1쿠션
(25 + 5) – 15 = 15

[Point]

계산 방법은 수구 지점 25에서의 이동
수치(5)와 수구와 3쿠션 지점의 간격(10)
을 더한 수(15)가 1쿠션 수가 된다.

[득점의 핵심]

위 도형의 1쿠션 계산 방법은 ~
수구 수 25에서 칠 때의 이동 수치 5와, 수구 수와 3쿠션 수치 거리 간격인 10을
더한 15가 1쿠션 수가 된다.
35 & ½ System에서 1쿠션의 수치는 1Point가 3등분 되어 있으므로 1Point 지점이
15가 된다.
편안한 마음으로 1쿠션에 굴려놓고 기다리면 된다. 절대 인위적으로 3쿠션의 목적구를
맞히는 상상을 미리 하지 말고 1쿠션에 그냥 굴려 놓고 기다려 보자.
짧은 각에서는 Five & Half System보다 35 & ½ System의 정확도가 더 우수하다.
단 스트로크를 일정하게 고정했을 때의 경우이다.

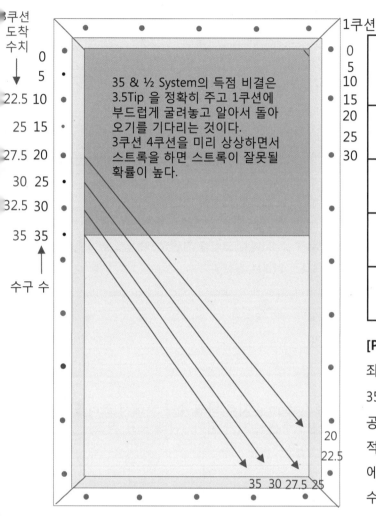

3쿠션
도착
수치
↓

0	
5	
22.5	10
25	15
27.5	20
30	25
32.5	30
35	35

↑
수구 수

35 & ½ System의 득점 비결은 3.5Tip 을 정확히 주고 1쿠션에 부드럽게 굴려놓고 알아서 돌아오기를 기다리는 것이다.
3쿠션 4쿠션을 미리 상상하면서 스트록을 하면 스트록이 잘못될 확률이 높다.

1쿠션
0
5
10
15
20
25
30

20
22.5

35 30 27.5 25

당점 위치	(당점 위치 다이어그램)
회전 량	3.5Tip
큐 스피드	2.5레일 2.5 / 10
스트로크 길이	공 두 개 통과
타법	1쿠션에 굴려놓고 기다리기

[Point]

좌측에 검정색으로 표시된 수치는 35 & ½ System의 수구 수와 3쿠션 공동 수치이며,

적색 글씨로 표시된 수치는 수구 수에서 코너를 쳤을 때 도착하는 3쿠션 수치임.

[득점의 핵심]

위 도형은 수구가 10 ~ 35 미만에 있고 목적구가 우측 하단 (단쿠션, 장쿠션) 원 포인트 주변에 있을 때, 35 & ½ System 연장 Line을 이용해 득점하는 방법이다.

예를 들어 수구가 35에 있을 경우 코너를 System대로 치면 35 제자리로 온다.

그렇다면 3쿠션 35의 연장선이 하단 단쿠션 어느 지점으로 연결되는지 알아두면 되는 것이다. 또 수구 수 20에서 코너를 치면 3쿠션 27.5로 도착하는 것을 배웠다.

그렇다면 3쿠션 27.5의 4쿠션 도착선이 우측 하단 어느 지점인지 알아두면 된다.

Five & Half System 수치로 수구 수가 25 미만인 경우에는 어차피 System 적용이 어렵기 때문에 35 & ½ System Line을 활용하면 좀 더 쉽게 득점할 수 있다.

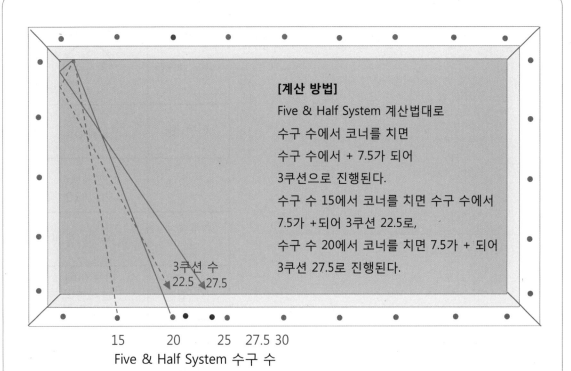

[계산 방법]

Five & Half System 계산법대로

수구 수에서 코너를 치면

수구 수에서 + 7.5가 되어

3쿠션으로 진행된다.

수구 수 15에서 코너를 치면 수구 수에서

7.5가 +되어 3쿠션 22.5로,

수구 수 20에서 코너를 치면 7.5가 + 되어

3쿠션 27.5로 진행된다.

3쿠션 수
22.5 27.5

15   20   25   27.5 30

Five & Half System 수구 수

[Point]

35와 ½ System의 수구 수치를 Five & Half System 수치로 바꿔 수구 수에서 코너를 치면 무조건 수구 수의 0.75Point 더한 수치가 3쿠션 수치가 된다. (아래 도표 참조)

수구 수치	15	17.5	20	22.5	25	27.5
1쿠션	코너를 치면 + 7.5되어 3쿠션으로 진행된다					
3쿠션	22.5	25	27.5	30	32.5	35

❖ 수구 수치에서 코너를 치면 무조건 7.5를 더한 3쿠션 수치로 진행된다.

❖ 수구 수치에서 코너를 치면 제자리로 돌아오는 기준이 수구 수치 27.5이다.

❖ 타법은 9시 방향 3.5Tip 주고 비틀기 없이 회전은 다 살려준다.

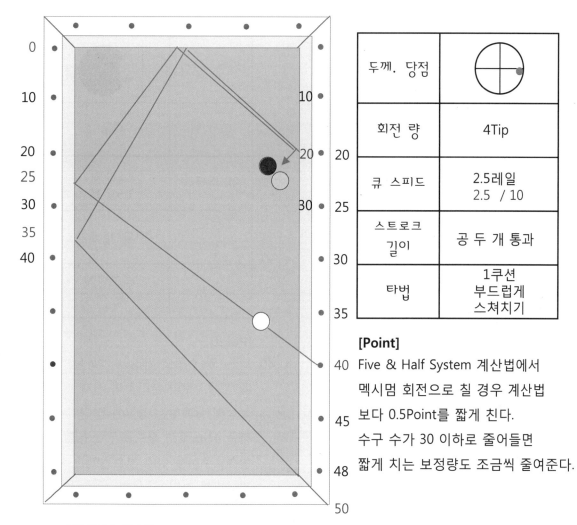

두께. 당점	
회전 량	4Tip
큐 스피드	2.5레일 2.5 / 10
스트로크 길이	공 두 개 통과
타법	1쿠션 부드럽게 스쳐치기

[Point]

Five & Half System 계산법에서
멕시멈 회전으로 칠 경우 계산법
보다 0.5Point를 짧게 친다.
수구 수가 30 이하로 줄어들면
짧게 치는 보정량도 조금씩 줄여준다.

[득점의 핵심]

위 도형은 Five & Half System에서 멕시멈 회전을 주고 칠 경우 계산하는 방법을 나타낸
도형이다.

일반적으로 공을 배울 때 최대 회전을 주고 치는 습관이 들어 있는 경우라면 멕시멈
회전을 주고 치는 계산법을 사용해도 상관없다.

하지만 멕시멈 회전도 치는 타법에 따라 하단에 주고, 비틀어치고, Slow로 치고,
모든 것을 다 동원하면 일반적인 System 수치보다 0.7Point 까지 짧게 쳐도 득점할 수
있다. 일반적으로는 수구 수의 10% 정도를 짧게 치면 무난하게 득점할 수 있다.

하지만 전체적으로 일관성 있게 System을 운영하기 위해서는 멕시멈 회전 사용을
적극 권장하지는 않는다.

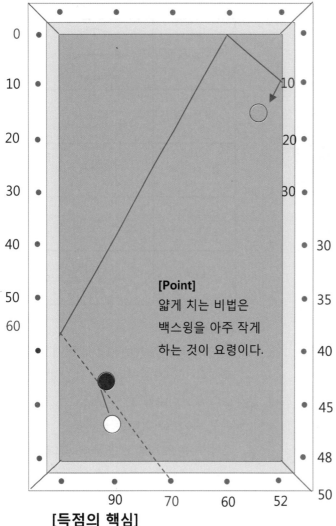

두께. 당점	얇게
회전 량	4Tip
큐 스피드	1.5레일 1.5 / 10
스트로크 길이	공 두 개 통과
타법	부드럽게 팬 샷

[Point]
얇게 치는 비법은
백스윙을 아주 작게
하는 것이 요령이다.

[Point]
1적구와 수구의 거리가 가까울
때는 생각보다 분리각이 커져
득점에 실패하는 경우가 많다.
하단 4Tip 주고 부드러운 스트로크와
함께 1쿠션을 아주 부드럽게 스쳐
지나가야 한다.

[득점의 핵심]

위 도형은 Five & Half System을 이용해 득점하는 장면이다.
이와 같은 배치에서는 선구가 가능한지 Five & Half System 수치를 먼저 파악해 보아야
한다.
2목적구가 10에 있고 점선처럼 1적구의 좌측면을 기준으로 수구 수 70과 1쿠션 60을
연결해 수구를 1쿠션 60까지 보낼 수 있으면 선구가 가능하다.
단, 수구와 1적구가 가까이 있을 경우 생각보다 분리각이 커져 짧아질 수 있다는 것을
염두에 두어야 한다.
얇게치기 비법은 백 스윙을 최대한 자제하여 분리각을 최소화 시켜야하며, 하단 4Tip
주고 큐 뒤를 약간 들고 반 마세 식으로 부드러운 스트로크를 해야 한다.

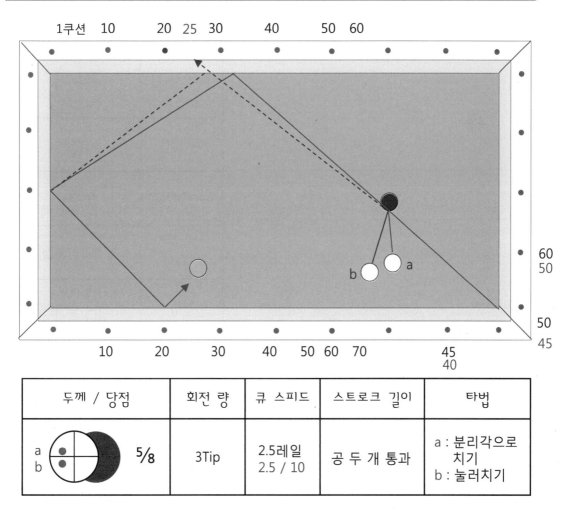

두께 / 당점		회전 량	큐 스피드	스트로크 길이	타법
a b	5/8	3Tip	2.5레일 2.5 / 10	공 두 개 통과	a : 분리각으로 치기 b : 눌러치기

[득점의 핵심]

위 도형은 Five & Half System을 이용해 제각돌리기로 득점하는 장면이다.
도형을 살펴보면 Five & Half System으로 계산하면 수구 수 50에서 1쿠션 30을 치면
3쿠션 20으로 가는 배치이다.
수구가 a처럼 1적구와 예각으로 있을 경우에는 System 수치대로 견고하게 스트로크
하면 득점할 수 있다.
하지만 수구가 b처럼 엇각으로 있을 경우에는 수구 수를 50이 아닌 45로 계산하고
약 0.5Point 정도 길게 쳐야 한다.
1적구와 수구가 엇각일 경우에는 수구가 쿠션을 돌 때마다 말리는 현상이 생긴다.
이러한 점을 감안해 수구 수를 5씩 빼고 계산하면서, 도형 표시처럼 당점을 내리고
견고한 브리지와 스트로크로 수구가 말리는 현상을 보완해 주어야 한다.

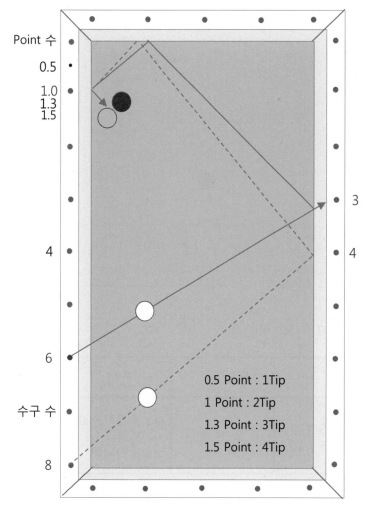

Point 수	
0.5	
1.0	
1.3	
1.5	

6	
4	
8	

0.5 Point : 1Tip
1 Point : 2Tip
1.3 Point : 3Tip
1.5 Point : 4Tip

수구 수

두께. 당점	
회전 량	3Tip
큐 스피드	2레일 2 / 10
스트로크 길이	공 두 개 통과
타법	큐무게로 부드럽게 밀어치기

[Point]

수구 수의 절반 지점으로 수구를
보내면서 목적구의 지점에 해당
되는 회전을 주면 된다

1쿠션 까지 수구를 정확히 보내는
것이 생각보다 쉽지 않으므로 꾸준히
연습해야 한다.

[득점의 핵심]

위 도형은 목적구가 1.5Point 이내, 코너 부근에 있을 때 아주 유용하게 활용할 수 있는
수구 수의 ½ 지점으로 보내는 System이다.
정확도가 뛰어나고 계산 방법도 아주 간단해 배워 두면 활용도가 아주 높은 System이다.
먼저 3쿠션 목적구 지점의 회전 수를 파악한다.
3쿠션 가까이 있는 목적구가 0.5Point에 있다면 1Tip, 목적구가 1Point에 있다면 2Tip,
1.3 Point에 있다면 3Tip, 1.5 Point에 있다면 4Tip을 각각 주고 수구 수의 ½ 지점
으로 천천히 굴려 보내면 쉽게 득점할 수 있다.
회전은 3시간을 4Tip으로 나눈 4등분 Tip을 기준으로 한다.
(단, 입사각이 예각인 경우와 둔각인 경우에 회전량을 미세하게 보정해 준다))

◆ Five & Half ½ System

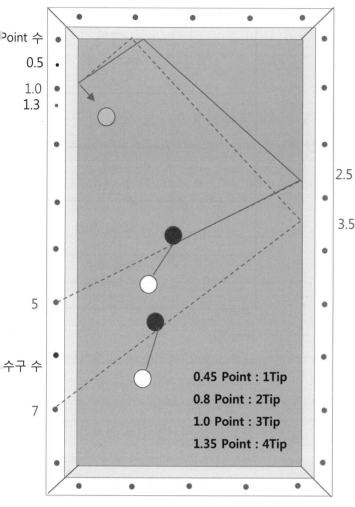

두께. 당점		¼
회전 량	2Tip	
큐 스피드	2레일 2 / 10	
스트로크 길이	공 두 개 통과	
타법	큐 무게로 부드럽게 밀어치기	

Point 수
0.5
1.0
1.3

2.5

3.5

5

수구 수

7

0.45 Point : 1Tip
0.8 Point : 2Tip
1.0 Point : 3Tip
1.35 Point : 4Tip

[Point]
수구 수의 절반 지점으로 수구를
보내면서 목적구의 지점에 해당
되는 회전을 주면 된다
본인의 스트로크 성향에 따라 3쿠션
수치를 임의대로 바꿔 운영해도
상관없다.
단, 원리만 이해하면 된다.

[득점의 핵심]

위 도형은 앞 페이지에서 알아본 수구 수의 ½지점 보내기 System을 활용해 Ball First로
득점하는 장면이다.

3쿠션에 있는 목적구의 해당 회전 수를 먼저 파악한 다음 수구 수의 ½ 지점으로 수구를
굴려 보내면 된다.

평소 연습이 안되어 있는 경우 1적구를 정확하게 1쿠션 지점까지 보내는 것이 쉽지만은
않다.

특히 1적구와 수구가 가까이 있을 경우 수구의 분리각이 커진다는 점을 감안해 평소
연습을 통해 감을 익혀 두어야 한다.

(3쿠션 수치 운영은 자신만의 회전력을 참고하여 System을 응용해도 상관없다)

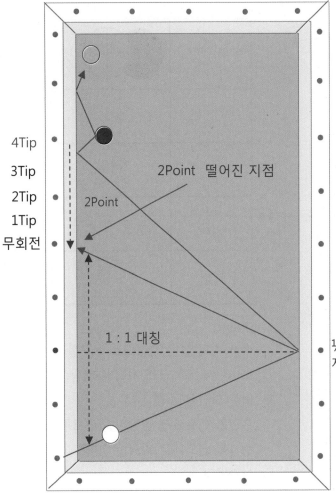

두께. 당점	⊕
회전 량	2Tip
큐 스피드	2레일 2 / 10
스트로크 길이	공 두 개 통과
타법	큐 무게로 부드럽게 굴려치기

[Point]

좌측 도형의 원리를 잘 이해하면
3쿠션에서 다양하게 활용할 수
있다.

특히 더블 쿠션의 경우 입사각
반사각과 회전의 량을 활용하면
쉽게 동선을 파악할 수 있다.

[Point]

위 도형은 생각보다 득점력이 높고 계산법이 간단하다.

[계산 방법]

1. 목적구가 맞아야 할 2쿠션 지점으로부터 2Point 떨어진 지점을 확인한다.

2. 2Point 떨어진 지점부터 수구 지점까지의 Point 수를 계산한다. (4Point)

3. 계산된 4Point의 ½지점인 2Point 지점에 4Tip을 주고 부드럽게 굴려 친다.

4. 2Point 떨어진 지점을 확인하는 이유는 4Tip을 주면 무회전 반사각 보다 2Point가
   더 이동하기 때문이다.

(입사각과 반사각의 기울기가 예각인 경우와 둔각인 경우 모두 1Tip당 반 포인트씩
길어지는 현상은 거의 같다)

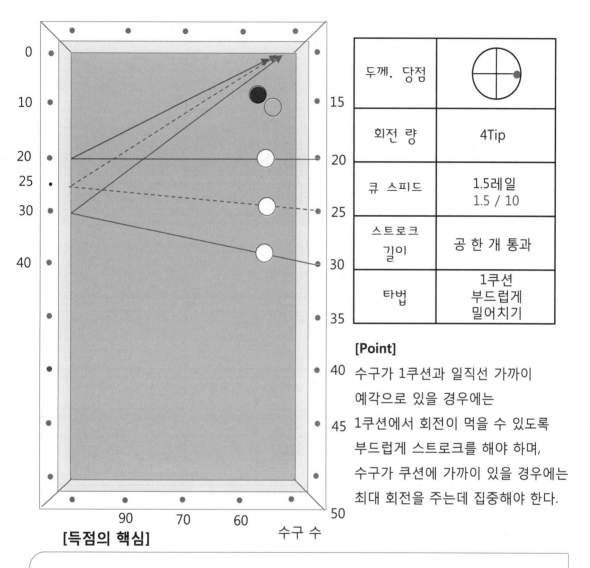

두께. 당점	⊕
회전 량	4Tip
큐 스피드	1.5레일 1.5 / 10
스트로크 길이	공 한 개 통과
타법	1쿠션 부드럽게 밀어치기

[Point]

수구가 1쿠션과 일직선 가까이
예각으로 있을 경우에는

1쿠션에서 회전이 먹을 수 있도록
부드럽게 스트로크를 해야 하며,
수구가 쿠션에 가까이 있을 경우에는
최대 회전을 주는데 집중해야 한다.

[득점의 핵심]

수구 수

위 도형은 각각의 수구 위치에서 수구 수와 같은 1쿠션 지점을 3.5Tip 주고 쳐서 상단
우측 코너 단쿠션으로 보내는 장면이다.

이 System을 알고 있으면 도형처럼 목적구가 코너 부근에 있을 때 바로 활용하면 된다.
하지만 막상 위 도형과 같은 배치를 만나면 선뜻 떠오르지 않는 경우가 많다.
위와 같은 배치에서 주의할 점은 수구와 1쿠션이 거의 일직선 가까운 형태이므로
1쿠션에서 회전이 먹을 수 있도록 부드러운 스트로크를 해야되며,
수구가 예각인 만큼 3시 (9시) 당점으로 1쿠션에 부드럽게 굴려 쳐야 한다.

◆ Five & Half System 30 (3Point) 대칭 법칙

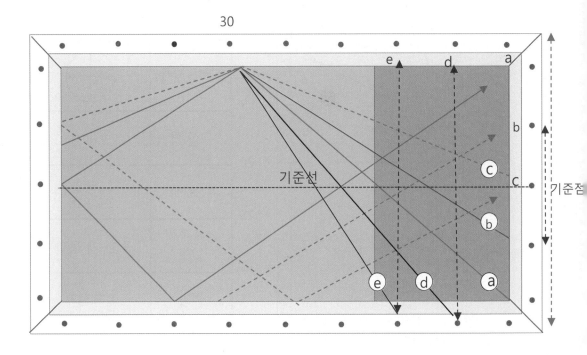

두께 / 당점	회전 량	큐 스피드	스트로크 길이	타법
(그림)	3Tip	2.5레일 ~ 3레일 3 / 10	공 두 개 통과	큐 무게로 부드럽게 밀어치기

[득점의 핵심] 수구가 쿠션 가까이 붙어 있거나 입사각에 예각인 경우에는 약간 길게 치는 것이 요령이다.

위 도형은 Five & Half System 에서 가장 활용도가 높은 30 대칭 System 이다.

다시 요약하면 수구 위치에서 1쿠션 30(3Point)를 치면 무조건 수구의 맞은편으로 도착하는 원리이다. (프레임 포인트 적용)

기준점은 적색 선처럼 당구대의 단쿠션 중심을 기준으로 대칭을 말한다.

a 지점에서 30(3Popint)을 치면 반대편 코너 a로 가고,

b 지점에서 30을 치면 기준점을 중심으로 대칭 지점인 b 로 도착한다.

c 지점에서 30을 치면 대칭 기준점이므로 c 지점으로 되돌아 온다.

d 와 e도 마찬가지로 수구 출발 맞은편으로 도착한다.

쿠션 상태에 따라 0.1 Point씩 길게 짧게 보정해서 치는 것이 요령이다.

 수구가 쿠션 가까이 붙어 있을 경우에는 회전이 약하므로 연습으로 익히면 된다.

◆ Five & Half System 30 (3Point) 대칭 법칙

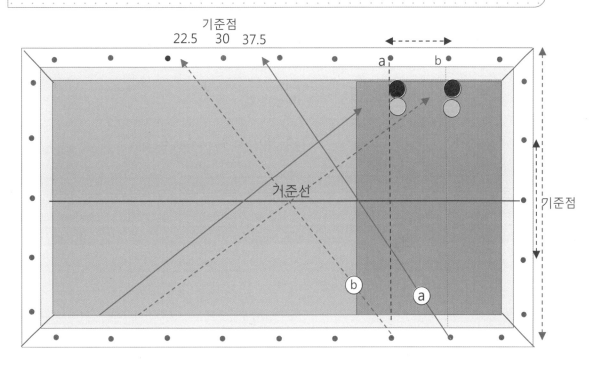

기준점
22.5 30 37.5

3Tip

두께 / 당점	회전 량	큐 스피드	스트로크 길이	타법
(당점 그림)	3Tip	2.5레일 ~ 3레일 3 / 10	공 두 개 통과	쿠 무게로 부드럽게 밀어치기

[득점의 핵심]

위 도형은 앞 페이지와는 달리 수구 출발 위치와 2목적구의 위치가 다를 때 계산하는
방법이다.

수구는 a지점인 장쿠션 원 포인트이고 목적구는 수구 보다 1Point 짧은 각에 있다.

이 경우 계산법은 30을 기준으로 짧아진 거리 1Point의 75%인 37.5를 치면 된다.

 수구가 b지점 (장쿠션 2Point)에 있고 목적구는 수구 보다 1Point 긴 장쿠션 1Point에

있다. 마찬가지로 1Point 길어지게 치려면 30을 기준으로 1Point 길어진 부분의 75%

인 22.5를 치면 된다.

만일 수구와 목적구가 2Point 차이가 있다면 마찬가지로 30을 기준으로 2Point의

75%인 1.5 Point를 길게 또는 짧게 보정해서 치면 된다.

30 대칭법의 활용 범위는 우측 2.5Point 까지 별도의 색으로 표기한 부분에서 활용한다.

◆ Five & Half System을 이용한 엄브렐러 System

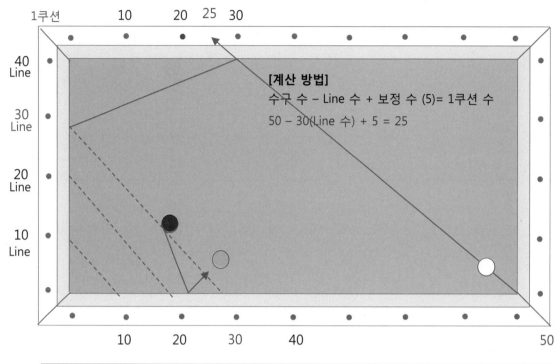

[계산 방법]
수구 수 – Line 수 + 보정 수 (5)= 1쿠션 수
50 – 30(Line 수) + 5 = 25

두께 / 당점	회전 량	큐 스피드	스트로크 길이	타법
	3Tip	2.5레일 2.5 / 10	공 두 개 통과	1쿠션 부드럽게 밀어치기

[득점의 핵심]   수구 수에서 Line 수를 뺀 수를 보정 없이 반 Tip을 주고 쳐도 된다.

위 도형은 Five & Half System을 이용해 뒤로 걸어 치는 엄브렐러 System 이다.

수구의 진행 경로가 마치 우산을 펼친 모습과 비슷하다 하여 엄브렐러 System이다.

가장 먼저 파악해야 할 점은 1적구의 Line 숫자이다.

위 도형의 경우 1적구는 정확히 30 Line에 걸쳐 있다.

계산 방법은 수구 수에서 Line 수를 뺀 다음 5를 더하면 1쿠션 수치가 된다.

1적구가 20 ~ 30Line에 걸쳐 있을 경우에는 보정 수가 5가 되기 때문이다.

만일 1적구가 10Line에 있을 때는 1쿠션에 보정 수 3을 더해 짧게 치면 되고,

1적구가 40Line에 있을 경우에는 보정 없이 Five & Half 계산대로 치면 된다,

회전은 3Tip 정도면 적당하며, 수구가 짧게 빠지면 회전을 더 주고 수구가 두껍게 맞으면

회전을 약간 줄여 주면서 적정 회전량을 파악해야 한다.

◆ Five & Half −5 System

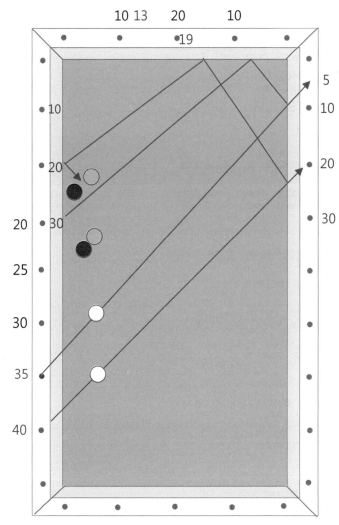

두께. 당점	
회전 량	느낌 Tip ~ 1 Tip 사이
큐 스피드	2레일 2 / 10
스트로크 길이	공 두 개 통과
타법	부드럽게 굴려치기

[Point]

멕시멈 회전을 주고 쳤을 때 0.5
Point 만큼 길어진다면,
−5 System은 반대로 0.5Point
만큼 짧아진다.

[득점의 핵심]

위 도형은 Five & Half System 수치에서 수구 수를 −5 시켜 득점하는 방법이다.
수구가 대략 20 ~ 40 위치에 있을 때 −5 System을 적용하면 득점률이 아주 높다.
Five & Half System에서 목적구의 위치에 따라 회전량을 조절해야 하는 단점이 있다면
−5 System은 수구 수만 5를 바꿔서 운영하면 된다.
득점의 핵심은 회전량이다.
대략, 반 Tip ~ 1Tip 사이 주고 치면 된다.
회전이 적을 때는 짧아지고, 회전이 많으면 길어지므로 연습을 통해 회전량을 고정하면
된다.(당구대의 특성에 따라 약간의 차이는 있지만 Five & Half System 보다는 편리함)
스트로크는 큐 무게로 부드럽게 밀어 쳐서 자연스럽게 입사 반사 시키면 된다.

Plus System에서 득점 확률을
높이는 방법은 정확한 당점과
일정한 스피드를 유지 하는 것이다.

Plus System은 어느 System보다
그 종류도 다양하고 복잡한 것도 사실이지만.

System을 일단 알게 되면
형태에 따라
그 때 그 때 필요한 System을
동원해 사용하면 된다.

특히 3뱅크 샷과 앞돌려치기 등에서
System을 적극 활용하면 된다.

하지만 1쿠션과의 비거리가 멀고
정회전을 주기 때문에 커브 현상으로
정확히 1쿠션을 치기가 쉽지 않다.

정확한 타법을 유지하는 방법은
브리지를 짧고 견고하게 취하고
정확한 당점을 2레일 스피드로
밀어 치는 것이 핵심이다.

Plus System

- Plus System 기본도
- Plus System 20 Line 활용
- Plus System 30 Line 활용
- Plus -15 System
- Plus 4 System
- 2 Tip Plus System
- 멕시멈 Plus System
- Plus System 반사각

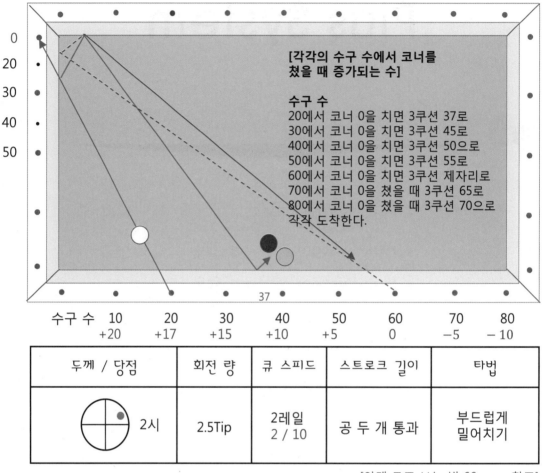

[각각의 수구 수에서 코너를
쳤을 때 증가되는 수]

수구 수
20에서 코너 0을 치면 3쿠션 37로
30에서 코너 0을 치면 3쿠션 45로
40에서 코너 0을 치면 3쿠션 50으로
50에서 코너 0을 치면 3쿠션 55로
60에서 코너 0을 치면 3쿠션 제자리로
70에서 코너 0을 쳤을 때 3쿠션 65로
80에서 코너 0을 쳤을 때 3쿠션 70으로
각각 도착한다.

수구 수	10	20	30	40	50	60	70	80
	+20	+17	+15	+10	+5	0	−5	−10

두께 / 당점		회전 량	큐 스피드	스트로크 길이	타법
	2시	2.5Tip	2레일 2 / 10	공 두 개 통과	부드럽게 밀어치기

[득점의 핵심] [아래 도표 보는 법 66 page 참조]

위 도형은 Plus System의 가장 기본이 되는 도형이다.

적색으로 기재된 숫자는 각각의 수구 수에서 코너를 칠 때 코너의 수치로 변하게 된다.

예를 들어 수구 수 30에서 코너를 치면 15가 +되어 3쿠션 45지점으로 도착하며,

수구 수 60에서 코너를 치면 60제자리(레일 포인트)로 도착한다는 의미이다.

수구 수가 20 미만에서 출발할 경우 3쿠션은 20이 증가된다고 해서 수구 수 20 미만

일 경우에는 System 명칭을 Plus 2라고 명칭한다.

Plus System은 당점과 스피드가 가장 중요하다.

당점은 2시 당점 약 2.5Tip 정도를 권장하며, 수구 수 60에서 코너를 쳐서 60 제자리로

돌아오는 회전력을 유지하면 된다 (60이 0점 조정 지점이다)

스피드는 Five & Half System보다 조금 약한 2레일 스피드를 유지해야 한다.

◆ **Plus System 20 Line 활용**

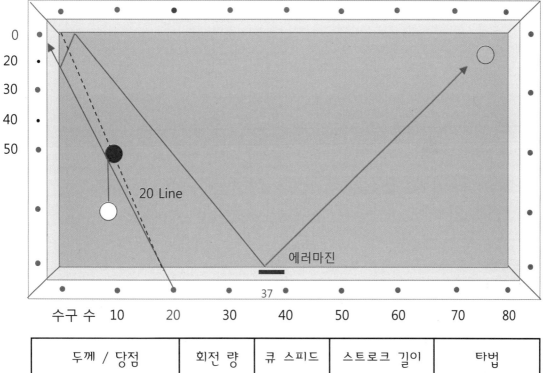

두께 / 당점		회전 량	큐 스피드	스트로크 길이	타법
	¼	2.5Tip	2.5레일 2.5 / 10	공 두 개 통과	큐 선을 짧고 결대로 굴리기

[득점의 핵심]

위 도형은 앞 페이지에서 배운 Plus System Line을 이용해 비껴치기로 득점하는 장면이다.

득점 방법은 1적구가 몇 Line에 걸쳐있는지 먼저 확인한다. (위 도형의 경우 20 Line)

그 다음에는 3쿠션 반사각 지점을 확인한다. (위 도형의 경우 3쿠션 37 ~ 40)

20 Line의 경우 코너로 보내면 3쿠션 37에 도착하므로 1적구를 맞혀 수구를 코너부근으로 보내면 된다.

스트로크는 짧고 간명한 쇼트 타법을 구사해야 수구의 동선에 변화를 줄일 수 있다.

1적구와 수구가 일직선이 아니고 예각 또는 둔각인 경우 수구가 밀리거나, 길어지지 않도록 스트로크를 조절해 주는 것이 요령이다.

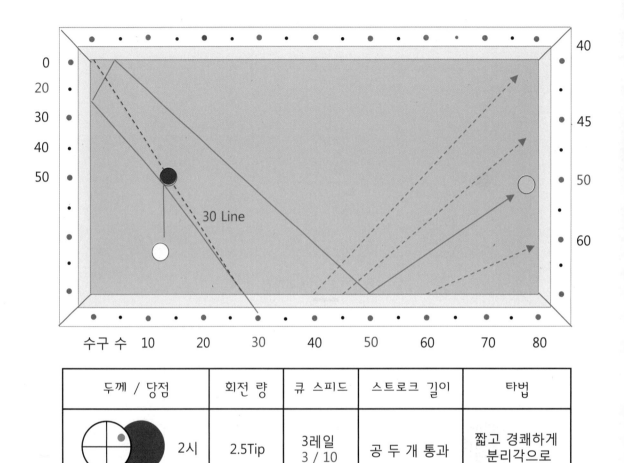

두께 / 당점		회전 량	큐 스피드	스트로크 길이	타법
	2시	2.5Tip	3레일 3 / 10	공 두 개 통과	짧고 경쾌하게 분리각으로

[득점의 핵심]

위 도형은 수구가 30 Line에 걸쳐 있을 때 Plus System을 이용해 득점하는 장면이다.
득점 방법은 2목적구를 맞히기 위해서 수구가 3쿠션 몇 지점에 도착해야 하는지 먼저
파악 한다.(목적구 우측 단쿠션 중간 지점에 가려면 3쿠션 50 지점에 도착해야 함)
수구 수와 1쿠션 수를 합친 수가 50을 만들면 되는데 그 방법은 Five & Half System
에서 수구 수를 알아내는 방법과 똑같은 방법을 사용하면 된다.
(1적구를 중심으로 큐를 움직여 수구 수와 1쿠션 수를 합쳐 50을 만들면 된다)
마찬가지로 수구와 1적구가 일직선인지, 예각인지, 둔각인지를 파악하고 둔각인 경우
공의 밀림 현상을 파악하여 좀 더 두껍게 쳐야 한다. 결국 빈 쿠션을 칠 때와 마찬가지의
공의 구름을 만들어야 하므로 스트로크 연습을 꾸준히 해야 한다.
(Plus System에서는 우측에 점선으로 표시된 반사각 수치를 반드시 알아 두어야 한다)

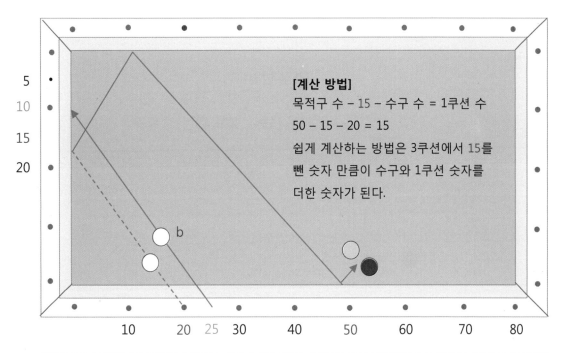

[계산 방법]
목적구 수 − 15 − 수구 수 = 1쿠션 수
50 − 15 − 20 = 15
쉽게 계산하는 방법은 3쿠션에서 15를
뺀 숫자 만큼이 수구와 1쿠션 숫자를
더한 숫자가 된다.

당점 위치	회전 량	큐 스피드	스트로크 길이	타법
3시	3Tip	2레일 2 / 10	공 두 개 통과	경쾌하게 분리각으로 치기

[득점의 핵심]

위 도형은 Plus 3Tip System을 이용한 앞돌려치기 장면이다.

1쿠션은 반 포인트 간격으로 5씩 증가되며, 3쿠션은 10 ~ 80 까지 도형 표시와 같다.

수구 수와 3쿠션 수는 공동으로 사용한다.

득점 방법은 3쿠션 수에서 15를 뺀 수 만큼 수구 수와 1쿠션 수를 더해 만들면 된다.

예를 들어 3쿠션 수가 50인 경우 50에서 15를 빼면 35가 된다.

수구를 중심으로 1쿠션과 연결해 35를 만들면 된다.

위 도형의 경우 20과 1쿠션 15를 연결하면 35가 되므로 1쿠션은 15가 된다.

수구 b의 경우 수구 수 25와 1쿠션 10이 연결되는 것을 알 수 있다.

짧은 각 앞돌려치기에서 쉽고 유용하게 활용할 수 있는 System이다.

스트로크는 약간 빠르고 경쾌하게 분리각으로 치면 된다.

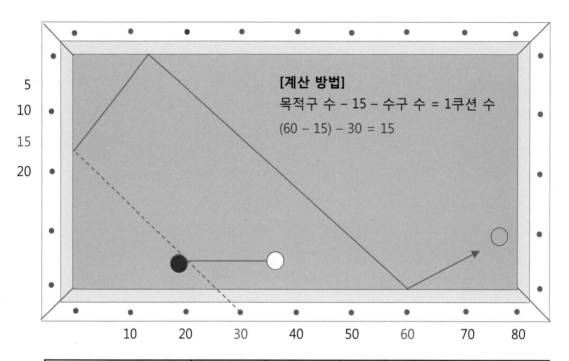

[계산 방법]
목적구 수 − 15 − 수구 수 = 1쿠션 수
(60 − 15) − 30 = 15

당점 위치	회전 량	큐 스피드	스트로크 길이	타법
⅓	3Tip	2.5레일 2.5 / 10	공 두 개 통과	부딪쳐서 약간 빠르게 분리각으로

[득점의 핵심]

위 도형은 앞 페이지와 마찬가지로 Plus 3Tip System을 이용해 득점하는 장면이다.

득점 설계 방법은

1. 3쿠션 도착 지점 수치를 확인한다. (60)

2. 3쿠션 도착 지점 수치에서 15를 뺀 수치를 확인한다 (45)

3. 1적구를 중심으로 수구와 1쿠션을 연결해 더한 수가 45가 되는 Line을 찾는다.

4. (45)에서 수구 수(30)를 뺀 수치가 1쿠션 수치이다. (15)

5. 1쿠션 15를 향해 1적구를 분리각으로 경쾌하게 부딪쳐 굴려 준다.

  득점 확률을 높이는 방법은 빈 쿠션 칠 때와 같은 구질로 공이 구르도록 일정한
  스피드와 일정한 회전력을 유지하는 스트로크 감각을 찾는 것이 핵심이다.

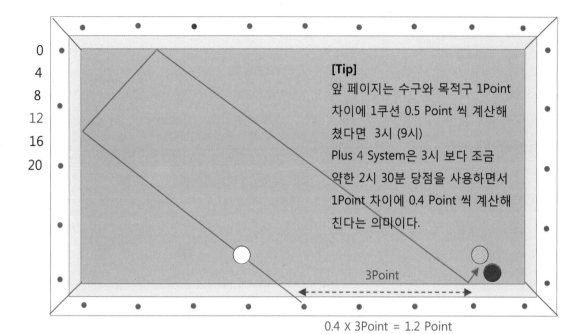

[Tip]
앞 페이지는 수구와 목적구 1Point
차이에 1쿠션 0.5 Point 씩 계산해
쳤다면 3시 (9시)
Plus 4 System은 3시 보다 조금
약한 2시 30분 당점을 사용하면서
1Point 차이에 0.4 Point 씩 계산해
친다는 의미이다.

3Point

0.4 X 3Point = 1.2 Point

당점 위치	회전 량	큐 스피드	스트로크 길이	타법
2시 30분	3Tip	2레일 2 / 10	공 두 개 통과	부드럽게 밀어치기

[득점의 핵심]

위 도형은 앞 페이지와 다른 Plus 4 System 이다.

앞 페이지의 경우에는 수구와 목적구의 1Point 차이에 1쿠션 0.5 Point씩 계산되었다.

Plus 4 System의 경우 수구와 목적구의 간격 1Point에 1쿠션 0.4 Point씩 계산한다.

위 도형의 경우 수구와 목적구의 간격이 3Point 이므로 3Point × 4를 하여 1쿠션 12를
친 것이다.

수구 수는 프레임 포인트로 계산하고 목적구인 3쿠션은 레일 포인트로 계산한다.

Plus System에서 가장 주의해야 할 점은 회전을 많이 주고 천천히 치는 관계로 수구가
커브를 그리게 되어 1쿠션 지점으로 정확하게 보내기가 쉽지 않다.

평소 연습을 통해 일정한 스트로크를 익혀 두어야 한다.

◆ 2Tip Plus System

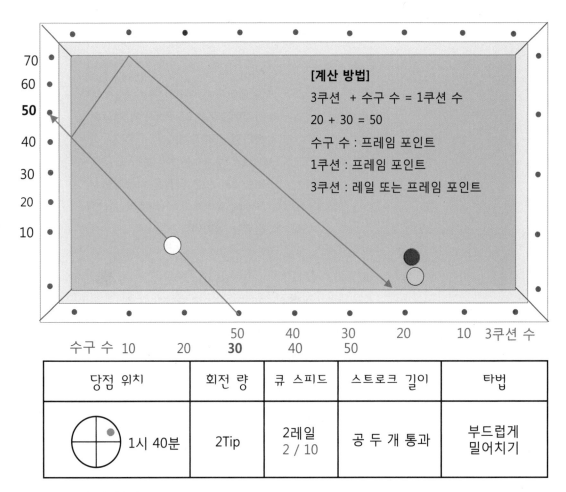

[계산 방법]

3쿠션 + 수구 수 = 1쿠션 수

20 + 30 = 50

수구 수 : 프레임 포인트

1쿠션 : 프레임 포인트

3쿠션 : 레일 또는 프레임 포인트

당점 위치	회전 량	큐 스피드	스트로크 길이	타법
1시 40분	2Tip	2레일 2 / 10	공 두 개 통과	부드럽게 밀어치기

[득점의 핵심]

위 도형은 2Tip Plus System 이다.

수구 수는 좌측 1Point 부터 10씩 증가된다.

3쿠션 수는 우측 1Point 부터 10씩 증가되어 계산한다.

1쿠션 수는 좌측 단쿠션 1Point 를 10으로 기준하여 반 포인트씩 10씩 증가 된다.

수구 수와 1쿠션 수는 프레임 포인트로 계산되며,

3쿠션은 테이블의 차이에 따라 프레임 포인트를 사용할 수도 있고

레일 포인트를 사용할 수도 있다.

수구 수가 30에서 20쪽으로 가까워질수록 회전량을 줄여주어야 한다.

큐 스피드는 2레일 정도면 적합하다.

모든 Plus System의 핵심은 큐 뒤를 낮추고 수평을 유지하는 것이 핵심이다.

◆ 2Tip Plus System

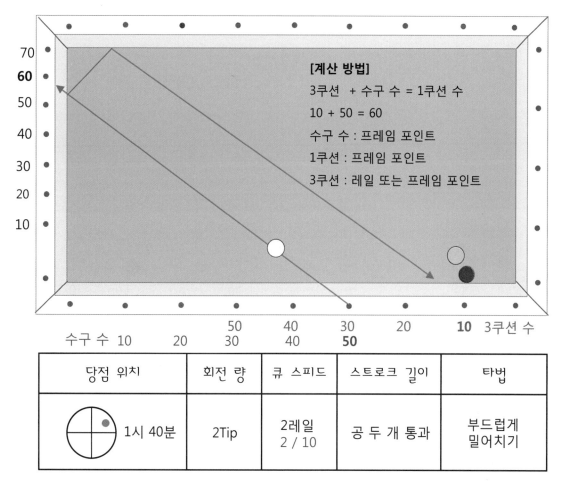

당점 위치	회전량	큐 스피드	스트로크 길이	타법
1시 40분	2Tip	2레일 2 / 10	공 두 개 통과	부드럽게 밀어치기

[득점의 핵심]

위 도형은 수구 수가 50에 있고 3쿠션에 10에 있을 때 2Tip Plus System으로 득점하는 장면이다.

계산 요령은 3쿠션 수 **10**을 고정하고 큐를 움직여 3쿠션 수와 수구 수를 합쳐 1쿠션 지점을 측정한다.

도형의 경우 대략 수구 수 50과 1쿠션 수 60이 연결된다.

큐 스피드는 2레일 정도의 스피드면 적당하다

Plus System은 회전을 주고 치는 System이므로 큐의 뒤가 들리거나 큐 스피드가 빠르면 커브 현상이 생겨 1쿠션에 정확히 수구를 보낼 수 없다.

따라서 큐 뒤를 수평으로 유지하고 느리게 등속으로 스트로크를 해야 한다.

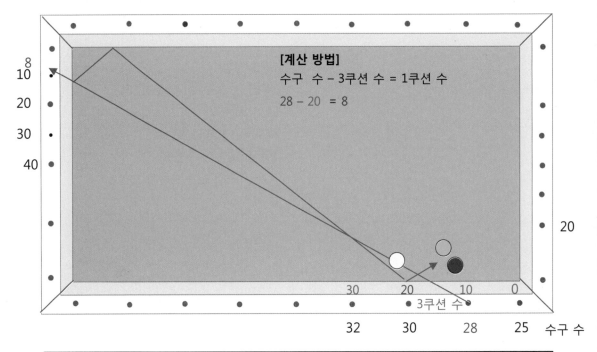

당점 위치	회전 량	큐 스피드	스트로크 길이	타법
3시	3.5Tip	2레일 2 / 10	공 두 개 통과	부드럽게 밀어치기

[득점의 핵심]

위 도형은 수구와 목적구가 코너 쪽에 치우쳐 있을 때 활용하면 득점률이 아주 높은
3.5Tip Plus System이다.

수구 수는 코너가 25이며 좌측으로 1Point씩 올라가면서 28. 30. 32로 외우면 된다.

1쿠션은 반 포인트 지점이 10, 원 포인트 지점이 20이 된다..

계산 방법은 수구 수에서 3쿠션 수를 빼면 되므로 자신의 회전력만 정확하게 고정하면
득점 확률이 아주 높은 System이다.

별도로 보정 수를 갖고 있지 않아 우측 하단 3Point 안에 수구와 목적구가 있을 경우에
사용하면 아주 편리한 System 이다.

회전량은 3.5Tip을 주어야 되므로, 연습 과정을 통해 3.5Tip Plus System에 맞는
회전량을 찾아내고 System 계산법대로 활용하면 된다.

◆ 멕시멈 Plus System

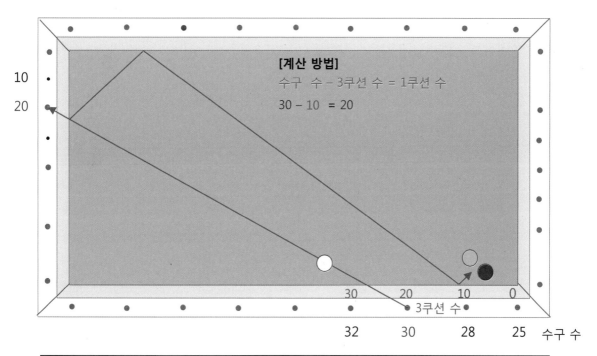

[계산 방법]
수구 수 − 3쿠션 수 = 1쿠션 수
30 − 10 = 20

3쿠션 수

당점 위치	회전 량	큐 스피드	스트로크 길이	타법
3시	3.5Tip	2레일 2 / 10	공 두 개 통과	부드럽게 밀어치기

[득점의 핵심]

위 도형은 수구가 30 지점에 있고 2목적구는 3쿠션 10 지점에 있다.
앞에서 배운 것처럼 자신의 3.5Tip 회전량과 스피드를 고정하고 계산법대로만 치면 쉽게 득점할 수 있다.

1쿠션은 10과 20, 즉 원 포인트 이내에서 허용될 경우에만 사용하는 것이 좋다.
Plus System 종류는 대부분 회전과 스피드가 핵심이다
그 이유는 System 개발자들이 적어도 수 백번 이상의 확인과정을 통해 System 상의 당점과 이상적인 스피드를 제안한 것이기 때문이다.
따라서 정확한 당점과 회전량을 찾아내고 System 계산법대로 활용하면 된다.

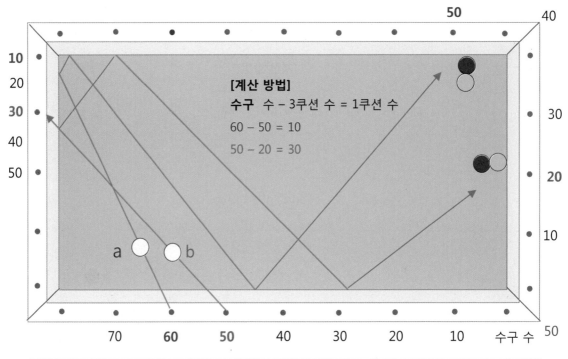

당 점 위 치	회 전 량	큐 스 피 드	스 트 로 크 길 이	타 법
(그림)	4Tip	4레일 4 / 10	공 세 개 통 과	최대 회전으로 빠르고 경쾌하게

[득점의 핵심]

위 도형은 최대 회전으로 공략하는 멕시멈 Plus System이다.

a의 경우 수구는 **60**에 있으며, 목적구는 50에 있다.

따라서 수구 수 **60**에서 3쿠션 **50**을 빼면 1쿠션 **10**을 치면 된다.

b의 경우 수구는 **50**, 목적구는 20에 있으므로 1쿠션 **30**을 치면 된다.

멕시멈 Plus System은 짧은 각에서 많이 활용된다.

스트로크는 최대 회전과 스피드를 이용해 1쿠션에서 2쿠션으로의 각을 짧게 만드는 것이 핵심이다.

4레일 정도의 경쾌한 샷으로 3시 또는 9시 당점으로 공략한다.

최대의 회전이 발생될 수 있도록 스피드를 높이면서 연습한다.

수구 수 **60**에서 1쿠션 코너를 쳐서 상단 우측 50에 있는 목적구가 맞도록 연습한다.

◆ Plus System 반사각

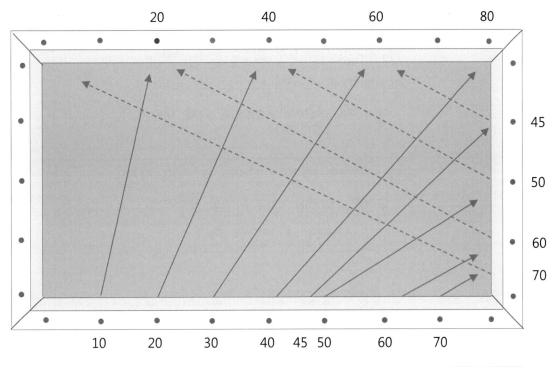

당점 위치	회전 량	큐 스피드	스트로크 길이	타법
도형 참조	3Tip	3레일 3 / 10	공 두 개 통과	부드럽게 1쿠션 밀어치기

[득점의 핵심]

위 도형은 Plus System의 입사각 반사각을 나타낸 도형이다.

도형 아래 수치는 Plus System으로 쳤을 때의 3쿠션 수치이며,

상단 수치는 3쿠션에서 반사되는 4쿠션 수치이다.

3쿠션에서 4쿠션으로의 반사각이 정확하게 2배로 반사되는 것을 알 수 있다.

우측 단쿠션에 기재된 수치는 3쿠션과 같은 수치로 연결 Line으로 기억하면 된다.

이 입사각과 반사각을 알고 있으면 앞돌려치기와 비껴치기 짧은각에서 활용할 수 있다.

당구대 메이커에 따라 늘어지는 당구대도 있고 짧게 반사각을 이루는 당구대도

있으므로, 충분한 연습과 함께 입사각 반사각을 익혀 나가야 한다.

No English의 득점 확률을 높이는 방법은
정확한 당점 (중심)겨냥과 1쿠션을 부드럽게
밀어 치는 일정한 스트로크에 달려 있다.

또한 입사각이 예각인 경우에는 중 상단 당점을
둔각인 경우에는 상단 당점을 적절하게
선택할 줄 알아야 한다.

정 중앙에 당점을 정확히 겨냥 한다는 것은
생각보다 쉽지 않다.
그 이유는 사람마다 주안시가 다르기 때문이다.

따라서 큐팁으로 당점을 겨냥한 후
양쪽에 남은 거리를 반드시 확인 한 후
스트로크 하는 습관을 들여야 한다.

또한 No English를 정확히
치기 위해서는 10cm 이내의 짧고 견고한
브리지를 취해야 한다.

No English System의 계산 방법은
생각보다 복잡하지 않다.

No English System

- No English 기본도
- No English ½ 입사각 반사각 원리
- No English 긴각 계산법
- No English로 코너 보내기
- 베르니 System
- No English 코너 Line
- 7 System
- No English ⅔ System
- No English System 기울기 2Point 응용
- No English로 대회전 돌리기
- No English 플로리다 System
- No English 장,장,단 더블 쿠션
- No English 단,단,장 더블 쿠션
- No English 대칭 System
- No English 대칭 System 보정 방법
- No English 대칭 System 4쿠션 연장 Line
- No English 대칭 System 5쿠션 연장 Line
- No English 제각돌리기 계산 방법
- No English System
- 2뱅크 3Tip으로 계산하는 System

◆ No English 기본도

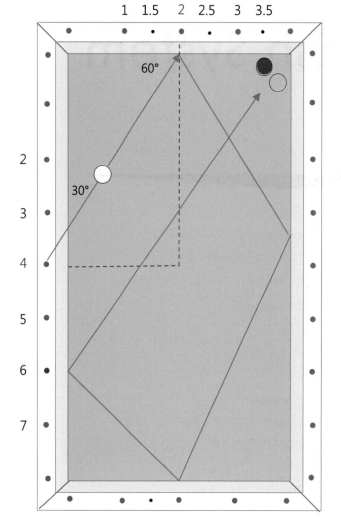

1 1.5 2 2.5 3 3.5

60°

30°

2

3

4

5

6

7

[아래 도표 보는 법 66 page 참조]

두께. 당점	
회전 량	무회전 느낌 Tip
큐 스피드	4레일 4 / 10
스트로크 길이	공 두 개 통과
타법	부드럽게 밀어치기

[Point]

수구 수의 ½인

6에서 3을 치면

5에서 2.5를 치면

4에서 2를 치면

3에서 1.5를 치면

2에서 1을 치면

각각 우측 상단 코너로 간다.

[득점의 핵심]

위 도형은 No English System에서 가장 기초가 되는 도형이다.

수구 수 4에서 ½ 지점인 상단 단쿠션 2를 치면 도형과 같이 우측 상단 코너로 간다.

(수구가 어디에 있든 수구 수의 절반을 치면 결과는 마찬가지이다)

당구대의 상태에 따라 위 도형보다 조금 길어지는 경우라면 미세하게 느낌 Tip을 주고

치면 된다. 이론대로 따지면 4쿠션이 출발지점으로 되돌아와야 하지만 공이 쿠션에 닿을

때마다 회전이 생기면서 쿠션이 거듭될수록 계속 짧아지는 현상이 생기기 때문이다.

위 도형을 앞돌려치기 대회전에서 응용할 수 있으며, 수구의 입사각은 30°가 된다.

예를 들어 수구와 1적구가 일직선으로 있을 경우 수구가 어디에 있든 30°로 입사

시키면 위와 같은 결과를 얻을 수 있다.

0 1 2 3 4 5 6 7 8

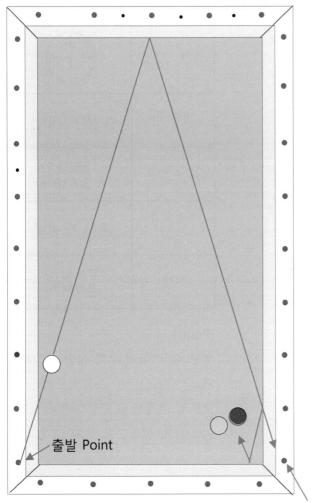

출발 Point

도착 Point

[득점의 핵심]

두께. 당점	
회전 량	무회전
큐 스피드	2레일 2 / 10
스트로크 길이	공 두 개 통과
타법	부드럽게 밀어치기

[Point]

겨냥 후 큐 중심에서 화살표처럼
좌 우측 거리를 반드시 확인한다.

위 도형은 좌측 장쿠션 첫 번째 Point에서 출발하여 우측 장쿠션 첫 번째 Point에 도착
하기 위해 수구와 목적구의 중간 지점을 친 것이다.
무회전 타법이 생각보다 어려운 이유는 사람마다 주안시 차이가 있기 때문이다.
무회전 타법을 익히는 방법은 위와 같은 대칭 형태를 많이 쳐 보아야 한다.
브리지를 10cm 이내로 짧고 견고하게 취해야 하며,
또한 당점을 겨냥한 후 큐를 중심으로 좌측과 우측의 거리를 반드시 확인하는 습관을
들여야 한다. (위 사진 참조)
입사각이 도형처럼 예각인 경우에는 중 상단 당점을 사용해야 득점 확률을 높일 수 있다.
상단 당점을 사용하거나 강하게 치면 수구는 아래 단쿠션부터 맞을 수도 있다.

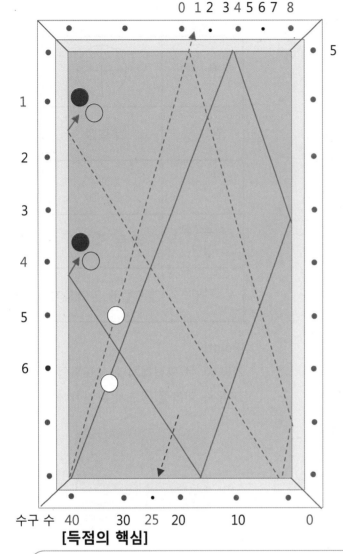

두께. 당점	
회전 량	중 상단 무회전
큐 스피드	3레일 3 / 10
스트로크 길이	공 두 개 통과
타법	부드럽게 밀어치기

[Point]

수구 수 40에서 우측 상단 코너8을
쳐서 하단 단쿠션 25지점으로
오도록 스트록을 고정하면
System의 정확도를 높일 수 있다.

[득점의 핵심]

위 도형은 앞 페이지의 기본 형태에서 목적구의 위치에 따라 계산하는 방법을 나타낸
도형이다.

수구 수 40에서 상단 단쿠션 중간 지점 0을 치면 하단 단쿠션 0지점으로 진행된다.

목적구가 4지점에 있을 경우 1Point 당 0.25 × 4를 하여 1Point 우측을 겨냥하면 된다.

목적구가 1지점에 있을 때는 0.25 × 1을 하여 상단 단쿠션 중간 지점에서 0.25Point,

즉 ¼ Point 좌측을 겨냥하면 된다.

수구가 30에 있을 경우에는 1쿠션 기준점이 우측으로 1Point 이동된 4가 된다.

결론적으로 좌측 장쿠션 1Point 당 ¼ Point씩 이동하여 치면 된다.

수구 위치가 다를 경우에는 기울기 2가 되는 지점을 1쿠션 기준점 (0)으로 삼으면 된다.

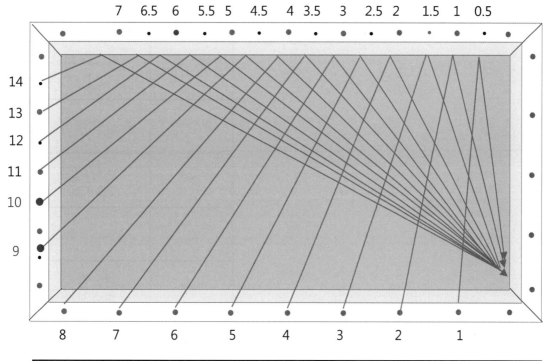

두께 / 당점	회전 량	큐 스피드	스트로크 길이	타법
	무회전	2레일 2 / 10	공 두 개 통과	부드럽게 밀어치기

[득점의 핵심]

위 도형은 수구 수의 ½ 지점을 쳐서 우측 하단 단쿠션 코너로 보내는 No English
System 도형이다.

1 ~ 8까지는 장쿠션에서 맞은편 절반 지점을 치기 때문에 외우기가 간단하다.

9와 10의 위치만 기억하면 11부터 14까지는 반 포인트 간격으로 이동되므로 비교적
외우기가 간단하다.

이 Line을 외워 두면 빈 쿠션치기는 물론 제각돌리기 등에서 Line을 유용하게 활용할
수 있다.

No English를 잘 치기 위해서는 당점 선택이 아주 중요하다.

수구 수가 낮을수록 중 상단 당점을, 높을수록 상단 당점을 사용하는 것이 요령이다.

그 이유는 수구의 입사각도가 둔각일수록 늘어지는 현상이 생기기 때문이다.

◆ 베르니 System

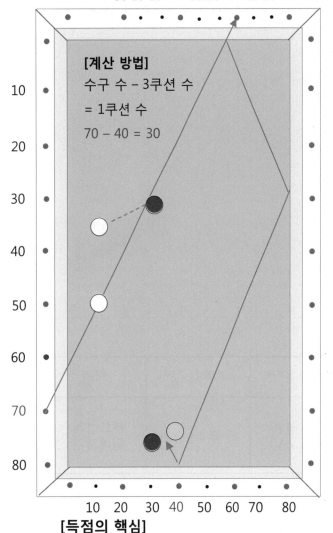

-30 -20 -10 0 10 20 30 40 50 60

[계산 방법]
수구 수 – 3쿠션 수
= 1쿠션 수
70 – 40 = 30

10
20
30
40
50
60
70
80

10 20 30 40 50 60 70 80

[득점의 핵심]

두께. 당점	⊕
회전 량	중 상단 무회전
큐 스피드	2.5레일 2.5 / 10
스트로크 길이	공 두 개 통과
타법	부드럽게 밀어치기

[[Point]

베르니 System은 수구 수 40 이상
에서 사용할 때 정확도가 높으며,
수구 수가 30 이하일 경우에는
뒷 페이지에 나오는 7 System을
사용하는 것이 득점 확률이 높다.

위 도형의 베르니 System 계산 방법은 수구 수에서 3쿠션 수를 뺀 수가 1쿠션이 된다.
수구 수는 1Point 간격으로 10 ~ 80 까지 이며,
3쿠션은 반 포인트 간격으로 10~ 80 까지 이다.

1쿠션은 단쿠션 중간지점 0을 시작으로 ⅓ Point 간격으로 우측 상단 코너가 60이 된다.
No English 타법은 대부분 중 상단 당점으로 1쿠션을 부드럽게 쳐서 반사시키면
된다. 스피드는 Five & Half System처럼 2.5레일로 1쿠션을 부드럽게 밀어 치면 된다.
베르니 System은 뱅크 샷은 물론 No English로 앞돌려치기에서 활용하면 된다.

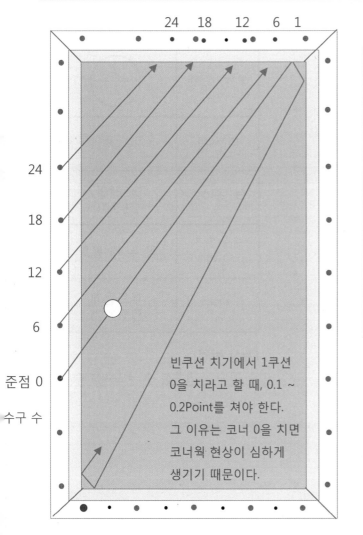

두께. 당점	⊕
회전 량	중 상단 무회전
큐 스피드	2.5레일 2.5 / 10
스트로크 길이	공 두 개 통과
타법	부드럽게 밀어치기

빈쿠션 치기에서 1쿠션 0을 치라고 할 때, 0.1 ~ 0.2Point를 쳐야 한다. 그 이유는 코너 0을 치면 코너웍 현상이 심하게 생기기 때문이다.

[[Point]

수구 수 기준점 0에서 우측 상단 코너 0을 쳐서 좌측 하단 단쿠션 코너로 도착하는 것을 기준으로, 수구 수가 1Point 올라갈 때마다 1쿠션은 0.6Point씩 이동하면 된다.

[득점의 핵심]

위 도형은 수구가 기준점 0이하에 있을 때 좌측 하단 코너(단쿠션)로 보내기 위한 도형이다.

기준점 0에서 우측 상단 코너 0를 치면 좌측 하단 코너(단쿠션)로 돌아 오는 것을 기준으로 수구 수가 1Point씩 짧아질 때마다 1쿠션은 0.6Point씩 좌측으로 이동해 주면 된다.

수구가 기준점 0 보다 1Point 아래 있을 경우에는 약한 1Tip을 주고 치면 된다.

No English 타법은 대부분 중 상단 당점으로 1쿠션을 부드럽게 밀어 쳐서 자연스럽게 반사 시키면 된다.

스피드는 Five & Half System보다 약간 약한 2레일 스피드면 적당하다.

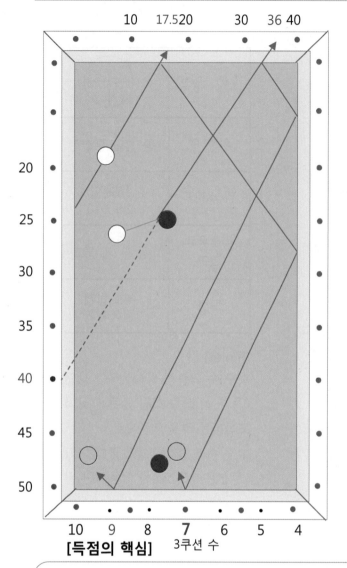

두께. 당점	⊕
회전 량	무회전
큐 스피드	2.5레일 2.5 / 10
스트로크 길이	공 두 개 통과
타법	부드럽게 밀어치기

[계산 방법]

수구 수 × 3쿠션 수 = 1쿠션 수

4 × 9 = 36

2.5 × 7 = 17.5

[득점의 핵심] 3쿠션 수

위 7 System의 계산 방법은 수구 수와 3쿠션 수를 곱해 주면 1쿠션 수가 된다.

수구 수는 Five & Half System의 수치를 사용하며,

3쿠션은 하단 단쿠션 중간지점 **7**을 중심으로 좌우 ⅔ Point 간격으로 1씩 증감된다.

즉, 우측 코너에서 4를 시작으로 ⅔ 간격마다 1씩 늘어나 좌측 코너가 10이 된다.

1쿠션 수는 좌측 1Point가 10이며, 2Point는 20, 3Point는 30, 4Point는 40이다.

수구 수 30이하에서는 약간씩 짧아지는 경향이 있으므로 평소 연습을 통해 보정 수치 정도를 파악해 두는 것이 좋다.

너무 조심스럽게 쳐도 짧아질 수 있으므로 System을 믿고 2 ~ 2.5레일 스피드로 자신 있게 1쿠션을 밀어 쳐야 좋은 결과를 얻을 수 있다.

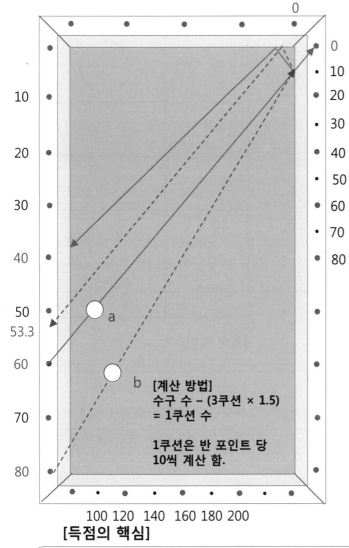

두께. 당점	(그림)
회전 량	중 상단 무회전
큐 스피드	2레일 2 / 10
스트로크 길이	공 두 개 통과
타법	부드럽게 1쿠션 밀어치기

[계산 방법]

수구 수 – (3쿠션 × 1.5) = 1쿠션 수

a : 60 × ⅔ = 40

b : 80 × ⅔ = 53.3

브리지를 짧고 견고하게 취한 다음 당점을 겨냥한 후 큐 중심에서 양쪽 거리를 반드시 확인한 후 수구의 중심을 정확히 쳐야 한다.

[계산 방법]
수구 수 – (3쿠션 × 1.5) = 1쿠션 수

1쿠션은 반 포인트 당 10씩 계산 함.

[득점의 핵심]

위 도형의 System 명칭은 ⅔ System이다.

No English로 코너를 치면 수구 수의 ⅔ 지점으로 도착한다.

수구 수 60에서 장쿠션 0을 치면 60의 ⅔ 인 40에 도착하고, 80에서 장쿠션 0을 치면 마찬가지로 80의 ⅔ 지점인 53.3 지점으로 도착한다.

계산 방법은 먼저 3쿠션 수에 1.5를 곱한 수를 수구 수에서 빼면 1쿠션 수가 된다.

주의할 점은 1쿠션은 반 포인트 간격으로 10씩 계산해야 한다.

수구가 120에 있을 때 우측 상단 코너 0을 치면 120의 ⅔ 인 3쿠션 80에 도착한다,

수구가 100 지점에 있을 때 코너를 치면 대략 67 지점에 도착한다.

⅔ 이론을 이해하게 되면 Five & Half System으로 해결 안될 때 활용할 수 있다.

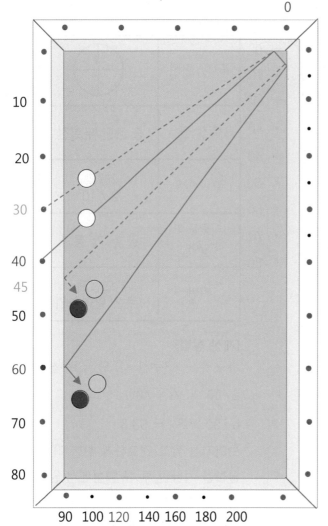

두께. 당점	⊕
회전 량	무회전
큐 스피드	2레일 2 / 10
스트로크 길이	공 두 개 통과
타법	부드럽게 밀어치기

[계산 방법]
수구 수에서 코너를 치면 수구 수의
1.5배 지점으로 진행하므로,
수구와 목적구가 대략 1 : 1.5 비율로
있을 때 이 System을 사용하면 된다.

[득점의 핵심]

위 도형은 앞 페이지에서 알아 본 No English ⅔ System과 같은 내용이지만,
다른 점이 있다면 수구 수에 ⅔를 곱해 3쿠션 수를 계산하는 것이 아니라,
수구 수에 1.5를 곱해 3쿠션 수를 계산하는 것이다.
즉, 수구 수 보다 3쿠션 수가 클 때는 ⅔ 대신 반대로 1.5를 곱해 계산하는 방법이다.
원리는 코너를 쳤을 때 수구와 3쿠션 수의 비율이 1 : 1.5 비율이 마찬가지 이므로
결과적으로 ⅔ System으로 생각하는 것이 편리하다.
스트로크는 공 두 개 정도 통과하는 이미지를 갖고 1쿠션에 부드럽게 밀어 치듯 굴려 놓
고 기다리면 된다.

◆ No English ⅔ System

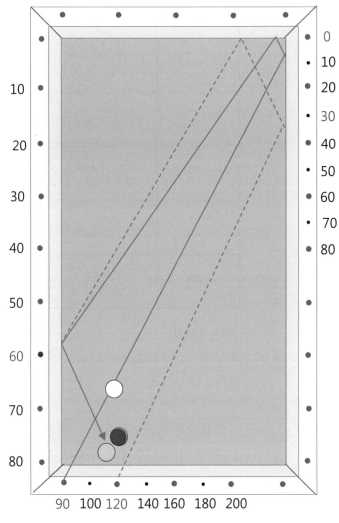

두께. 당점	
회전 량	무회전
큐 스피드	2레일 2 / 10
스트로크 길이	공 두 개 통과
타법	부드럽게 밀어치기

[계산 방법]

수구 수 − (3쿠션 수 × 1.5) = 1쿠션 수

90 − (60 × 1.5) = 0

1쿠션 수는 반 포인트 간격이 10 이다.
No English를 정확히 치려면
큐로 수구의 중심을 겨냥한 후
큐를 중심으로 다시 한번 양쪽(수구)의
거리를 확인해야 한다.

[득점의 핵심]

위 도형은 Five & Half System으로 성립되지 않을 경우 No English System의 수치를
알아 두면 아주 유용하게 활용할 수 있다.

위 도형의 경우 수구 수 90에서 코너를 치면 90의 ⅔인 3쿠션 60에 도착한다.
만일 100에서 코너를 치면 100의 ⅔ 지점인 3쿠션 66.6 지점에 도착할 것이며,
수구 수 120에서 3쿠션 60에 보내려면 60 × 1.5는 90이므로 120에서 90을 뺀 1쿠션
30을 치면 된다.
이 원리를 알아 두면 Five & Half System을 벗어난 경우 유용하게 활용할 수 있다.

◆ No English ⅔ System

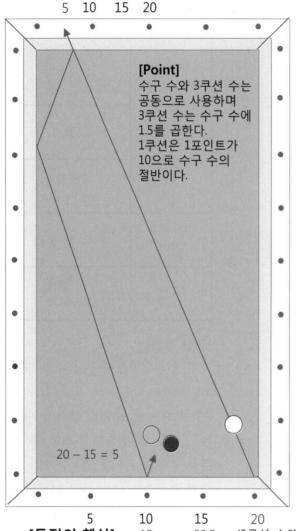

5 10   15   20

[Point]
수구 수와 3쿠션 수는
공동으로 사용하며
3쿠션 수는 수구 수에
1.5를 곱한다.
1쿠션은 1포인트가
10으로 수구 수의
절반이다.

20 – 15 = 5

두께. 당점	⊕
회전 량	중 상단 무회전
큐 스피드	2 ~ 2.5레일 2.5 / 10
스트로크 길이	공 두 개 통과
타법	부드럽게 밀어치기

[계산 방법]

수구 수 – (3쿠션 수 × 1.5) = 1쿠션 수

20 – (10 × 1.5) = 5

노잉글리시 계산법은 3쿠션 수에
1.5를 곱하여 수구 수에서 빼 주면
1쿠션 수가 된다.

[득점의 핵심]

5	10	15	20
	15	22.5	(3쿠션 수에 1.5를 곱한 수치임)

위 도형은 No English 뱅크 샷으로 득점하는 계산 방법이다.

수구 수와 3쿠션 수는 원 포인트 간격으로 5 ~ 20까지로 공동으로 사용하며,

1쿠션 수는 반 포인트 간격으로 5 ~ 20까지로 운영된다.

단, 3쿠션 수를 계산할 때는 3쿠션 수에 1.5를 곱한 수를 3쿠션 수로 계산하면 된다.

타법은 상단 당점을 주면 약간 길어질 수 있고, 중단 당점을 주면 상단 당점보다

짧아질 수 있으므로 당점의 위치는 자신의 스트로크 성향과 절충하는 것이 중요하다.

위 도형과 같은 유사한 형태에서는 똑같은 방법으로 계산법을 활용하면 된다.

No English 스트로크는 정확하게 중심을 치는 것이 중요하며, 상단과 중 상단의 당점을

입사각도에 따라 잘 선택할 줄 알아야 한다.

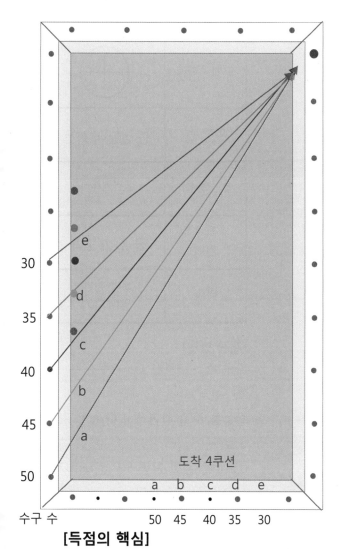

두께. 당점	(그림)
회전 량	무회전
큐 스피드	2.5레일 2.5 / 10
스트로크 길이	공 두 개 통과
타법	부드럽게 밀어치기

[Point]

이 도형의 활용법을 알아 두면
Five & Half System과 더불어
폭넓게 뱅크 샷을 정복해 나갈 수
있다.

[득점의 핵심]

위 도형은 수구 수를 Five & Half System 수치를 사용하면서 No English로 득점하는
장면이다.

수구 수 50 (a)에서 수구 수 30(e) 까지의 위치에서 각각 코너를 치면 단쿠션 아래 같은
a b c d e 지점으로 도착한다.

예를 들어 수구 수 45에서 F & H System으로 단쿠션 b에 있는 공을 맞히려면 스트로크
의 조절이 필요하나 No English로 코너를 치면 자연스럽게 단쿠션 b지점으로 도착한다.

Five & Half System에서 사용하는 수구 수를 No English System으로 쳤을 때

각각 수구 수의 ⅔ 인 ●●●●● 지점 (3쿠션)을 정확하게 경유하여 4쿠션 a b c d e지점
에 도착한다는 것을 알아 두면 활용 기회가 많다.

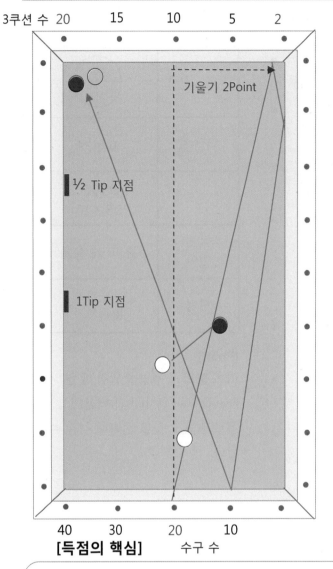

3쿠션 수 20 15 10 5 2

기울기 2Point

½ Tip 지점

1Tip 지점

40 30 20 10

[득점의 핵심] 수구 수

두께. 당점	
회전 량	중 상단 무회전
큐 스피드	3레일 3 / 10
스트로크 길이	공 두 개 통과
타법	부드럽게 밀어치기

[계산 방법]

수구 수 − 3쿠션 수 = 1쿠션 수

20 −0 = 20

1Tip을 주고 치면 3 ~ 4Point 지점

으로 ~

0.5Tip을 주고 치면 5 ~ 6Point 지점

으로 대략 진행한다.

위 도형은 No English로 수구 수 20에서 코너(2)를 쳐서 좌측 상단 3쿠션 20으로

보내는 표준 도형이다. 이 Line을 알아 두면 길게 세워치기의 감각을 높일 수 있다.

수구 수는 단쿠션 1Point 마다 10, 20, 30, 40으로 계산되며,

3쿠션 Point는 수구 수의 절반인 5, 10, 15, 20으로 계산된다.

타법은 상단 당점을 주면 길어질 수 있고, 중 상단 당점을 주면 상단 당점보다 짧아질 수

있으므로 당점의 위치는 자신의 스트로크 성향과 절충하는 것이 좋다.

생각보다 비거리가 있는 배치이므로 자연 회전이 발생하기 쉽다.

손목 스냅을 자제하거나 큐 선을 짧게 하는 쇼트 타법으로 회전 발생을 억제 시킨다.

(수구의 위치에 상관없이 기울기 2를 1쿠션 지점으로 잡으면 좌측 상단 코너로 간다)

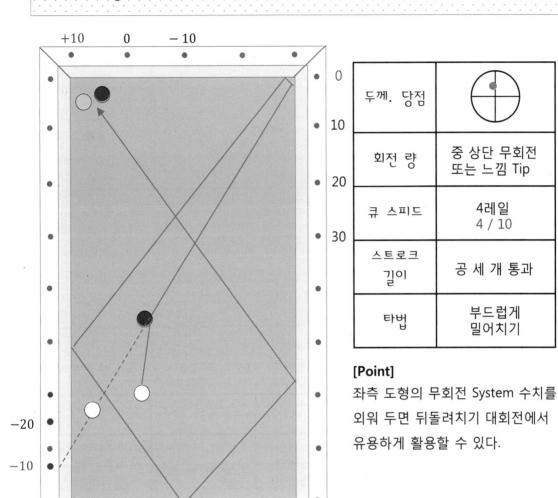

[득점의 핵심]

두께. 당점	
회전 량	중 상단 무회전 또는 느낌 Tip
큐 스피드	4레일 4 / 10
스트로크 길이	공 세 개 통과
타법	부드럽게 밀어치기

[Point]

좌측 도형의 무회전 System 수치를
외워 두면 뒤돌려치기 대회전에서
유용하게 활용할 수 있다.

위 도형은 Five & Half System으로 계산이 안 나올 때 No English로 대회전을 돌려
득점하는 방법이다.

수구 수 −10의 위치는 ¾ Point 지점이며, −20 의 위치는 1.5Point 지점이다

수구 수 10 ~ 30까지의 위치는 ⅔ Point씩 계산하면 된다.

계산 방법은 수구 수와 목적구 수를 합해 0을 만들면 된다.

예를 들어 수구 수 0에서 상단 0지점에 보내려면 1쿠션 코너 0을 치면 된다.

만일 수구 수 10에서 좌측 상단 코너 +10 지점에 보내려면 1쿠션 10을 치면 된다.

수구 수 30에서 상단 단쿠션 −10 지점으로 수구를 보내려면 1쿠션 20을 치면 되는 방식
이다.

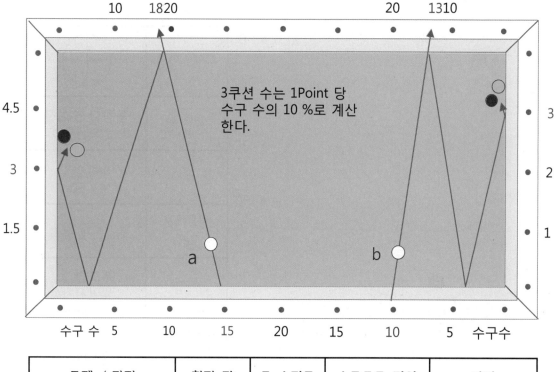

3쿠션 수는 1Point 당 수구 수의 10 %로 계산한다.

두께 / 당점	회전 량	큐 스피드	스트로크 길이	타법
	무회전	1.5레일 1.5 / 10	공 한 개 반 통과	부드럽게 밀어치기

[득점의 핵심]

위 도형은 목적구가 Five & Half System으로 공략하기 어려울 때 사용하는 No English System이다.

수구 수는 1Point가 5, 2Point가 10, 3Point가 15로 계산한다.

3쿠션은 수구 수에 따라 1Point 당 수구 수의 10분의 1로 계산하면 된다.

도형 a의 경우 수구 수가 15이므로 3쿠션 1Point 당 수구 수의 10 %인 1.5로 계산하면 된다. a도형의 경우 2Point에 목적구가 있으므로 3이 된다.

도형 b의 경우 수구 수가 10 이므로 3쿠션 지점 수는 3이 된다.

입사각이 a처럼 보통인 경우 중 상단 당점으로, 도형 b처럼 예각인 경우에는 당점을 좀 더 중단으로 내려 주어야 한다.

계산 방법은 수구 수 + 3쿠션 수 = 1쿠션 수

◆ No English System

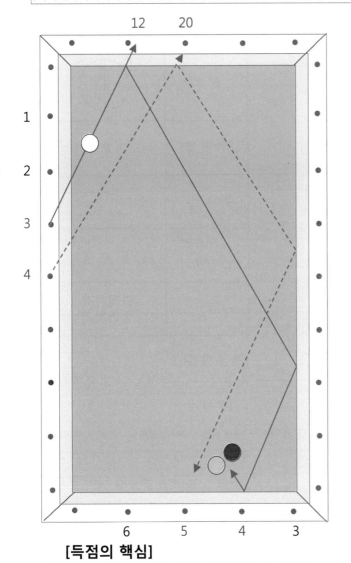

두께. 당점	
회전 량	느낌 Tip
큐 스피드	2.5레일 2.5 / 10
스트로크 길이	공 두 개 통과
타법	부드럽게 밀어치기

[계산 방법]

수구 수 × 3쿠션 수 = 1쿠션 수

3 × 4 = 12

4 × 5 = 20

수구 수는 프레임 포인트로 계산

1쿠션도 프레임 포인트로 계산

3쿠션은 레일 포인트로 계산

[득점의 핵심]

위 도형은 수구가 좌측 상단에 치우쳐 있을 때 No English로 계산하는 방법이다.

정확도가 매우 높아 알아 두면 활용도가 높은 System이다.

수구가 좌측 장쿠션 중간 Point 4 위에 있을 때 주로 사용하며,

수구가 4 밑으로 있을 때는 베르니 System을 사용하는 것이 더 쉬운 방법이다.

No English 타법은 System 수치를 믿고 서두르지 않는 마음 가짐이 중요하며,

정확히 수구의 중심부를 겨냥하는 것도 득점의 성패를 좌우한다.

수구의 중심을 겨냥하는 방법은, 브리지를 10cm 정도로 짧게 잡아야 큐의 흔들림을

방지할 수 있으며 겨냥 후 큐 중심의 양쪽 거리를 확인하는 습관을 들여야 한다.

무회전 System 이지만 느낌 Tip으로 조절하면서 자신의 당점을 완성하면 된다.

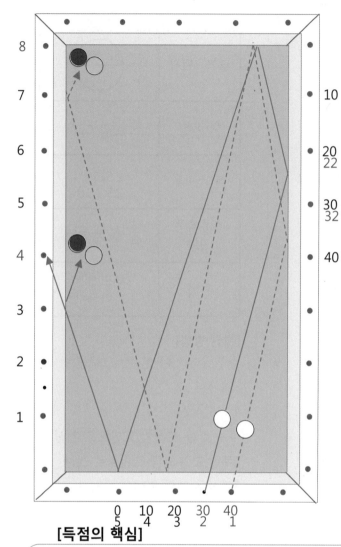

두께. 당점	
회전 량	상단 무회전
큐 스피드	3레일 3 / 10
스트로크 길이	공 두 개 통과
타법	경쾌하게 밀어치기

[계산 방법]

수구 수 − (3쿠션 수 × 고유번호)

= 1쿠션 수

30 − (4 × 2) = 22

40 − (8 × 1) = 32

1쿠션은 당구대 상태에 따라 프레임

포인트 또는 레일 포인트를 사용.

[득점의 핵심]

위 도형의 System 명칭은 플로리다 System 이다.

하단 단쿠션에 부여된 40 ~ 0 까지의 수구 수를 외우고 수구 수 밑에 적힌 고유 번호를

기억하면 된다.

예를 들어 수구 수 30에서 4쿠션 4에 있는 목적구를 맞히려면 4쿠션 수 4와, 수구 수 30

에 부여된 고유 번호인 2를 곱한 8을 수구 수 30에서 빼면 1쿠션 22가 된다.

만일 수구 수 40에서 좌측 상단 8에 있는 목적구를 맞히려면 40에서 (1×8)을 뺀 1쿠션

32를 치면 된다.

개인의 스트로크와 당구대의 쿠션 상태에 따라 약간의 오차가 있으므로 1쿠션을 프레임

포인트와 레일 포인트로 각각 실험해 본 후 활용하면 된다.

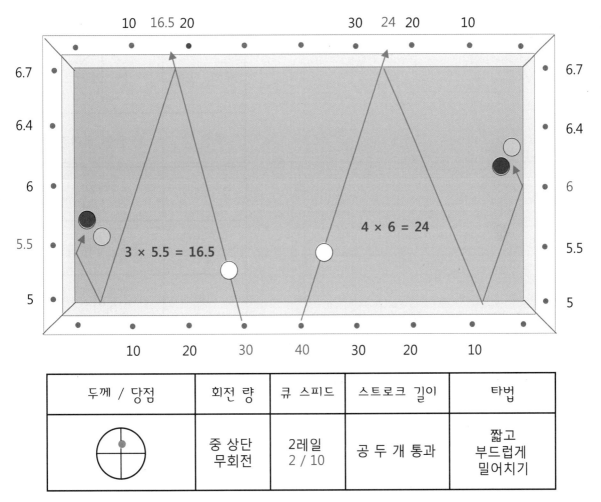

두께 / 당점	회전 량	큐 스피드	스트로크 길이	타법
	중 상단 무회전	2레일 2 / 10	공 두 개 통과	짧고 부드럽게 밀어치기

[득점의 핵심]

위 도형은 무회전 뱅크 샷으로 득점하는 장면이다.

단쿠션에 부여된 수치만 외우면 간단하게 득점할 수 있다.

예를 들어 수구 수 30에서 코너로 보내려면 코너에 부여된 5와 30을 곱하면 15가 되는 것은 누구나 쉽게 이해될 것이다.

즉 30에서 30의 절반인 맞은편 15를 치면 수구가 코너로 진행되는 원리이다.

좌측 도형처럼 목적구가 원 포인트에 있을 경우 원 포인트에 부여된 수치 5.5와 수구 수 30을 곱하면 1쿠션 수치(16.5)가 된다.

우측 도형의 경우 단쿠션 중간 Point에 있는 목적구를 맞히려면 2Point에 부여된 6과 수구 수 40을 곱하면 24라는 것을 쉽게 계산할 수 있다.

수구가 짧아지면 당점을 올리고 수구가 길어지면 당점을 내리면서 당점 위치를 찾는다.

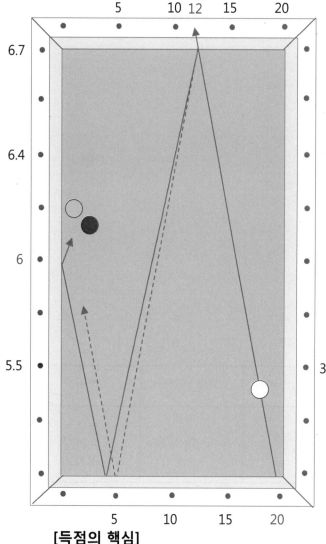

두께. 당점	(그림)
회전 량	중 상단 무회전
큐 스피드	2.5레일 2.5 / 10
스트로크 길이	공 두 개 통과
타법	부드럽게 밀어치기

[계산 방법]

수구 수 × 3쿠션 수 = 1쿠션 수

수구 수와 3쿠션에 부여된 수를
곱하면 1쿠션 수가 되는 계산 방식
이다.

[득점의 핵심]

앞 페이지는 장, 장, 단 쿠션을 이용해 득점하는 것이고 이 도형은 단, 단, 장 쿠션을
이용해 득점하는 것으로 마찬가지 계산 방식이다.
입사각이 예각인 경우 최 상단 당점을 사용하거나 스트로크가 강하면 점선처럼 수구가
진행되어 득점에 실패할 수 있다.
특히 노잉글리시 공략법은 정확한 당점으로 세심한 주의가 요구되지만, 대부분의
동호인들이 노잉글리시를 배우다 포기하는 이유는 주안시에 대한 이해가 부족하여
정확하게 수구의 중심을 치지 못하기 때문이다. (주안시 참조)
브리지를 10cm 정도로 짧게 잡고 큐 팁을 수구의 중심에 겨냥한 후에는 반드시
큐 팁에서 좌 우측 거리가 똑같은지 확인한 후 스트로크 하는 습관을 들여야 한다.

◆ No English 단, 단, 장 더블 쿠션

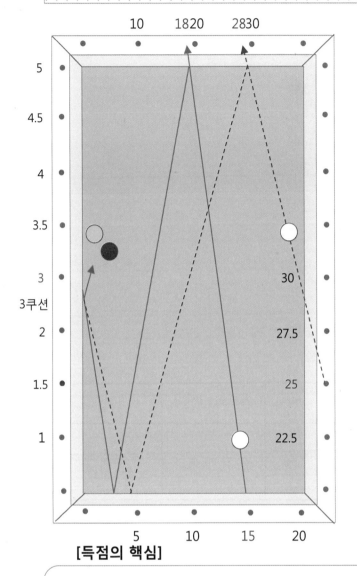

두께. 당점	⊕
회전 량	중 상단 무회전
큐 스피드	2.5레일 2.5 / 10
스트로크 길이	공 두 개 통과
타법	부드럽게 밀어치기

[계산 방법]

수구 수 + 3쿠션 수 = 1쿠션 수

수구 수와 1쿠션 수는 프레임 포인트
를 사용하고 3쿠션은 당구대 상태에
따라 레일 포인트를 사용하기도 하고
프레임 포인트를 사용하기도 한다.
중 상단 당점으로 부드럽게 1쿠션을
밀어 치는 스트로크를 사용한다.

[득점의 핵심]

위 도형은 앞 페이지와는 달리 3쿠션에 Point별 수치를 부여하고, 수구 수치와 더해
1쿠션 수치를 치는 다른 방식의 System이다.

1쿠션 수는 수구 수의 2배이며, 좌측 3쿠션은 하단 원 포인트를 1로 시작해서 0.5씩
증가된다.

계산 방법은 수구 수와 3쿠션 수를 더하면 1쿠션 수가 된다.

스트로크는 중 상단 무회전으로 1쿠션에 부드럽게 굴리 듯 밀어치면 된다.

수구가 우측 장쿠션에 있을 경우 표기된 수구 수를 그대로 적용하면 된다.

만일 수구가 20 이상에서 출발할 경우에는 3쿠션 수치를 0.5씩 빼주면 된다.

3쿠션 수를 0.5씩 조절해 보면서 자신의 스트로크와 조절해 나가면 된다.

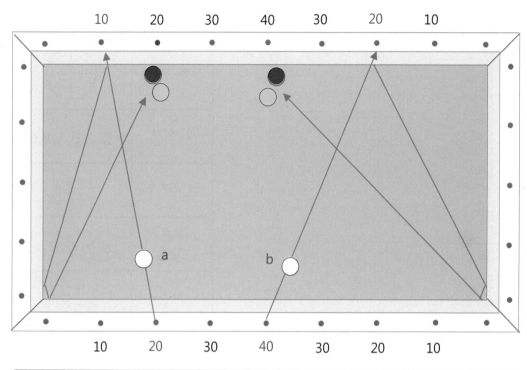

두께 / 당점	회전 량	큐 스피드	스트로크 길이	타법
	무회전	2레일 2 / 10	공 두 개 통과	부드럽게 밀어치기

[득점의 핵심]

위 도형은 No English 대칭 System이다.

간단하게 수구 수의 절반을 치면 수구의 맞은편에 도착한다.

a의 경우 수구 수 20에서 ½인 1쿠션 10을 쳐서 득점한 장면이고,

b의 경우는 수구 수 40에서 ½인 1쿠션 20을 쳐서 맞은편에 있는 목적구를 맞혀

득점하는 장면이다.

국제식 대대의 경우 거의 오차가 없으며, 중대에서는 약간 길어지는 경향이 있으므로

연습 과정을 통해 확인할 필요가 있다.

수구가 예각으로 입사할 경우 당점을 중 상단으로 내려 주는 것이 안전하다.

수구 수가 40을 넘어가면 조금씩 길어 진다.

(294 페이지 참조)

◆ No English 대칭 System 보정 방법

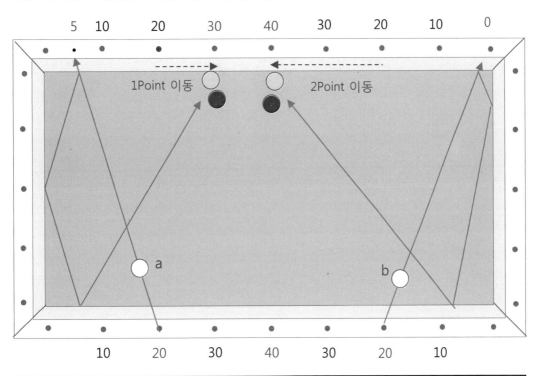

두께 / 당점	회전 량	큐 스피드	스트로크 길이	타법
⊕	무회전	2레일 2 / 10	공 두 개 통과	부드럽게 밀어치기

[득점의 핵심]

위 도형은 앞 페이지에서 알아본 무회전 대칭 System과 연결하여 수구와 목적구의
위치가 다를 경우 계산하는 방법이다.

예를 들어 a의 경우 수구 수는 20이고 4쿠션 수는 대칭 지점 20 보다 1Point 이동된
30 지점인 상황이다.

이 경우 길어진 1Point의 ½ 인 0.5 Point를 길게 치면 된다.

즉 수구 수 20의 절반인 10 보다 0.5 Point를 이동한 1쿠션 5를 치면 된다.

b의 경우 수구 수는 20이고 4쿠션 수는 20보다 2Point가 길어진 40인 장면이다.

마찬가지로 2Point 길어진 만큼의 절반인 1Point를 길게 치면 된다.

즉 수구 수 20의 절반인 10이 아닌 1Point 길어진 0을 상단 당점으로 치면 된다.

◆ No English 대칭 System 4쿠션 연장 Line

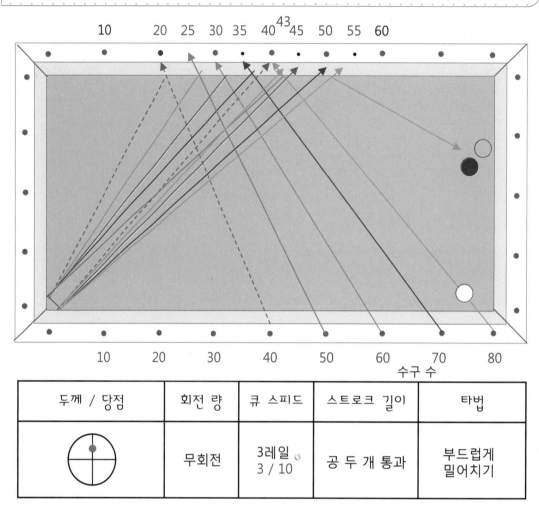

두께 / 당점	회전 량	큐 스피드	스트로크 길이	타법
	무회전	3레일 3 / 10	공 두 개 통과	부드럽게 밀어치기

[득점의 핵심]

위 도형은 수구 수 50, 60, 70, 80에서 ½ 지점을 쳤을 때 4쿠션 지점을 나타낸 것이다.

수구 수가 50부터는 4쿠션의 위치가 수구 지점의 대칭보다 길어지는 것을 알 수 있다.

수구 수 50에서 ½ 지점인 25를 쳤을 때 수구는 4쿠션 43에 도착하며,

수구 수 60에서 ½ 지점인 30을 쳤을 때 수구는 4쿠션 45에 도착한다.

수구 수 70에서 ½ 지점인 35를 쳤을 때 수구는 4쿠션 50으로 도착하며.

수구 수 80에서 ½ 지점인 40을 쳤을 때 수구는 4쿠션 55로 도착한다.

무회전 중 상단 당점으로 부드럽게 1쿠션을 밀어 치는 연결 Line 이다.

위 Line을 알아두면 제각돌리기 짧은 각을 편하게 공략할 수 있다. (뒷 페이지 참조)

(도형처럼 수구와 목적구가 배치되어 있을 경우 무회전으로 공략하면 된다)

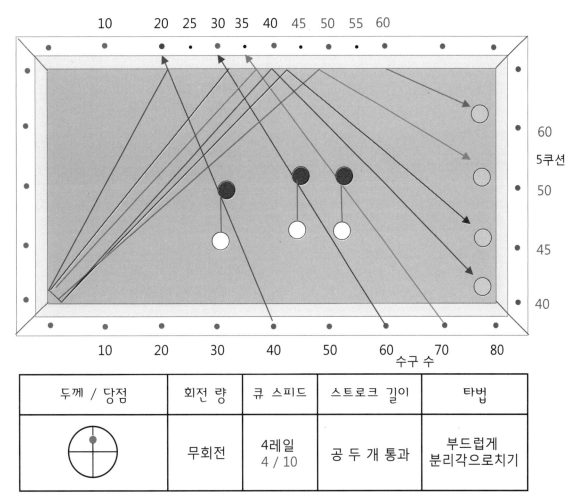

두께 / 당점	회전 량	큐 스피드	스트로크 길이	타법
(당점 그림)	무회전	4레일 4 / 10	공 두 개 통과	부드럽게 분리각으로치기

[득점의 핵심]

이 도형은 앞 페이지에서 알아본 No English로 수구 수치의 절반을 쳐서 4쿠션 도착점을
이용해 제각돌리기 짧은 각으로 득점하는 장면이다.

수구 수는 10 ~ 80까지 이며 Five & Half System의 수구 수 수치를 사용하지 않는다.

수구 수 80에서 ½ 지점인 1쿠션 40을 치면 수구는 4쿠션 55에 도착하며,

수구 수 70에서 ½ 지점인 1쿠션 35를 치면 수구는 4쿠션 50에 도착한다.

수구 수 60에서 ½ 지점인 1쿠션 30을 치면 수구는 4쿠션 45로 도착하며,

수구 수 50에서 ½ 지점인 1쿠션 25를 치면 수구 는 4쿠션 43으로 도착한다.

수구 수 40에서 ½ 지점인 1쿠션 20을 치면 수구는 4쿠션 40으로 도착한다.

하지만 공을 먼저 맞히면서 코너로 정확하게 입사 시키기는 부담이 되므로 실제 5쿠션
도착 수치를 5정도씩 보정해서 연습하는 것이 바람직하다.

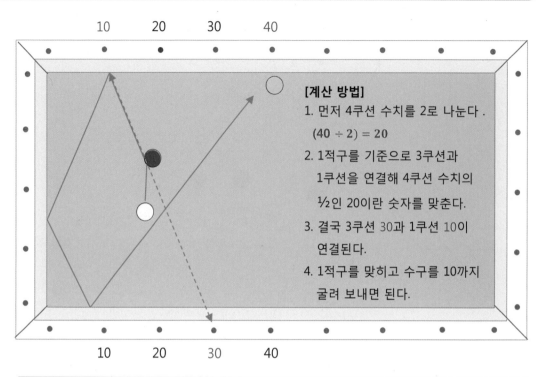

[계산 방법]

1. 먼저 4쿠션 수치를 2로 나눈다 .

   $(40 \div 2) = 20$

2. 1적구를 기준으로 3쿠션과
   1쿠션을 연결해 4쿠션 수치의
   ½인 20이란 숫자를 맞춘다.

3. 결국 3쿠션 30과 1쿠션 10이
   연결된다.

4. 1적구를 맞히고 수구를 10까지
   굴려 보내면 된다.

두께 / 당점	회전 량	큐 스피드	스트로크 길이	타법
	중 상단 무회전	2.5레일 2.5 / 10	공 두 개 통과	큐 무게로 부드럽게 밀어치기

[득점의 핵심]

무회전 제각돌리기 계산 방법은 먼저 목적구가 있는 4쿠션 수치를 2로 나눈 다음
1적구를 기준으로 1쿠션(장쿠션)과 3쿠션(장쿠션)을 연결해 4쿠션을 2로 나눈 숫자가 되
도록 큐를 연결해 보면 위 도형처럼 쉽게 1쿠션 지점을 찾을 수 있다.

1쿠션 수치를 찾을 때는 1적구의 맞히는 부분을 기준으로 연결하는 것이 보다 정확하다.
위 도형의 경우 4쿠션 40을 2로 나누면 20이 된다. 큐를 활용해 1적구를 중심으로
20이란 숫자를 만들다 보면 정확하게 수구 수 30과 1쿠션 10이 연결된다.
이 방법은 Five & Half System에서 수구 수를 정확히 찾는 방법과 마찬가지이다.
둔각일 경우에는 약간의 느낌 Tip을 주고, 예각일 경우에는 약간 부드럽게 친다.

◆ No English System

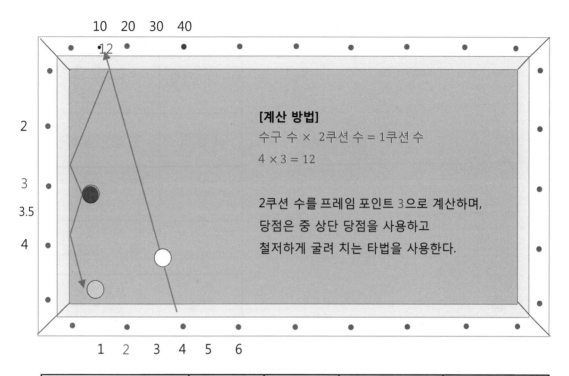

[계산 방법]
수구 수 × 2쿠션 수 = 1쿠션 수
$4 \times 3 = 12$

2쿠션 수를 프레임 포인트 3으로 계산하며,
당점은 중 상단 당점을 사용하고
철저하게 굴려 치는 타법을 사용한다.

두께 / 당점	회 전 량	큐 스피드	큐 선의 길이	타법
	느낌 Tip	1.5레일 2 / 10	공 한 개 반 통과	큐 무게로 굴려치기

[득점의 핵심]

위 도형은 무회전 2뱅크 샷으로 득점하는 장면이다.

위 도형의 경우 수구가 2쿠션 프레임 포인트 3을 향해 입사 되어야 득점할 수 있다.

수구 수가 4에 있고 2목적구가 단쿠션 중간 포인트 앞에 있을 때 1쿠션은 12 ~ 11

(정상적인 Point 수는 6 ~ 5.5)사이를 치면 대부분 득점된다.

득점에 실패하는 대부분의 경우는 스트로크할 때 약간의 − 당점이 들어가기 때문이다.

중 상단 당점으로 천천히 굴려 치는 타법을 사용하는 것이 좋다.

무회전 뱅크 샷은 1쿠션에 수구를 굴려 놓고 그 다음부터는 수구가 알아서 다니게

기다리고 있으면 되는 마음으로 결코 서두르지 않는 여유가 필요하다.

(위 System 도형은 Point 수치를 두 배로 확장해서 나타낸 것이다)

◆ **No English System**

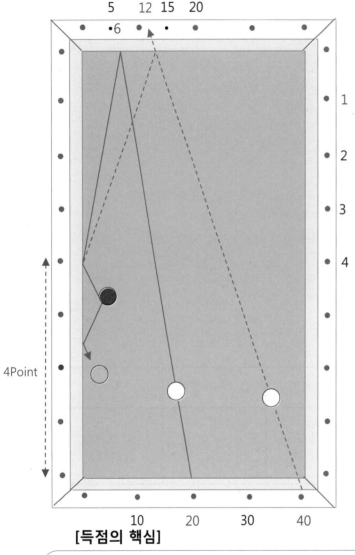

두께. 당점	(circle diagram)
회전 량	중 상단 무회전
큐 스피드	2레일 2 / 10
스트로크 길이	공 두 개 통과
타법	부드럽게 굴려치기

[Point]

수구 수가 40일 경우에는 수구 수의
절반인 20에서 1Point 당 0.2Point씩,
수구 수가 30일 경우에는 수구 수의
절반인 15에서 1Point 당 1.5씩,
수구 수가 10일 경우에는 수구 수의
절반인 5에서 1Point 당 0.5씩 계산해
1쿠션을 치면 된다.

[득점의 핵심]

위 도형은 수구 수의 절반에서 2쿠션 포인트 수를 거꾸로 계산해 득점하는 장면이다.

위 도형의 경우 2쿠션 지점이 4Point 지점에 있으므로 다음과 같은 방법으로 계산한다.

1. 아래 좌측 하단에서 2쿠션 지점까지의 Point를 계산한다.(4Point)

   (수구가 20에서 출발할 경우 1Point에 1씩 계산한다) (4Point × 1 = 4)

2. 수구 수의 절반 지점(1쿠션 10)에서 4Point × 1을 한 4를 빼면 1쿠션 지점은 6이
   된다.

만일 수구가 40에서 출발한다면 1Point 당 2로 계산되어야 하며,

수구 수 40의 절반지점인 20에서 4Point × 2를 뺀 12를 치면 된다.

수구 수가 30에서 출발한다면 30의 절반인 15에서 1Point 당 1.5씩 계산하여 빼면 된다.

3쿠션 Lesson 완전정복 **298**

◆ No English System

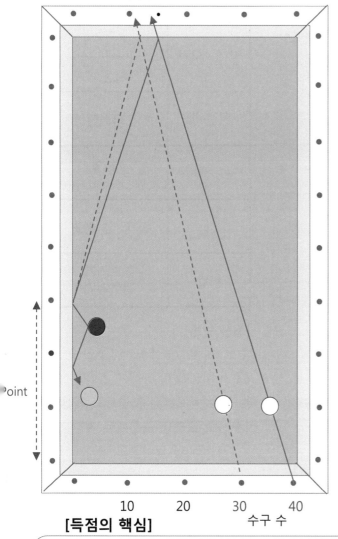

5 10.5 14 20

두께. 당점	
회전 량	중 상단 무회전
큐 스피드	2레일 2 / 10
스트로크 길이	공 두 개 통과
타법	부드럽게 굴려치기

[계산 방법]

$(40 \div 2) - (3 \times 2) = 14$

$(30 \div 2) - (3 \times 1.5) = 10.5$

수구 수 40에서는 1Point 당 수구 수의 5%인 2를 수구 수의 중간 지점 20에서 계산하고,

수구 수 30에서는 1Point 당 수구 수의 5%인 1.5를 수구 수의 중간 지점인 15에서 계산한다.

[득점의 핵심]

Point

10   20   30   40

수구 수

앞 페이지에 이어 2목적구가 3Point 지점에 있을 경우 득점 방법을 나타낸 도형이다.

수구 수에 따라 아래 정리한 공식을 적용하면 된다

- 수구가 40에서 출발할 경우 1Point에 2씩 계산한다.
- 수구가 30에서 출발할 경우 1Point에 1.5씩 계산한다.
- 수구가 20에서 출발할 경우 1Point에 1씩 계산한다.
- 수구가 10에서 출발할 경우 1Point에 0.5씩 계산한다.

계산 방법은 수구 수의 ½ 지점을 정하고 그 지점으로부터 수구 수에 따라 적용되는

수치를 목적구의 Point 수와 곱해 수구 수의 ½ 지점에서 빼주면 1쿠션 수가 된다.

계산 방법 : 수구 수의 ½ $- (Point$ 수 $\times$ 공식 적용 수$) = 1$쿠션 수

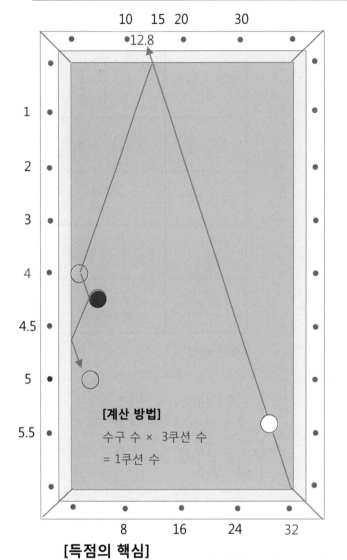

두께. 당점	(당점 그림)
회전 량	무회전
큐 스피드	2레일 2 / 10
스트로크 길이	공 두 개 통과
타법	부드럽게 밀어치기

[계산 방법]

수구 수 × 3쿠션 수 = 1쿠션 수

$3.2 \times 4 = 12.8$

수구 수는 프레임 포인트로 계산

1쿠션도 프레임 포인트로 계산

3쿠션은 레일 포인트로 계산

[계산 방법]

수구 수 × 3쿠션 수 = 1쿠션 수

[득점의 핵심]

위 도형은 2쿠션 넣어치기로 득점하는 장면이다.

System의 특징은 2쿠션 수치를 프레임 포인트가 아닌 레일 포인트로 계산하는 방식이다.

수구 수를 10, 20, 30, 40이 아닌 8, 16, 24, 32로 1Point 를 10이 아닌 8로 계산한다.

다시 말해 수구 수가 줄어든 부분을 3쿠션 프레임 포인트에서 레일 포인트로 바꿔준 것이다.

프레임 포인트를 사용할 경우 3쿠션 지점 설정의 어려운 점을 레일 포인트 사용으로 간단하게 처리하였다.

실질적으로 스트로크만 고정 시키면 득점 확률이 아주 높다.

위 도형에 표시된 ○ 지점을 살펴 보면 쉽게 이해가 된다.

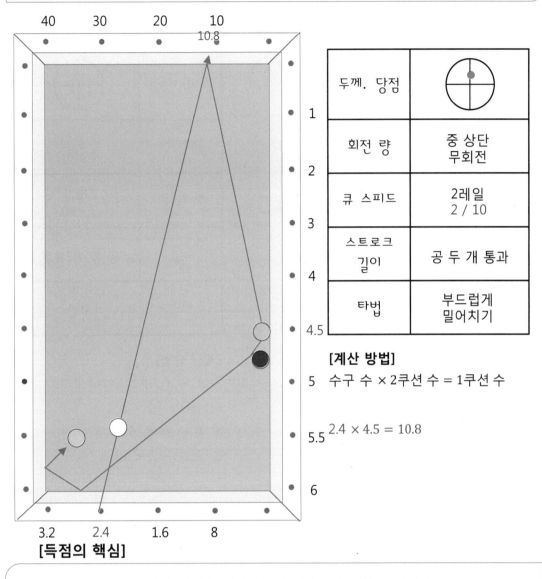

두께. 당점	⊕
회전 량	중 상단 무회전
큐 스피드	2레일 2 / 10
스트로크 길이	공 두 개 통과
타법	부드럽게 밀어치기

[계산 방법]

수구 수 × 2쿠션 수 = 1쿠션 수

$2.4 \times 4.5 = 10.8$

[득점의 핵심]

2뱅크 System의 경우 가장 어려운 점이 2쿠션 지점을 확정하는 것인데,
이 System의 경우 레일 포인트를 사용하므로써 1쿠션 수를 쉽게 계산할 수 있다.
○ 레일 포인트 사용 지점을 정확히 파악하면 2뱅크 샷의 득점률을 높일 수 있다.

타법은 마찬가지로 수구를 1쿠션에 부드럽게 밀어 치는 타법을 사용하며,
중 상단 당점을 사용해야 수구의 입사, 반사각을 정확하게 만들 수 있다.
(레일 포인트라 함은 수구가 도형처럼 4.5 앞 쿠션 날 끝에 맞는 것을 의미한다)
연습을 통해 직접 감각을 익혀 보는 것이 중요하다.

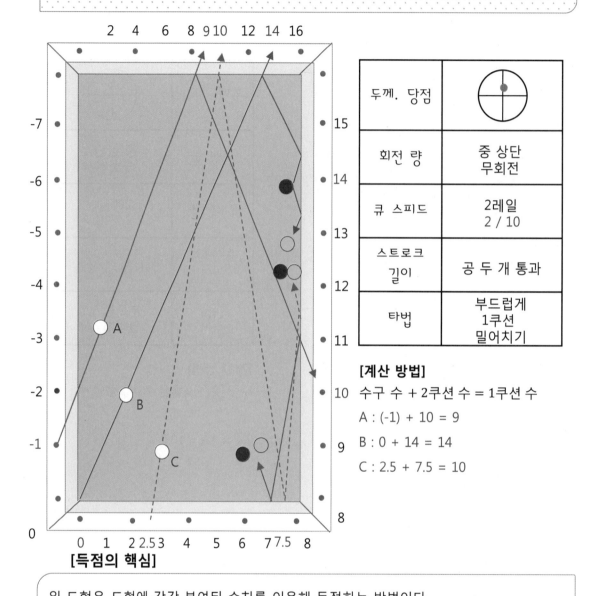

[득점의 핵심]

두께. 당점	
회전 량	중 상단 무회전
큐 스피드	2레일 2 / 10
스트로크 길이	공 두 개 통과
타법	부드럽게 1쿠션 밀어치기

[계산 방법]

수구 수 + 2쿠션 수 = 1쿠션 수

A : (-1) + 10 = 9

B : 0 + 14 = 14

C : 2.5 + 7.5 = 10

위 도형은 도형에 각각 부여된 수치를 이용해 득점하는 방법이다

계산 방법은 1쿠션 수와 2쿠션 수를 더하면 1쿠션 수가 된다.

수구 수와 1쿠션 수, 2쿠션 수 모두 프레임 포인트를 기준으로 한다.

위 도형의 경우 대부분 입사각이 예각으로 이루어지는 경우가 대부분이므로,

중 상단 당점을 사용하는 것이 득점 확률을 높일 수 있다.

상단 당점을 사용할 경우 1쿠션에서 예각으로 반사될 수 있다는 의미이다.

도형 A의 경우 3쿠션 지점에 진행하기 위한 2쿠션 예상 지점을 10으로 정한 것이고.

도형 B의 경우 수구가 코너 0이기 때문에 2쿠션 수 14를 그대로 1쿠션 14로 친 것이다.

도형 C의 경우 빈 쿠션 횡단 더블로 2쿠션 지점을 정확히 파악하는 것이 중요하다.

◆ 2뱅크 3Tip으로 계산하는 System

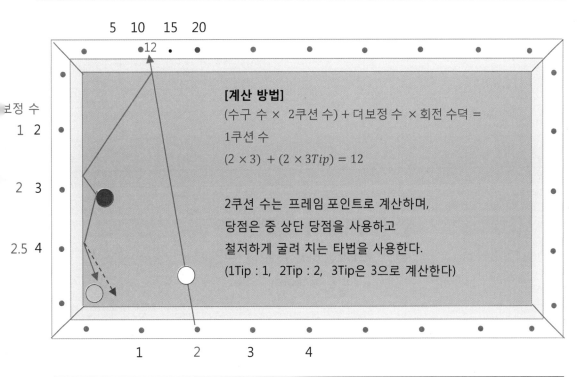

[계산 방법]
(수구 수 × 2쿠션 수) + 더보정 수 × 회전 수덕 =
1쿠션 수
$(2 \times 3) + (2 \times 3Tip) = 12$

2쿠션 수는 프레임 포인트로 계산하며,
당점은 중 상단 당점을 사용하고
철저하게 굴려 치는 타법을 사용한다.
(1Tip : 1, 2Tip : 2, 3Tip은 3으로 계산한다)

두께 / 당점	회전 량	큐 스피드	스트로크 길이	타법
	3Tip	1.5레일 2 / 10	공 두 개 통과	큐 무게로 천천히 굴려치기

[득점의 핵심]

위 도형은 1목적구가 2쿠션과 가까이 있을 경우 무회전으로 입사시키면 적색 점선처럼
빠지기 쉬운 경우 회전을 사용하여 득점하는 방법이다.
계산 방법은 기존 무회전으로 치는 계산법에다가 보정 수와 Tip 수를 곱한 숫자를
더하면 1쿠션 수가 된다.
보정 수는 2쿠션 지점이 (1Point가 1, 2Point가 2, 3Point가 2.5)로 계산하며,
회전 수는 (1Tip이면 1, 2Tip이면 2, 3Tip이면 3)으로 계산한다.
목적구의 배치에 따라 적절한 회전량을 선택하는 것이 요령이며,
평소 자신 있게 칠 수 있는 회전 수를 적용하는 것이 득점에 도움이 된다.
수구가 4Point 안에 있을 경우 득점력이 높은 System이다.
스트로크는 중 상단 당점으로 철저하게 천천히 굴려 치는 타법을 사용한다.

올바른 당구 용어를 사용하는 것은
멋진 "Billiarder가 되기 위한
필수 조건이며,

정확하게 당구 규칙과 매너를
지키면서 경기를 했을 때

진정한 승부를 만끽할 수 있다.

당구 용어와 규칙

- 당구대 밖으로 벗어난 공의 조치
- Frozen된 공에 대한 조치 (붙은 공)
- 경기자의 에티켓
- 중대와 대대의 차이점
- 올바른 당구 용어

◆ 당구대 밖으로 벗어난 공의 조치

* 적색공은 반대편 초구 지점 (Foot Spot)으로,
  자기 차례의 수구(큐 볼)는 시작선의 중간지점 (Headline Center Spot)으로 배치한다.

* 상대방의 수구는 당구대의 중간지점 (Center Spot) (내정된 지점이 다른 공에
  점유되어 있거나 가려져 있는 경우는 점유하고 있는 공이 가야 할 위치로 놓여진다)

* 공이 프레임에서 떨어지거나 프레임에 닿으면 공이 당구대에서 튀어나간 것으로
  간주한다.

* 심판은 "파울"을 선언하며 빠르게 그 공을 잡아야 한다.
  (당구대 안의 다른 공에 영향을 주지 않기 위함)

[붙은 공에 대한 조치]

* 큐 볼이 두 개의 공 중 하나 또는 두 개의 공과 붙은 경우
  심판에게 재배치 원칙에 따라 배치할 것을 요구하거나,
  붙지 않은 곳 쿠션 뒤쪽을 향해 진행시킬 수 있다.
  (큐 볼이 쿠션에 붙은 경우는 쿠션을 향해서 진행시킬 수 없다)

* 최초 진행 방향이 붙어있는 공 쪽으로 진행하지 않는다는 조건하에 찍어치기를
  구사할 수 있다.

* 큐 볼의 지지라는 요건을 상실함에 의해 붙은 공이 저절로 움직인 경우는 파울이
  아니다.

◆ Frozen된 공에 대한 조치 (붙은 공)

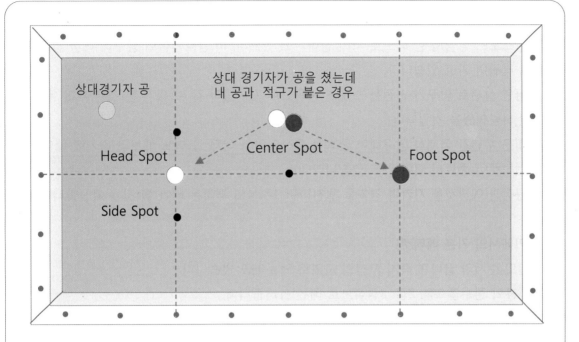

수구와 목적구가 붙은 경우에는 수구는 Head Spot으로 목적구는 Foot Spot으로 이동.
밖으로 튀어나간 공의 조치도 마찬가지로 수구는 Head Spot, 상대 공은 Center Spot,
적색 공은 Foot Spot으로 이동 배치한다.

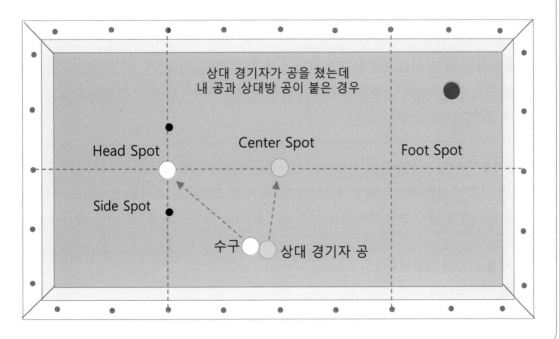

◆ 경기자의 에티켓

3쿠션 인구의 저변화와 함께 대한민국이 세계 3쿠션 중심국가로 급 부상하면서 이제 3쿠션 경기는 스포츠 방송의 한 축으로 자리 잡아가고 있으며, 비 동호인들의 당구에 대한 인식도 새롭게 바뀌어 가고 있습니다.

특히 금연 실시로 당구가 건전한 스포츠 종목으로 자리잡아 갈 수 있게 된 것은 우리 동호인 모두의 바람이었을 것입니다.

특히 최근 수년간 국제식 당구대가 급속히 확산되면서 이제 그 어느 때보다 경기에 대한 룰과 에티켓이 중요시 되어 가고 있습니다.

경기 규칙과 에티켓을 지키며 경기를 펼친다면 3쿠션의 재미는 배가 될 것을 확신합니다.

[경기에서의 기본 에티켓]

1. 자신의 순서가 끝나면 즉시 자신의 자리로 되돌아와 앉습니다.

2. 상대방의 점수를 1점, 2점, 3점식으로 매번 불러줍니다.

3. 경기 중에 과도하게 몸 쓰는 행동은 삼가 합니다.

4. 상대방이 타석에 들어가면 주변에 서있거나 시야를 방해하지 않습니다.

5. 쵸크는 반드시 개인 쵸크를 사용하며 사용한 쵸크는 반드시 테이블에서 회수합니다.

6. 쵸크를 칠할 때는 당구대에서 50cm 이상 떨어져 칠합니다.

7. 큐로 당구대를 톡톡 치는 행위는 삼가 합니다.

8. 상대방이 멋진 샷을 했을 때는 초크로 2번 두드려 공감해 줍니다.

9. 스트로크 이후 큐를 낮게 유지하며 몸 회전을 쓰면 주변 사람을 다치게 할 수 있습니다.

10. 음료수를 손에 든 상태에서 당구대 가까이 접근하지 않습니다.

11. 타 당구대 경기자에게도 방해가 되지 않도록 경기장 내에서는 큰 소리를 내지 않습니다.

12. 음주 플레이는 삼가 합니다.

멋진 경기를 기대하며 당구장을 찾았다가 상대방의 비 매너적인 행동으로 나의 경기를 망쳤다면 나의 소란한 목소리와 비 매너적인 행동 또한 상대방의 경기를 망치기는 마찬가지 일 것입니다. 이제 내가 먼저 에티켓을 지켜 경기를 선도하는 멋진 빌리어더가 됩시다 !

3쿠션 세계 최강의 대한민국 !
주인공은 당신입니다 !

중대	비교	대대
2,540mm X 1,270mm	크기	2,844.8mm X 1,422.4mm
약간 미흡	시스템 적용	적합
보통	반발력	중대의 70~80% 힘으로 쳐야 함
로구로 또는 아스트로	쿠션	아스트로
많음	에너지 손실	적음
일반적인 스트록 구사	스트록	타격감 없는 부드러운 샷 구사
키스 확률 높음	키스	당구대가 큰 만큼 빅 볼이 적음
대대 보다 약간 짧은 편임	시스템	정확한 국제 수준
안 먹힘	횡단샷, 더블쿠션	적합
타법이 단조로움	쿠션 활용도	타법으로 다양하게 활용
반발을 이용한 샷이 어려움	공의 선택	노 잉글리시, 3단, 리버스 등
당구대가 작아 현상이 적음	커브 & 스쿼트	당구대가 길어 현상이 크게 생김
많음	에러 마진	적음
하우스 큐 문제 없음	큐의 선택	개인 큐 권장
노 잉글리시, 시스템 적용 미흡	특징	모든 시스템 적용 적합

잘못된 용어	올바른 용어	잘못된 용어	올바른 용어
다이	당구대	하고 마와시	옆으로 돌리기
다마	당구공	우라 마와시	뒤로 돌리기
나사	당구지	레지 마와시	대회전 돌리기
오시	밀어치기	오 마와시	앞으로 돌리기
황 오시	세게 밀어치기	히가게	걸어치기
쫑	키스	짱낄라	비껴치기
니꾸	투 터치	조단조	더블레일
시네리	회전	리보이스	리버스
히로 (시로)	흰색 / 파울	기레가시	빗겨치기
갸구	역회전	맛세이	찍어치기
무당 / 무시	무회전	겜베이	복식
나미	얇게치기	가라쿠	빈쿠션치기
똥창	구석	후루쿠	재수, 요행
세리	모아치기	겐세이	견제, 수비
다데	세로치기	가야시	모아치기
빵구	구멍	도리끼리	한 큐에 끝낸다
바킹 / 빠킹	벌점 / 파울	시끼	끌어치기

책을 마치면서

"3쿠션 Lesson 완전정복"을 구독해주신 독자님들께 진심으로 감사 드립니다.

이 책을 끝마치면서 경기에서 승리하기 위해 반드시 준비해야 할 몇 가지 팁을 다시 한번 정리해 드리면서 글을 마치겠습니다.

1. 경기 이전에 정확한 스텐스, 안정된 브리지, 부드러운 그립을 취하고 있는지 먼저 점검 하십시오. 예비 스트로크 연습을 통해 스트로크의 감각을 몸에 익힙니다.

   공의 두께가 불규칙한 가장 큰 이유중의 하나는 자세가 꼬여 있기 때문에 스트로크 시 큐가 일직선으로 진행되지 않기 때문입니다.

2. 프레임과 쿠션 경계선에 일직선으로 큐를 정렬하고 큐 무게를 느끼면서 빈 스트로크 연습을 꾸준히 하다 보면 스트로크의 리듬도 좋아지고 자세의 균형도 좋아질 것입니다.

3. 큐 팁의 중심 또는 좌 우측 면을 이용해 큐 선을 맞추는 연습을 반복해서 하십시오.

   큐팁 중앙을 1적구의 끝에 맞추면 $\frac{1}{2}$ 두께, Side를 맞추면 각각 $\frac{3}{8}$ 두께 $\frac{5}{8}$ 두께입니다.

4. 타점 포인트에 따라 수구의 동선이 왜 달라지는지에 대한 근본적인 이해가 필요합니다.

   예를 들어 공을 짧게 진행 시켜야 할 때는 수구의 전면을 짧게 임펙트해야 하며,

   공을 길게 쳐야 할 때는 수구의 겨냥점이 아닌 겨냥점 뒷 부분을 뚫고 나가 그 지점부터 가속을 붙이는 느낌으로 큐를 뻗어야 수구의 동선을 길게 만들 수 있습니다.

5. 공의 앵글 크기에 따라 스트로크의 크기를 먼저 결정하십시오.

   쇼트 앵글, 미들 앵글, 롱 앵글에 따라 스트로크의 크기가 달라져야 합니다.

6. 큐 선의 길이에 따라 수구의 진행 동선이 달라진다는 것도 잊지 마십시오.

   공 한 개 통과, 두 개 통과, 세 개 통과 등을 먼저 결정한 후 스트로크에 임하십시오.

7. 공을 앞으로 보내는 큐질의 이미지와 옆으로 보내는 큐질의 이미지를 이해하십시오.

   예를 들어 롱 앵글의 제각돌리기를 득점하려면 일단 옆으로 보내는 스트로크의 이미지 를 가지고 스트로크를 해야 분리각을 크게 만들어야 공을 쉽게 칠 수 있고,

   쇼트 앵글의 제각돌리기 또는 길게 앞돌려치기 등에서 보다 쉽게 득점하려면 일단 수구가 앞으로 가려는 구질로 밀어 치는 스트로크를 구사해야 수구의 동선을 길게 만들 수 있어 그만큼 득점 확률을 높일 수 있는 것입니다.

   경기의 최종 목표는 이기는 것입니다. 공 한 개, 한 개가 마지막 기회라는 생각으로 최선을 다하십시오. 동호인 님들의 건승을 다시 한번 기원 드립니다 !

   (레슨 문의 가능 지역 (분당 성남 수지 수원 지역) / 010. 7697. 9700

3쿠션 Lesson 완전정복

3쿠션 Lesson
완전정복

발행인 남용
편저자 유효식
발행처 일신서적출판사
주 소 서울시 마포구 독막로 31길 7
등 록 1969년 9월 12일 (No. 10−70)
전 화 02) 703−3001~5 (영업부)
02) 703−3006~8 (편집부)
F A X 02) 703−3009
ISBN 978−89−366−0989−4 03690

ⓒILSIN 018   024 −1
www.ilsinbook.com